交通行业高职高专规划教材

Jizhuangxiang Yunshu Zuzhi
# 集装箱运输组织

主　编　刘　慧
副主编　李君楠
主　审　李风雷

人民交通出版社股份有限公司
China Communications Press Co.,Ltd.

## 内 容 提 要

本教材以项目为载体,以理论知识为支撑,共编排了十个项目,包括集装箱运输导入、集装箱国际标准读识、集装箱班轮运输认知、海运集装箱运输组织、集装箱码头认知、集装箱码头生产组织、公路集装箱运输组织、铁路集装箱运输组织、集装箱多式联运组织以及集装箱智慧港口前瞻。每个项目都分为知识要点、项目任务、项目准备、相关理论知识、项目实施五个部分。本教材突破了常规按章节顺序编写知识内容的结构形式,整合理论知识和实践知识,实现课程内容立体化。

本书可作为高等职业院校、高等专科院校、成人高等院校、本科院校高职教育相关专业学生教材,也可作为中等职业技术学校教材以及其他有相关学习需求人员的参考读物。

图书在版编目(CIP)数据

集装箱运输组织 / 刘慧主编. —北京:人民交通出版社股份有限公司,2018.2
交通行业高职高专规划教材
ISBN 978-7-114-14529-2

Ⅰ.①集… Ⅱ.①刘… Ⅲ.①集装箱运输–交通运输管理–高等职业教育–教材 Ⅳ.①U169.6

中国版本图书馆 CIP 数据核字(2018)第 023420 号

交通行业高职高专规划教材

| | |
|---|---|
| 书　　名： | 集装箱运输组织 |
| 著 作 者： | 刘　慧 |
| 责任编辑： | 赵瑞琴 |
| 出版发行： | 人民交通出版社股份有限公司 |
| 地　　址： | (100011)北京市朝阳区安定门外外馆斜街 3 号 |
| 网　　址： | http://www.ccpcl.com.cn |
| 销售电话： | (010)59757973 |
| 总 经 销： | 人民交通出版社股份有限公司发行部 |
| 经　　销： | 各地新华书店 |
| 印　　刷： | 北京市密东印刷有限公司 |
| 开　　本： | 787×1092　1/16 |
| 印　　张： | 12.75 |
| 字　　数： | 283 千 |
| 版　　次： | 2018 年 2 月　第 1 版 |
| 印　　次： | 2021 年 11 月　第 3 次印刷 |
| 书　　号： | ISBN 978-7-114-14529-2 |
| 定　　价： | 32.00 元 |

(有印刷、装订质量问题的图书由本公司负责调换)

# 前　　言

集装箱是20世纪最伟大的发明之一，集装箱改变了航运的方式，并因此改变了全球的贸易，如果没有集装箱，就不会有全球化。20世纪50年代以来，集装箱运输已遍及世界上所有的海运国家，随着集装箱运输进入成熟阶段，世界海运货物的集装箱化已成为不可阻挡的发展趋势。自20世纪80年代以来，中国集装箱运输的增长速度始终远远超过世界平均增幅，现今中国已形成了布局合理、设施完善、现代化程度较高的集装箱运输体系。中国公路、铁路、内河集装箱运输的快速发展，也为中国的集装箱运输开创了新的局面。我国已建成环渤海、长江三角洲、东南沿海、珠江三角洲和西南沿海五个规模化、集约化、现代化的港口群，随着"一带一路"战略的推进，利用长三角、珠三角、海峡西岸、环渤海等经济区开放程度高、经济实力强、辐射带动作用大的优势，中国的集装箱运输必将开辟新的发展道路。

在这样的发展环境下，集装箱运输企业需要更多了解行业前沿发展动态、懂得专业理论知识、熟悉企业业务流程的高级专业技术人员。本书正是为了适应职业教育培养集装箱运输人才的需要而编写的。本教材根据职业能力培养需要，将教学内容设计成项目，在知识与任务之间建立联系。

本书由刘慧担任主编，李君楠担任副主编。具体分工：刘慧编写项目一～项目六，李君楠编写项目七～项目九，杨进编写项目十。

本书承蒙从事港口业务工作30多年，具有丰富现场实践经验的刘祥柏教授襄助，对全书框架、编写思路、项目设计以及全书的统稿校对工作提出了宝贵建议，全书由李凤雷负责审阅定稿，在此表示深深谢意。

本书在编写过程中得到了青岛港集装箱码头解冬梅、李海洋等业务专家的大力支持，在此表示衷心感谢。本书还参考引用了许多专家发表的有关集装箱业务的文献以及部分集装箱企业的营运资料，在此谨向有关专家及企业致以衷心的感谢。

鉴于编写人员业务水平及实践经验的局限性，疏漏和错误之处在所难免，敬请广大读者反馈意见，以便今后修订和完善。

编　者

2018年1月

# 目　录

## 项目一　集装箱运输导入 ································································ 1
### 知识要点 ······················································································ 1
### 项目任务 ······················································································ 1
### 项目准备 ······················································································ 1
### 相关理论知识 ·················································································· 1
Ⅰ　集装箱运输历史发展 ······································································ 1
Ⅱ　集装箱运输内涵 ·········································································· 5
### 项目实施 ······················································································ 7
1-1　集装箱运输系统分解 ···································································· 7
1-2　集装箱货物的流转程序 ·································································· 9

## 项目二　集装箱国际标准读识 ································································ 11
### 知识要点 ······················································································ 11
### 项目任务 ······················································································ 11
### 项目准备 ······················································································ 11
### 相关理论知识 ·················································································· 11
Ⅰ　集装箱国际标准发展过程 ································································ 11
Ⅱ　集装箱尺寸、类型国际标准 ······························································ 14
### 项目实施 ······················································································ 21
2-1　集装箱构件分解 ········································································ 21
2-2　集装箱标记信息读识 ·································································· 24

## 项目三　集装箱班轮运输认知 ································································ 34
### 知识要点 ······················································································ 34
### 项目任务 ······················································································ 34
### 项目准备 ······················································································ 34
### 相关理论知识 ·················································································· 34
Ⅰ　集装箱班轮航线 ·········································································· 34
Ⅱ　集装箱班轮公司发展趋势 ································································ 39
Ⅲ　集装箱租赁业务 ·········································································· 41
Ⅳ　集装箱船舶技术性能 ···································································· 46
Ⅴ　提单基本知识 ············································································ 52
### 项目实施 ······················································································ 59
3-1　集装箱班轮运输组织 ·································································· 59
3-2　集装箱班轮船期表的编制 ································································ 62

3-3　集装箱船舶配载 ································· 63
　　3-4　提单的签发及流转业务 ··························· 68
　　3-5　提单读识与填制 ································· 70

## 项目四　海运集装箱运输组织

　知识要点 ············································ 76
　项目任务 ············································ 76
　项目准备 ············································ 76
　相关理论知识 ········································ 76
　　Ⅰ　集装箱运输的交接方式 ························· 76
　项目实施 ············································ 78
　　4-1　集装箱出口业务与单证流转 ····················· 78
　　4-2　集装箱进口业务与单证流转 ····················· 85

## 项目五　集装箱码头认知

　知识要点 ············································ 92
　项目任务 ············································ 92
　项目准备 ············································ 92
　相关理论知识 ········································ 92
　　Ⅰ　集装箱码头功能及布局 ························· 92
　　Ⅱ　集装箱码头主要作业机械 ······················· 99
　项目实施 ············································ 110
　　5-1　集装箱码头箱务管理 ··························· 110

## 项目六　集装箱码头生产组织

　知识要点 ············································ 116
　项目任务 ············································ 116
　项目准备 ············································ 116
　相关理论知识 ········································ 116
　　Ⅰ　集装箱码头生产组织概述 ······················· 116
　项目实施 ············································ 121
　　6-1　控制室业务操作 ······························· 121
　　6-2　船舶指挥员业务操作 ··························· 121
　　6-3　检查口业务操作 ······························· 123
　　6-4　码头货运站业务操作 ··························· 128

## 项目七　公路集装箱运输组织

　知识要点 ············································ 131
　项目任务 ············································ 131
　项目准备 ············································ 131
　相关理论知识 ········································ 131
　　Ⅰ　公路集装箱运输概述 ··························· 131

项目实施 ································································································ 139
　　　7-1　公路集装箱运输组织和单证流转 ······················································ 139

**项目八　铁路集装箱运输组织** ·············································································· 145
　　知识要点 ································································································ 145
　　项目任务 ································································································ 145
　　项目准备 ································································································ 145
　　相关理论知识 ·························································································· 145
　　　Ⅰ　铁路集装箱运输概述 ······································································ 145
　　　Ⅱ　铁路集装箱基本知识 ······································································ 150
　　　Ⅲ　铁路运输责任界定 ········································································· 153
　　　Ⅳ　铁路集装箱运输企业及其业务 ························································· 155
　　项目实施 ································································································ 158
　　　8-1　铁路集装箱运输组织 ···································································· 158
　　　8-2　铁路运输保险办理 ······································································· 161

**项目九　集装箱多式联运组织** ·············································································· 164
　　知识要点 ································································································ 164
　　项目任务 ································································································ 164
　　项目准备 ································································································ 164
　　相关理论知识 ·························································································· 164
　　　Ⅰ　集装箱多式联运概述 ······································································ 164
　　　Ⅱ　多式联运经营人 ············································································ 169
　　　Ⅲ　多式联运单证 ··············································································· 171
　　　Ⅳ　陆桥运输业务 ··············································································· 172
　　项目实施 ································································································ 177
　　　9-1　集装箱多式联运业务操作 ······························································ 177

**项目十　集装箱智慧港口前瞻** ·············································································· 182
　　知识要点 ································································································ 182
　　项目任务 ································································································ 182
　　相关理论知识 ·························································································· 182
　　　Ⅰ　智慧港口概述 ··············································································· 182
　　　Ⅱ　自动化码头发展概况 ······································································ 188
　　　Ⅲ　青岛港集装箱自动化码头实例 ························································· 192

**参考文献** ········································································································ 196

# 项目一　集装箱运输导入

**知识要点**

1. 集装箱运输历史发展；
2. 集装箱运输内涵解读。

**项目任务**

1. 集装箱运输系统分解；
2. 集装箱货物的流转程序。

**项目准备**

1. 场地、工具准备：货物学实训室；
2. 人员安排：学生按流程岗位分组(发货人、收货人、货运站、船公司、港口、海关等)，演练整箱货及拼箱货流转组织。

**相关理论知识**

## Ⅰ　集装箱运输历史发展

集装箱运输是20世纪中叶为适应全球经济发展、世界贸易量增加而出现的新型运输方式。经过半个多世纪的发展，集装箱运输已形成了覆盖全球各个地区的运输网络，并成为全球国际贸易中最重要的运输方式之一。

### 一、国外集装箱运输的产生和发展

1845年，在英国铁路上开始出现了酷似现在集装箱的载货车厢，这是集装箱运输的雏形。

第二次世界大战以后，世界经济得到了迅猛发展，跨国经营以及国际贸易量不断上升，对国际间货物运输提出了更高的要求。传统的货物运输采用件杂货的方式，很难实现全过程的机械化和自动化的运输生产，也不适应现代大规模专业化生产的要求，因此扩大运输单元是必然的趋势。首先，出现了以网络和托盘等成组工具来实现货物运输和装卸的成组化，但是这种成组方式集成化程度有限，于是20世纪50年代后期产生了真正意义的集装箱运输方式。

海洋运输采用集装箱方式的构想是由美国人马尔康·马克林(Malcom Mclean)首先提

出的。他认为,只有实现集装箱的陆海联运,才能发挥集装箱运输的优势。1956年由马克林收购的泛大西洋轮船公司(Pan-Atlantic Steamship Corp.)在一艘未经改装的油船甲板上装载了60个大型集装箱,从纽约驶往休斯敦,首开了海上集装箱运输的先河。首次运输便取得了令人兴奋的成功,每吨货物的装卸成本从5.83美元降低到了0.15美元。首航成功以后,在1957年10月,第一艘经改装的全集装箱船"盖脱威城"(Gateway City)号在马克林的泛大西洋轮船公司投入运营,由此开创了集装箱运输的新纪元。1960年,该公司更名为"海陆联运公司"(Sea-Land Service Inc)。至1965年,公司宣布用大型集装箱船环航世界的计划,从此,海上集装箱运输成为了国际贸易中通用的运输方式,许多大的航运公司纷纷仿效。但在当时,主要还是国内沿海运输,船型以改装的为主,装载量一般不超过500TEU。在码头集装箱装卸方式上主要采用船上的装卸桥,码头装卸工艺已有采用底盘车和跨运车的方式。所以说,集装箱产生于英国,而发展于美国。

进入20世纪七八十年代,集装箱运输得到了迅速的发展。全球集装箱的箱型和尺寸进一步标准化,世界集装箱保有量大幅度上升,1970年仅有51万TEU,而到了1983年已增至440万TEU。并且已广泛采用装载500~2000TEU的专用的第一代和第二代全集装箱船,至1983年,世界集装箱船的运载能力已达208万TEU。集装箱运输航线已遍及全球绝大多数国家的主要港口,并普遍采用计算机信息管理系统对集装箱实施管理。与此同时,全球集装箱专用泊位也发展较快,至1983年已有983个,码头前沿已安装有大型的集装箱装卸桥,堆场普遍采用轮胎式龙门起重机。为了更好地发挥专业化码头的作用,集装箱码头的管理手段也在不断地完善,最突出的是已较普遍地采用了计算机信息管理系统。

进入20世纪90年代以来,更多的国家参与了世界范围的集装箱运输,使集装箱运量得到迅猛的增加。在发达国家,件杂货的集装箱化程度已超过80%。集装箱运输在更广阔的范围内得到更深层次的发展,至1990年,全球已拥有集装箱专用泊位近2000个,吞吐量达8400余万TEU,集装箱船队的箱位有317万TEU。这标志着集装箱运输已进入了成熟期。这一时期,全集装箱船进一步向自动化和大型化方向发展,出现了2500~4000TEU的第三代和第四代集装箱船型,并形成向第五代、第六代集装箱船发展的趋势。现在,集装箱船已发展到第七代集装箱船(7000TEU)以及7000TEU以上的超大型集装箱船。港口的装卸设备为了适应这种发展,也朝着大型、高效、自动化的方向发展。与此同时,集装箱运输也在向内陆不断地延伸,"门到门"的多式联运已成为普遍采用的运输方式。集装箱运输已进入了一个崭新的时代。根据Alphaliner统计,截至2016年底全球集装箱运力达到2027万TEU,2017年全球集装箱吞吐量为7.3776亿TEU。

**二、我国集装箱运输的发展**

我国的集装箱运输发展较晚,但发展的速度是最快的。与国际上的发展轨迹相似,我国的集装箱运输起源于铁路集装箱运输。1955年,我国开始在铁路中使用集装箱。水运部门在1956年、1960年、1972年三次借用铁路集装箱进行水路短期试运。1973年开辟了用杂货船捎运小型集装箱(8ft×8ft×8ft)的上海、天津至横滨、大阪、神户航线。1978年9月26日,上海远洋运输公司"平乡城"轮装载162个集装箱由上海出发开往澳大利亚,开辟了中国第一条国际集装箱班轮航线。1981年1月,中国大陆第一个集装箱专业码头在天津港建成投产,从此开启了中国大陆集装箱运输事业的新纪元。目前,中国的集装箱海洋运输已完全与国际标准接轨,历经了20世纪70年代的起步、80年代的稳步发展,到90年代,我国国际集装箱运输引起全世界航运界的热切关注。

1. 集装箱运力快速发展,航线不断扩大

随着东北亚三国贸易量的增长,中日、中韩之间海上集装箱运输迅速发展,同时,青岛、天津和大连等环渤海湾地区企业的集装箱运量与日俱增。截至2017年2月底,中远海运集装箱运输有限公司自营集装箱船舶311艘(不包括3艘8770TEU出租运力),运力达165万TEU;集装箱船队经营规模位居世界第四位。此外,公司还持有集装箱船舶订单33艘,总计54.3万TEU。目前,中远海运集运共经营国际、国内航线332条,其中国际航线209条(含国际支线)、国内航线37条、长江、珠江航线86条,航线覆盖全球79个国家和地区的254个港口。

2. 加强港口基础设施建设,港口吞吐量持续增长

港口作为交通运输的枢纽和对外交流的窗口,在促进国际贸易和地区发展中起着举足轻重的作用。伴随着我国国民经济的快速增长,我国港口的建设与发展取得了巨大成就。根据2006年9月交通部发布的《全国沿海港口布局规划》,我国已基本建成了功能齐全、配套合理的内外开放的港口体系,形成了环渤海、长江三角洲、东南沿海、珠江三角洲、西南沿海五个港口群。上海港被称为全球集装箱运输量增长速度最快的港口。近年来,随着我国经济持续高速增长,上海港的集装箱吞吐量呈跳跃式发展态势,年增幅达到30%以上。

事实表明,世界港口发展中心正加快向中国转移。目前,我国除了以珠江三角洲经济圈联络大西南经济为依托的香港与深圳联手的国际航运中心外,还有以长江三角洲经济圈联络长江流域经济为依托的上海国际航运中心;以环渤海经济圈联络东北老工业基地为依托的大连东北亚国际航运中心;此外,青岛、天津、广州、宁波和厦门等集装箱枢纽港也在积极实施跨越式发展战略。

3. 基本建成与班轮运输相配套的内陆中转网络

为了使内陆中转站、货运站与港口吞吐能力相适应,保证集疏运系统的畅通,我国集装箱场站、公路、铁路、水路(集装箱物流运输)集疏运系统已初具规模。为保证集疏运系统的畅通,我国已在主要港口枢纽附近和十余条主要公路沿线,建成内陆中转站200多个,具备专用集疏运卡车1.5万余辆,2万多个箱位。此外,在铁路方面,已建立铁路中转站128个,专门用于办理国际集装箱运输;开通铁路国际集装箱专列线13余条,其中典型专列线有郑州(武汉)-香港、天津-西安、青岛-郑州、南京-上海、天津-包头,以及作为陆桥国际运输的连云港(青岛)-阿拉山口出境线。在水路方面,已建成江河集装箱装卸点近30个,承担了10%左右的集疏运任务。

4. 加强集装箱运输法规建设

我国加强了以法规建设为主要内容的行业管理,实现了集装箱运输的正规化管理。"八五"期间,1990年12月,国务院发布68号令,颁布了《中华人民共和国海上国际集装箱运输管理规定》;2001年12月,国务院发布335号令,颁布《中华人民共和国国际海运条例》;2003年1月,交通部颁布《中华人民共和国国际海运条例实施细则》。以上三个法规和规章,规定了设立集装箱运输企业、开设国际班轮航线、经营国际班轮运输的条件、程序,明确

了集装箱运输有关各方当事人的权利、义务和责任,对加强集装箱运输和班轮运输行业管理,规范经营行为起到了重要作用,促进集装箱运输走上法制化轨道。2014年海关总署《关于调整内外贸易集装箱同船运输以及中国籍国际航行船舶承运转关运输货物试点工作的公告》,推动了上海国际航运中心和中国(上海)自由贸易试验区建设,提高了口岸综合竞争能力;交通运输部2016年发布的《国内水路运输管理规定》,促进了水路运输事业健康发展。

5.加强集装箱运输信息系统建设

国家重视依靠科技发展集装箱运输,大力发展EDI(电子数据交换)信息系统,加快集装箱运输信息交换系统的现代化建设。口岸对进出口舱单、船图、装箱单进行电子数据交换、信息共享,加快了单证的流转速度,减少了人工录入错误率,提高了管理水平。

### 三、集装箱运输发展趋势

世界经济的增长势头无疑对国际集装箱运输的发展提供了源动力,纵观集装箱运输的发展轨迹,以及运输技术的未来变化,全球集装箱运输市场将呈现以下发展趋势。

1.集装箱船舶的大型化趋势

根据规模经济的规律,生产规模的扩大能使生产成本下降。为了参与国际范围内的竞争,减少运输成本,各大跨国航运公司纷纷投资,大力发展大型化集装箱船舶,使世界集装箱船舶的平均载箱量逐年上升。进入20世纪90年代以来,载箱量3000~4000TEU的第四代集装箱船已成为主流船型,并开始形成发展变化的过程。

但是,同时应该看到,集装箱船舶的大型化趋势也会遇到一系列的障碍,这包括港口的水深条件、装卸设备的作业尺寸、港口的装卸效率、道路的集疏运能力和运输工具的标准等问题。因此,未来的集装箱船主流船型将会维持在一定的规模水平上。

2.集装箱码头的深水化、大型化和高效化趋势

随着集装箱船舶的大型化,特别对最新的超大型船来说,水深越来越成为班轮公司选择港口的重要因素。船舶的大型化要求有自然条件良好的处于航运干线附近的深水港与之配套。因此,全球运输中的枢纽港的作用日益重要,而这些起枢纽作用的港口的稳定货源必须有众多的支线港予以支撑,枢纽港的非直接腹地的货源所占比重会不断增加。这种集装箱量向少数一些港口集聚的趋势已表现得越来越明显,香港和新加坡的集装箱吞吐量的急剧上升印证了这一点。因此,集装箱码头规模的扩大,码头深水化、高效化已成为枢纽港的必要条件。

3.挂靠港减少,干线运输网络扩大

航运公司运力优化配置带来的最大效果就是运输服务质量的提高。这表现为航线挂靠港减少,服务密度增加,交货期缩短,例如原来美西航线所需要的14天已下降到了11天。由此必然造成船舶中途在港口加/卸载情况的减少。

航线重组后不仅将香港、新加坡等国际大港作为中转枢纽,而且使那些喂给港的地位也得到上升,成为新兴的枢纽港。这将使传统干线枢纽港的地位受到冲击,从而改变只有少数几个枢纽港口的局面,使更多的港口开始考虑接纳大型集装箱船舶的可能。在重组的以枢纽港为核心的新的港口群中,将更注重港口间密切的相互协作和高度的互补性,从而导致采用更为先进的港口技术设施。

#### 4.适应现代社会对集装箱运输系统的需求,为客户提供全程物流服务

运输系统为之服务的客户已越来越不满足于原先那种被动适应运输需要的方式,而正在寻求适应客户自身需要的运输。客户对于运输的多样化需求,预示着运输方式应具有更大的适应性,即不能再像过去那样无法对客户的需求作出敏捷反映,而应该是现代社会所要求的提供更为"柔性"的运输服务系统。目前,正在大力推进的集装箱多式联运正是顺应了这种变化。多式联运将集装箱这样现代运输方式的触角一直伸到物流的始末端,伸向客户企业,伸向消费市场。

我国集装箱港口发展全程物流是将腹地范围内的货代、船代、公路运输商、铁路运输商、船公司、港口服务商等各个方面的资源进行分工合作,为货主设计全程物流方案,提供满足货主运输需求的相应服务,使得货物从发货地开始就能够实现整个运输的安全、及时,并达到低运输成本。此时的港口不再仅仅是运输中的一个环节了,而是控制全程运输的主要物流经营商。全程物流经营商要开展的业务范围也较多,包括码头经营、货运代理、船舶代理、多式联运、集装箱拆装箱、简单加工包装等,这些业务的开展将改变港口原来的装卸、仓储等单一功能的局面,进一步优化港口经济增长方式。港口企业只有重视掌握客户的供应链需求,为客户直接提供全程物流服务,才能更有效地营销港口企业自身。

#### 5.集装箱码头向自动化、智能化方向发展

自动化、智能化是集装箱码头未来发展的重要方向。在集装箱码头自动化远程控制方面,各国集装箱码头都在积极探索,远程控制、半自动化、自动化等智能控制改造正如火如荼地进行,各种新技术、新思路正在逐步得到应用。目前我国很多港口都在积极建设自动化集装箱码头。2016年3月厦门远海自动化码头建成并投入商用;2017年5月亚洲首个真正意义上的全自动化集装箱码头在青岛港启用投产;2017年12月,上海洋山深水港四期自动化码头开港试生产,这意味着我国建成全球最大的智能集装箱码头。今后自动化集装箱码头的趋势是逐步从堆场自动化向整体码头自动化发展。因此,对于新建码头未来要提出自动化码头整体方案的设计比选,对于已建成码头要提出装卸工艺改造的方案,从而推动我们集装箱码头向自动化、智能化方向发展。此外,要加快发展港口物联网应用,提升港口装备和生产组织的智能化水平,推动港口物流供应链的全程信息化管理,在"互联网+"大发展的时代背景下,积极开发集装箱码头生产业务、机械、人员、信息、能耗等管理系统,促进集装箱码头的信息化发展水平。

## Ⅱ 集装箱运输内涵

### 一、集装箱的定义

集装箱(container)是我国大陆的称谓,在中国香港被称为"货箱",在中国台湾省被称作"货柜"。关于集装箱的定义,国际上不同国家、地区和组织的表述有所不同。目前,许多国家(包括中国、日本、美国、法国等)都采用了国际标准化组织对集装箱的定义。

根据国际标准化组织第104技术委员会的规定:

"集装箱是一种运输设备:

(1)具有足够的强度,可长期反复使用;

(2)适于一种或多种运输方式的运送,途中转运时箱内货物不需换装;

(3)具有快速装卸和搬运的装置,特别便于从一种运输方式转移到另一种运输方式;

(4)便于货物装满和卸空;

(5)具有 $1m^3$ 及 $1m^3$ 以上的容积。

集装箱这一术语,不包括车辆和一般包装。"

其他国际公约(集装箱海关公约、国际集装箱安全公约等)对集装箱的定义、集装箱应具备的条件都作了规定,虽有差异,但其实质内容基本相同。

## 二、集装箱运输的特点与优越性

20世纪50年代以后,集装箱运输之所以能在全世界范围内迅猛发展,是因为这种运输方式具有鲜明的特点和突出的优越性。

1. 集装箱运输的特点

(1)集装箱运输是一种"门—门"运输(Door to Door)。这里的"门—门",一端是指制造企业的"门",另一端是指市场的"门"。所谓"门—门",就是从制造企业将最终消费品生产完毕,装入集装箱后,不管进行多长距离、多么复杂的运输,中间不再进行任何倒载,一直到市场"门"。这既是这种运输方式的特点,又是采用这种运输方式所要达到的目标。凡使用集装箱运输的货物,都应尽量不在运输中途进行拆箱与倒载。

(2)集装箱运输是一种多式联运。由于集装箱"门—门"运输的特点,决定了其"多式联运"的特点。所谓多式联运,是指按照国际多式联运合同,以至少两种不同的运输方式,由多式联运经营人将货物从一国境内的接管地点运至另一国境内指定交付地点的货物运输。由于集装箱是一种封闭式的装载工具,在海关的监督下装货铅封以后,可以一票到底直达收货人,所以集装箱运输是最适合国际多式联运的一种方式。

(3)集装箱运输是一种高效率的运输方式。这种高效率包含两方面的含义。一是时间上的高效率:由于集装箱在结构上是高度标准化的,与之配合的装卸机具、运输工具(船舶、卡车、火车等)也是高度标准化的,因此在各种运输工具之间换装与紧固均极迅捷,大大节省了运输时间;二是经济上的高效率:集装箱运输可以在多方面节省装卸搬运费用、包装费用、理货费用、保险费用等,并大幅降低货物破损损失。这些都决定了集装箱运输是一种高效率的运输方式。

(4)集装箱运输是一种消除了所运货物外形差异的运输方式。在件杂货运输方式中,所运货物不管采用什么样的外包装,其物理、化学特性上的差异均比较明显,可以通过视觉、触觉和嗅觉加以区别。在货物的信息管理方面,即使有缺陷,也可以用其他手段予以弥补。而集装箱则不然,货物装入集装箱之后,其物理、化学特性全部被掩盖了,变成千篇一律的标准尺寸、标准外形的金属(或非金属)箱子,从其外部无法感知箱内货物内容及状态。所以集装箱的信息管理与件杂货运输相比,具有特别重要的意义。

2. 集装箱运输的优越性

(1)扩大成组单元,提高装卸作业效率。在装卸作业中,装卸成组单元越大,装卸效率越高。托盘成组化与单件货物相比,装卸单元扩大了20~40倍;而集装箱与托盘成组化相比,装卸单元又扩大了15~30倍。所以集装箱化对装卸效率的提高是个不争的事实。并且集装箱的装卸作业适于机械化,其装卸作业效率得到了大幅度的提高。

(2)保证货物运输安全。集装箱运输使用强度较高、水密性较好的箱体对货物进行保护,从发货人装箱、铅封到收货人收货,一票到底。大大减少了传统运输方式中人力装卸、搬运的次数,这就可以避免人为和自然因素造成的货物破损、湿损、丢失等货运事故,减少经济损失。

(3)节省货物包装材料。使用集装箱运输,可以简化或不用运输包装,节省包装材料和费用,降低商品的成本。

(4)简化理货工作。采用标准集装箱,理货时按箱清点,简化了理货工作,降低了相关费用。

(5)缩短货物在途时间,降低物流成本。

集装箱化给港口和场站的货物装卸、堆码的全机械化和自动化创造了条件,缩短了车船在港口和场站停留的时间。这一时间的缩短,对货主而言就意味着资金占用的大幅下降,可以在很大程度上降低物流成本。

(6)便于自动化管理。集装箱是一种规格化货物运输单元,这就为自动化管理创造了便利条件。

## 项目实施

## 1-1 集装箱运输系统分解

由于集装箱运输是一种"门—门"的运输方式,是一种国际间的多式联运,所以集装箱运输必定是一个复杂的系统。这个复杂的系统可从"基本要素"和由"基本要素"组合而成的子系统两个层面上去观察和认识。

### 一、集装箱运输的基本要素

1.适箱货源

并不是所有的货物都适合于集装箱运输。从是否适用于集装箱运输的角度,货物可分成四类:

(1)物理与化学属性适合于通过集装箱进行运输,且货物本身价值高,对运费的承受能力大的货物;

(2)物理与化学属性适合于通过集装箱进行运输,货物本身价值较高,对运费的承受能力较大的货物;

(3)物理与化学属性上可以装箱,但货物本身价值较低,对运费的承受能力较差的货物;

(4)物理与化学属性不适于装箱,或者对运费的承受能力很差,从经济性上不适于通过集装箱运输的货物。

以上第一类货物称为"最佳装箱货",第二类货物称为"适于装箱货",第三类货物称为"可装箱但不经济的装箱货",第四类货物称为"不适于装箱货"。

集装箱运输所指的适箱货源,主要是前两类货物。对于适箱货源,采用集装箱方式运输是有利的。

2. 标准集装箱

前面介绍了国际标准集装箱的含义。除了国际标准集装箱外,各国和地区还有一些国内和地区标准集装箱,如我国国家标准中,就有两种适于国内使用的标准集装箱(5D与10D)。

3. 集装箱船舶

集装箱船舶经历了一个由非专业到专业发展的过程。最早的集装箱船舶是件杂货与集装箱混装的,没有专门的装载集装箱的结构。发展到现在,在国际海上集装箱运输中使用的集装箱船舶均已专业化,而且船型越来越大。

4. 集装箱码头

与集装箱水路运输密切相关的是集装箱码头。集装箱水路运输的两端必须有码头,以便装船与卸船。早期的集装箱码头是在件杂货码头的基础上配备少量用于装卸集装箱的机械,用来处理件杂货船舶上的少量集装箱。目前的集装箱码头已高度专业化,码头布局、机械配置、装卸工艺均完全与集装箱作业配套。

5. 集装箱货运站(CFS)

集装箱货运站在整个集装箱运输系统中发挥了"承上启下"的重要作用,是一个必不可少的基本要素。集装箱货运站按其所处的地理位置不同,可分为设在集装箱码头内的货运站、设在集装箱码头附近的货运站和内陆货运站三种。集装箱货运站的主要职能是集装箱货物保管与交付;拼箱货的装箱和拆箱作业;空箱的堆存和保管;票据单证的处理等。

6. 集装箱卡车

集装箱卡车主要用于集装箱公路长途运输、陆上各结点(如码头与码头之间、码头与集装箱货运站之间、码头与铁路办理站之间)的短驳以及集装箱的"末端运输"(将集装箱交至客户手中)。

7. 集装箱铁路专用车

集装箱铁路专用车主要用于铁路集装箱运输,包括集装箱的陆上中、长距离运输和"陆桥运输"。

## 二、集装箱运输的子系统

集装箱运输的各个"基本要素",以不同的方式组合起来,大致可以组成以下子系统:

1. 集装箱水路运输子系统

集装箱船舶、集装箱码头与集装箱货运站等基本要素,可组合成集装箱水路运输子系统。集装箱水路运输子系统完成集装箱的远洋运输、沿海运输和内河运输,是承担运量最大的一个子系统。集装箱水路运输子系统由集装箱航运系统和集装箱码头装卸系统两个次级系统组成。

2. 集装箱铁路运输子系统

集装箱铁路专用车、集装箱铁路办理站与铁路运输线等组成了集装箱铁路运输子系统。它是集装箱多式联运的重要组成部分。随着"陆桥运输"的发展,集装箱铁路运输子系统在整个集装箱多式联运中起着越来越重要的作用。

### 3.集装箱公路运输子系统

集装箱卡车、集装箱公路中转站与公路网络,构成了集装箱公路运输子系统。集装箱公路运输子系统在集装箱多式联运过程中,完成短驳、串联和"末端运输"的任务。在不同国家和地区,由于地理环境、道路基础设施条件的不同,集装箱公路运输子系统处于不同的地位,发挥着不同的作用。

### 4.集装箱航空运输子系统

在相当长一段时期内,由于航空运输价格昂贵、运量小,集装箱航空运输占的份额很小。近年来,随着世界经济整体的增长,航空运输速度快、对需求响应及时从而可缩短资金占用时间等优越性逐渐显现出来,航空集装箱运输子系统的地位正在逐渐提高。

## 1-2 集装箱货物的流转程序

### 1.整箱货流转程序

(1)整箱货(Full Container cargo Load,简称 FCL):所谓整箱货是指由发货人自行装箱,并填写装箱单、加铅封的货。整箱货可理解为"一个发货人、一个收货人"。

(2)整箱货流转程序(图 1-1)

第一步:发货人自行装箱;

第二步:通过铁路、公路或内河运输将重箱运至码头堆场;

第三步:装船;

第四步:海上运输;

第五步:卸船;

第六步:在码头堆场办理交接,提运进口重箱;

第七步:在收货人工厂或仓库拆箱;

第八步:集装箱空箱回运。

图 1-1 整箱货流转程序

### 2.拼箱货及其流转程序

(1)拼箱货(Less than Container cargo Load,简称 LCL):所谓拼箱货是指由集装箱货运站负责装箱、填写装箱单并加铅封的货。拼箱货可理解为"若干发货人、若干收货人"。

(2)拼箱货流转程序(图 1-2)

第一步:货运站配箱、装箱;

第二步:货运站将重箱运至码头堆场;

第三步:装船;

第四步:海上运输;

第五步:卸船;

第六步:将重箱提运至货运站;

第七步:货运站拆箱;

第八步:货运站向货主交付货物。

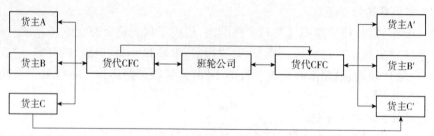

图 1-2 拼箱货流转程序

【复习思考题】

一、填空

1.最早将集装箱用于铁路运输的是（　　）国,最早将其用于海上运输的是（　　）国。
2.1956年,第一艘装载集装箱的油船从美国的（　　）驶向（　　）。
3.集装箱上具有快速装卸和搬运功能的装置是（　　）。
4.船的宽度超过（　　）m的船舶为超巴拿马型船舶。

二、翻译

TEU　FCL　LCL　EDI

三、问答

1.集装箱的定义是什么？
2.集装箱运输有哪些特点及优越性？
3.简述集装箱运输系统的组成要素,各要素在集装箱运输过程中发挥怎样的作用？

# 项目二　集装箱国际标准读识

**知识要点**

1. 集装箱国际标准发展过程；
2. 集装箱尺寸、类型国际标准。

**项目任务**

1. 集装箱构件分解；
2. 集装箱标记信息读识。

**项目准备**

1. 场地、工具准备：集装箱堆场，实物集装箱；
2. 人员安排：学生分组对集装箱构件进行分解认识，并读识集装箱标记信息。

**相关理论知识**

## Ⅰ　集装箱国际标准发展过程

### 一、集装箱国际标准化的必要性

**1. 集装箱运输特点对集装箱运输设备提出的基本要求**

集装箱运输方式的特点包括"门—门"运输、国际间多式联运、高效率和消除了所运货物外形差异等，这些特点本身就对集装箱这一特定运输设备提出了一系列的基本要求。

（1）有便于装运货物的较大的内部容积；

（2）有便于在场地堆存和充分利用船舶等运输工具容积的外部结构；

（3）能方便地使用各种装卸机械进行高效率装卸；

（4）能方便地与各种运输工具（船舶、货车、火车等）相配合，容易进行紧固和绑扎；

（5）具有一定的强度，适应一定程度的堆高、摇晃、冲击；

（6）有易于区别的外部标记，以弥补其外部形状千篇一律所造成的识别上的困难，便于运输、装卸与堆存的管理；

（7）能适应运输不同货物的要求，如需保温、冷藏、液体、活体或异形货物。

**2. 集装箱国际标准化的必要性**

由以上集装箱运输方式对集装箱设备所提出的各种要求，很容易得出集装箱国际标准

化的以下必要性。

(1) 国际间运输的必然要求

集装箱运输是一种国际间的运输方式,同一种运输设备要在全球各个国家间运输、交接与周转,其外形、结构、标志等就必须标准化,以保证所经过的各个国家、地区都能通过,使各个国家的装卸设备、运输工具均能适用。

(2) 多式联运方式的必然要求

集装箱运输本质上是一种"多式联运",即在多数情况下,一个集装箱要经过两种或两种以上的运输工具,才能完成它的"门—门"运输。所以集装箱的外形和结构必须标准化,以便能在船舶、火车、货车、飞机之间实施快速地换装,并且便于紧固和绑扎。

(3) 集装箱运输管理的必然要求

集装箱运输是一种消除了运输货物的物理、化学特性区别的运输方式。在这种运输方式中,外形、特征各异的具体货物,都演变成了千篇一律的集装箱,原来可凭借人们的视觉、嗅觉等感官直接加以区别的特征都没有了。这就要求集装箱有一些标准化的标记,便于识别、记录与传递信息。同时,集装箱本身是一种昂贵的运输设备,货主不可能自行购置集装箱,一般都是船公司购置或租用。因此,货主、箱主、装卸的物流结点、运输的船舶、货车、火车之间,就构成了复杂的运输链及交接关系。这也要求集装箱必须拥有标准、鲜明的外部标记,形成一个信息的多维空间,便于识别、记录与及时传输。

(4) 集装箱运输过程安全的必然要求

集装箱是用来运输货物的,本身必须承载较大的负荷。集装箱经常需要在较为恶劣的环境下运营,如必须能承受远洋运输途中船舶的剧烈摇晃;火车、货车启动与制动的冲击;装卸过程中的冲击等。所以集装箱在强度上也必须有相应的标准,并有必要的检验与准用程序和规定。

## 二、集装箱国际标准化的发展过程

集装箱国际标准化的发展过程,大致可划分成"地区标准化时期"和"国际标准化时期"两大阶段。

### (一) 地区标准化时期

这一时期大致又可划分成早期欧洲地区标准化时期和 20 世纪 50 年代美国标准化时期。

1.早期欧洲标准化时期

早期的集装箱标准由国际铁路联盟(UIC)制订。为了在欧洲各国早期的铁路集装箱运输中达到换装方便,提高运输效率,UIC 于 1933 年制订了三种集装箱标准。

(1) 小型集装箱(A 类)容积为 $1m^3(35ft^3)$,总重为 1.5t 以下。

(2) 小型集装箱(B 类)容积为 $1\sim3m^3(35\sim106ft^3)$,总重为 $1.5\sim5.2t$。

(3) 小型集装箱(C 类)容积为 $3m^3(106ft^3)$ 以上,总重为 $5.2\sim7t$。

2.美国标准化时期

1958 年,美国标准协会、美国海运管理署、美国国际运输协会开始集装箱标准化工作。

1959年，美国国际运输协会建议采用8ft×8ft×20ft、8ft×8ft×40ft型集装箱。1964年4月，美国标准协会采用了8ft×8ft×10ft、8ft×8ft×20ft、8ft×8ft×30ft、8ft×8ft×40ft型集装箱为国家标准集装箱。

**(二) 国际标准化时期**

国际标准化组织(ISO)成立于1947年，它是世界最大的非政府标准化专门机构，与联合国教科文组织保持密切联系，是联合国甲级咨询机构。它的主要活动是制定ISO国际标准和协调各国的标准化工作。国际标准化组织以组成技术委员会的方法开展和主持各类标准的制定和标准化的推动工作。其中根据美国提议设置的第104技术委员会(TC104)，专门负责讨论与制订集装箱的国际标准。该技术委员会于1961年6月成立，当年9月召开第一次全体大会，标志着集装箱国际标准化时期的开始。我国于1978年9月1日起成为ISO组织的正式成员。

集装箱国际标准化时期大约可划分为以下四个阶段：

1. 确立基本标准阶段

1961年9月ISO/TC104的第一次全体大会至1964年7月ISO/TC104的第三次全体大会。这一时期对集装箱国际标准化的主要贡献有：

(1) 确定了内容积为$1m^3$以上的最小集装箱体积标准；

(2) 确定了8ft×8ft的集装箱端面标准；

(3) 建立了系列1(1A-1F)和系列2(2A-2C)共9种集装箱标准。

在这一时期，发达国家各国的集装箱运输基本上都在各自原来的水平上运行，大规模的基础设施投资尚未开始。美国要求以大型的集装箱标准(即美国国家标准集装箱)为标准，而欧洲则要求以中型的集装箱标准(即欧洲国际铁路联盟标准集装箱)为标准，双方矛盾激烈；而日本则由于与美国意见对立，而从TC104的正式成员降格为观察员，开始闭关自搞集装箱。所以这段时期集装箱的国际标准化虽形成了雏形，但仍是各行其是，离真正的实施还有一定距离。

2. 实用阶段

1965年ISO/TC104的第四次全体大会至1967年ISO/TC104的第五次全体大会。

这段时间对集装箱国际标准化最大的贡献是对集装箱角件(Corner Fitting)的结构逐渐形成了统一的意见。

3. 多样化阶段

1967年ISO/TC104的第六次全体大会至1978年ISO/TC104的第十次全体大会。

这一时期由于参与ISO/TC104的各国间利益冲突，各个国家和地区都希望提出更靠拢本国(本地区)原有集装箱标准的国际标准，以便降低本国在"集装箱化"过程中的初始投资。因此，国际集装箱的标准系列一度多到三个，其中"系列1"基本相当于原美国的国家标准集装箱；"系列2"相当于原欧洲国际铁路联盟的标准集装箱；而"系列3"则属于苏联的尺寸系列。各大利益集团相互对峙，实际上大大提高了集装箱国际标准化的"成本"。

在各国集装箱化实际执行的过程中，系列1集装箱由于其通用性好，逐渐被广泛接受。而系列2、系列3的地位自然下降，先后由"国际标准"降格为"技术报告"。

4. 稳定阶段

1978年ISO/TC104第十次大会以后。

集装箱运输是初始投资非常大的运输方式。其初始投资既包括昂贵的集装箱本身,还包括集装箱专用船舶、集装箱装卸机械、集装箱码头、堆场、集装箱卡车、火车等。如果国际标准频繁变化,这些相应设施都要频繁报废和重新投资,集装箱运输的优越性也要被全部抵消。这是参与集装箱国际标准制订的所有国家和与集装箱运输有关的所有企业都不愿看到的。所以,经历了最初十年左右"北北对立"(发达国家之间的矛盾,如美国、欧洲各国与日本)、"南北冲突"(发达国家与发展中国家)之后,各国都认识到集装箱国际标准的稳定远远好过集装箱国际标准的频繁变化。因此,1978年ISO/TC104第十次全体大会通过了集装箱基本标准五年不变的提案。从此,以系列1集装箱为主的标准集装箱,虽在结构和装卸工艺配套方面不断完善,但其主要尺寸等标准不再有大的变化。

## Ⅱ 集装箱尺寸、类型国际标准

### 一、国际标准集装箱的尺寸

国际标准集装箱的尺寸可分为"外部尺寸"和"最小内部尺寸"。

#### (一)国际标准集装箱的外部尺寸

目前通用的第1系列集装箱,其外部尺寸可分为以下规格(表2-1):

1. A型集装箱

这类集装箱长度为40ft,宽度均为8ft,由于高度不同可以分为四种:

| | |
|---|---|
| 1AAA | 高度为9ft6in |
| 1AA | 高度为8ft6in |
| 1A | 高度为8ft |
| 1AX | 高度小于8ft |

2. B型集装箱

这类集装箱长度为30ft,宽度均为8ft,由于高度不同可以分为四种:

| | |
|---|---|
| 1BBB | 高度为9ft6in |
| 1BB | 高度为8ft6in |
| 1B | 高度为8ft |
| 1BX | 高度小于8ft |

3. C型集装箱

这类集装箱长度为20ft,宽度均为8ft,由于高度不同可以分为三种:

| | |
|---|---|
| 1CC | 高度为8ft6in |
| 1C | 高度为8ft |
| 1CX | 高度小于8ft |

4. D型集装箱

这类集装箱长度为10ft,宽度均为8ft,由于高度不同可以分为两种:

| | |
|---|---|
| 1D | 高度为8ft |
| 1DX | 高度小于8ft |

## 5. E型集装箱

这类集装箱长度为45ft,宽度均为8ft,由于高度不同可以分为两种:

1EEE　　　　　　　　高度为9ft6in
1EE　　　　　　　　 高度为8ft6in

**集装箱外部尺寸、公差和总重**　　　　　　　　　　　表2-1

| 箱型 | L 尺寸 mm | L 公差 mm | L 尺寸 in | L 公差 in | W 尺寸 mm | W 公差 mm | W 尺寸 in | W 公差 in | H 尺寸 mm | H 公差 mm | H 尺寸 in | H 公差 in | R kg | R lb |
|---|---|---|---|---|---|---|---|---|---|---|---|---|---|---|
| 1EEE | 13716 | 0 -10 | 45ft | 0 -3/8 | 2438 | 0 -5 | 8ft | 0 -3/16 | 2896 | 0 -5 | 9ft6in | 0 -3/16 | | |
| 1EE | | | | | | | | | 2591 | 0 -5 | 8ft6in | 0 -3/16 | | |
| 1AAA | | | | | | | | | 2896 | 0 -5 | 9ft6in | 0 -3/16 | | |
| 1AA | 12192 | 0 -10 | 40ft | 0 -3/8 | 2438 | 0 -5 | 8ft | 0 -3/16 | 2591 | 0 -5 | 8ft6in | 0 -3/16 | 30480 | 67200 |
| 1A | | | | | | | | | 2438 | 0 -5 | 8ft | 0 -3/16 | | |
| 1AX | | | | | | | | | <2438 | | <8ft | | | |
| 1BBB | | | | | | | | | 2896 | 0 -5 | 9ft6in | 0 -3/16 | | |
| 1BB | 9125 | 0 -10 | 29ft 11.25in | 0 -3/8 | 2438 | 0 -5 | 8ft | 0 -3/16 | 2591 | 0 -5 | 8ft6in | 0 -3/16 | 25400 | 56000 |
| 1B | | | | | | | | | 2438 | 0 -5 | 8ft | 0 -3/16 | | |
| 1BX | | | | | | | | | <2438 | | <8ft | | | |
| 1CC | | | | | | | | | 2591 | 0 -5 | 8ft6in | 0 -3/16 | | |
| 1C | 6058 | 0 -6 | 19ft 10.5in | 0 -1/4 | 2438 | 0 -5 | 8ft | 0 -3/16 | 2438 | 0 -5 | 8ft | 0 -3/16 | 24000 | 52900 |
| 1CX | | | | | | | | | <2438 | | <8ft | | | |
| 1D | 2991 | 0 -5 | 9ft 9.5in | 0 -3/16 | 2438 | 0 -5 | 8ft | 0 -3/16 | 2438 | 0 -5 | 8ft | 0 -3/16 | 10160 | 22400 |
| 1DX | | | | | | | | | <2438 | | <8ft | | | |

关于第1系列集装箱的尺寸标准需说明如下:由于在船舶、火车、卡车或者堆场的可装载(堆存)一个40ft集装箱的箱位上,必须能同时装载(堆存)两个20ft集装箱或一个30ft与一个10ft集装箱,所以实际上除了40ft集装箱的长度允许正好为40ft外,30ft、20ft、10ft的

集装箱其长度均必须小于其公称长度。国际标准规定其长度之间的间距必须为3in(76mm)。第一系列集装箱长度之间的比例关系如图2-1所示。

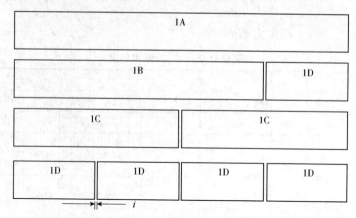

图2-1 各类型集装箱长度比例关系示意图

1A 型：40ft(12192mm)；1B 型：30ft(9125mm)；1C 型：20ft(6058mm)；1D 型：10ft(2991mm)；$i$(间距)=3in(76mm)。

各种集装箱箱型之间的尺寸关系：

$1A = 1B+1D+i = 9125mm+2991mm+76mm = 12192mm$；

$1B = 3D+2i = 3×2991mm+2×76mm = 8973mm+152mm = 9125mm$；

$1C = 2D+i = 2×2991mm+76mm = 6058mm$。

上述A、B、C、D四类集装箱中，以A类与C类(长度分别为40ft和20ft)集装箱最为通用，其总量也最多。为了便于计算集装箱数量，将一个C类集装箱(长度为20ft)称为1个标准箱(TEU)；一个40ft的集装箱计为2个标准箱，45ft的集装箱也计为2个标准箱。

**(二)国际标准集装箱的内部尺寸**

对于国际标准集装箱(主要为干货箱)的内部尺寸，也规定了相应标准(表2-2)。

国际标准集装箱内部尺寸(单位：mm)　　　　　表2-2

| 箱　型 | 最小内部尺寸 | | | 最小箱门开口尺寸 | |
|---|---|---|---|---|---|
| | $H$ | $W$ | $L$ | $H$ | $W$ |
| 1EEE | | | 13542 | 2566 | |
| 1EE | | | 13542 | 2261 | |
| 1AAA | | | 11998 | 2566 | |
| 1AA | | | 11998 | 2261 | |
| 1A | | | 11998 | 2134 | |
| 1BBB | 外部尺寸减241 | 2330 | 8931 | 2566 | 2286 |
| 1BB | | | 8931 | 2261 | |
| 1B | | | 8931 | 2134 | |
| 1CC | | | 5867 | 2261 | |
| 1C | | | 5867 | 2134 | |
| 1D | | | 2802 | 2134 | |

## 二、国际标准集装箱的分类

运输货物使用的集装箱种类繁多,分类方法不一,仅以国际标准的第一系列集装箱为例,可按材料、用途等进行不同分类。

### (一)按使用材料分类

根据集装箱主体部件(侧壁、端壁、箱顶等)采用的制造材料不同,集装箱可分成四种。

**1. 钢制集装箱**

优点是强度大、结构牢、焊接性好、水密性好、价格低廉(同样尺寸的钢制集装箱与铝合金集装箱比较,钢制集装箱的价格为铝合金集装箱的60%~70%);缺点是重量大、防腐蚀性差(每年一般需要进行两次除锈涂漆)。钢制集装箱的使用年限一般为11~12年。钢制集装箱是海上集装箱运输中采用较为普遍的一种集装箱。

**2. 不锈钢集装箱**

一般多用不锈钢制作罐式集装箱。其主要优点是强度高、不生锈、耐腐性好;缺点是投资大。

**3. 铝合金集装箱**

优点是重量轻(20ft的铝合金集装箱的自重为17000kg,比钢制集装箱轻20%~25%,故同一尺寸的铝合金集装箱可以比钢制集装箱装更多的货物)、外表美观、防腐蚀性和弹性好、加工方便以及加工费和修理费低、使用年限长(一般为15~16年);缺点是造价高、焊接性能差。

**4. 玻璃钢集装箱**

优点是强度大、刚性好、内容积大、隔热、防腐、耐化学性好;主要缺点是自重较大、造价较高。

### (二)按用途分类

**1. 干货集装箱(Dry Cargo Container)**

干货箱是一种通用集装箱,适用范围很大,除需制冷、保温的货物与少数特殊货物(如液体、牲畜、植物等)外,只要在尺寸和重量方面适合用集装箱装运的货物(适箱货),均可用干货集装箱装运。目前在国内外运营中的集装箱大部分属于干货集装箱。在结构上,干货集装箱可分为一端开门、两端开门与侧壁设有侧门三类。干货集装箱的门具有水密性,可270°开启。有的干货集装箱其侧壁可以全部打开,属于敞侧式集装箱,主要是便于在铁路运输中进行拆装箱作业(图2-2)。

**2. 开顶集装箱(Open Top Container)**

这是一种特殊的通用集装箱,除箱顶可以拆下外,其他结构与通用集装箱类似。开顶集装箱主要适用于装载大型货物和重型货物,如钢材、木材、玻璃等。货物可用吊车从箱顶吊入箱内,这样不易损坏货物,可减轻装箱的劳动强度,又便于在箱内把货物固定(图2-3)。

**3. 框架集装箱(Flat Rack Container)**

框架箱是没有箱顶和侧壁,甚至有的连端壁也去掉而只有底板和四个角柱的集箱。在目前使用的集装箱种类中,框架集装箱有独到之处。这是因为不仅干货集装箱,即使是开顶集装箱其容积和重量均受到集装箱规格的限制,而框架集装箱则可用于那些形状不一的货物,如重型机械、载货汽车、叉车等。货物可用吊车从上部装入,也可用叉车从侧面装入。框架集装箱(图2-4)的主要特点有:

(1)为了保持其纵向强度,框架箱箱底较一般集装箱而言更厚。

(2)箱底的强度比普通集装箱大,而其内部高度则比一般集装箱低。

(3)在下侧梁和角柱上设有系环,可把装载的货物系紧。

(4)框架箱没有水密性,该种集装箱通过海上运输时,必须装在舱内。在堆场存放时也应用毡布覆盖。同时货物本身的包装也应适应这种集装箱。

图2-2　干货集装箱

图2-3　开顶集装箱

**4.冷藏集装箱(Reefer Container)**

冷藏集装箱指具有冷冻设备,并在内壁敷设热导率较低的材料,可用于装载冷冻、保温、保鲜货物,如鱼、肉、新鲜水果、蔬菜等的集装箱。在运输过程中,启动冷冻机使货物保持在所要求的指定温度。目前又出现了带有喷淋装置或空气成分调节装置,更适宜于运输新鲜蔬菜、瓜果及鲜花等特殊货物的新型冷藏箱(图2-5)。

图2-4　框架集装箱

图2-5　冷藏集装箱

冷藏集装箱分为内置式和外置式两类,温度可在$-28 \sim +26℃$之间调整。

(1)内置式冷藏集装箱

这类集装箱冷冻装置装在箱体内,不会妨碍集装箱专用机械的搬运和装卸。在船上,内置式冷藏集装箱由船舶供电;在港口由堆场专用电源供电;在火车上由装有发电机组的专用车辆供电。

内置式冷藏集装箱在使用中需注意两个问题：

①集装箱本身没有冻结能力，装箱前对货物要预冷，使其温度降到规定温度以下才能装箱。

②内置式冷藏箱有"空冷"和"水冷"两种冷却方式。所谓"空冷"是指冷凝器内放热时，利用空气带走热量；而"水冷"则是用循环水带走热量。采用"空冷"冷却方式的冷藏集装箱，装船时只能装在甲板上。一般20ft冷藏集装箱既可采用空冷，又可采用水冷，所以既可装在甲板上，又可装在舱内；而40ft冷藏集装箱一般只有空冷而没有水冷，所以只能装在甲板上，不能装在船舱内。空冷式冷藏集装箱的冷冻装置面对面放置时，可能造成排出热气的"短路"而影响冷却效果，因此集装箱之间应至少间隔1m以上，以保证其冷藏效果。

(2)外置式冷藏集装箱

外置式冷藏箱是指冷冻机可与集装箱箱体连接或分离的集装箱。实际上，集装箱本身只是一个具有良好隔热层的箱体，在陆上运输时，一般与冷冻机相连；在海上运输时，则与冷冻机分开，靠船上的冷冻机舱制冷，通过冷风管道系统与冷藏箱连接；在集装箱码头，如配备有集中的冷冻设备和冷风管道系统，内置式冷藏箱也可与冷冻机分开，采用集中供冷形式。

5.罐状集装箱(Tank Container)

罐状集装箱是专门用于装运油类(如动植物油)、酒类、液体食品及液态化学品的集装箱，还可以装运酒精和其他液体危险品。罐状集装箱由罐体和箱体框架两部分构成。箱体框架的尺寸符合国际标准的要求，角柱上也装有国际标准角件，装卸时与国际标准箱相同。

罐体顶部设有装货口(入孔)，装货口的盖子必须有水密性，罐底有排出阀。装货时货物由罐体顶部的装货口装入，卸货时货物由排出孔靠重力作用自行流出，或者由顶部装货口吸出(图2-6)。

6.散货集装箱(Bulk Container)

散货集装箱主要用于装运麦芽、谷物和粒状化学品等。它的外形与杂货集装箱相近，在一端有箱门，同时在顶部有2至3个装货口，装货口有圆形和长方形的两种。在箱门的下方还设有卸货口，箱底部有升降架，可升高成40°的倾斜角度，以便卸货。使用集装箱装运散货，一方面提高了装卸效率，另一方面提高了货运质量，减轻了粉尘对人体和环境的伤害。

散货集装箱除端门有水密性以外，箱顶的装货口与端门的卸货口也有很好的水密性，可以有效防止雨水浸入。散货集装箱也可用于装运普通货(图2-7)。

7.通风集装箱(Ventilated Container)

通风集装箱外表与杂货集装箱类似，其区别是在侧壁或端壁上设有4~6个通风口。当船舶驶经温差较大的地域时，通风集装箱可防止由于箱内温度变化造成"结露"和"汗湿"而使货物变质。通风集装箱适于装载球根类作物、食品及其他需要通风、容易"汗湿"变质的货物。如将其通风口关闭，通风集装箱可作为杂货集装箱使用。通风集装箱的通风方式一般采用自然通风(图2-8)。

8.服装集装箱(Garment Container)

服装集装箱是杂货集装箱的一种变型，是在集装箱内侧梁上装有许多横杆，每根横杆垂下若干绳扣，成衣利用衣架上的钩，直接挂在绳扣上。这种服装装载法节约了大量的包装材料和费用，也省去了包装劳动。这种集装箱和普通杂货集装箱的区别仅在于内侧梁的强度需略加强。将横杆上的绳扣收起,这类集装箱就能作为普通杂货集装箱使用(图2-9)。

图2-6 罐状集装箱

图2-7 散货集装箱

图2-8 通风集装箱

图2-9 服装集装箱

## 9. 动物集装箱（Pen Container）

动物集装箱是指装运鸡、鸭、鹅等活家禽和牛、马、羊、猪等活家畜用的集装箱。箱顶采用胶合板覆盖，侧面和端面都有金属网制的窗，以便通风。侧壁的下方设有清扫口和排水口，便于清洁。

动物集装箱在船上必须装在甲板上，而且不允许多层堆装，所以其强度可低于国际标准集装箱的要求，其总重也较轻（图2-10）。

## 10. 汽车集装箱（Car Container）

汽车集装箱是在简易箱底上装一个钢制框架，一般设有端壁和侧壁，箱底采用防滑钢板的专门用于运输汽车整车的集装箱。汽车集装箱有单层和双层两种（图2-11）。

图2-10 动物集装箱

图2-11 汽车集装箱

以上所介绍的各类集装箱，并没有涵盖所有的集装箱类型。除此之外还有专门用于航空运输的集装箱等。

# 项目实施

## 2-1 集装箱构件分解

### 一、通用集装箱的方位术语

这里的方位术语主要是区分集装箱的前、后、左、右以及纵、横的方向和位置，如图2-12所示。

占集装箱总数85%以上的通用集装箱，均一端设门，这类集装箱的方位术语如下：

前端（Front）：指没有箱门的一端。

后端（Rear）：指有箱门的一端。

左侧（Left）：从集装箱后端向前看，左边的一侧。

右侧（Right）：从集装箱后端向前看，右边的一侧。

纵向（Longitudinal）：指集装箱的前后方向。

横向（Transverse）：指集装箱的左右方向，与纵向垂直。

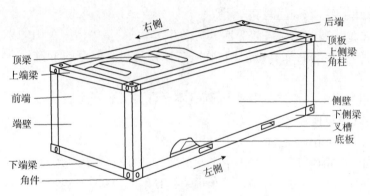

图 2-12　通用集装箱方位及主要部件示意图

## 二、通用集装箱的主要部件

1.角件(Corner Fitting)

集装箱箱体的 8 个角上都设有角件,角件用于支承、堆码、装卸和栓固集装箱。集装箱上部的角件称顶角件,下部的角件称底角件。角件在 3 个面上各有一个长孔,孔的尺寸与集装箱装卸设备上的旋锁相匹配。

2.角柱(Corner Post)

指连接顶角件与底角件的立柱,是集装箱的主要承重部件。

3.角结构(Corner Structure)

指由顶角件、角柱和底角件组成的构件,是承受集装箱堆码载荷的强力构件。角件和角柱均为铸钢件,用焊接方法连接在一起。集装箱的重量通过角结构传递,所以,在集装箱堆码时上下层集装箱的角件应对准,不能偏码。最底层的集装箱必须堆置在堆场画线规定的范围,否则会压坏场地。

4.上/下端梁(Top/Bottom end Transverse Member)

指箱体端部与左、右角件连接的横向构件。

5.上/下侧梁(Top/Bottom Side Rail)

指位于侧壁与前、后顶角件连接的纵向构件。

6.顶板(Roof Sheet)

指箱体顶部的板。顶板要求用一张整板制成,不得用铆接或焊接成的板,以防铆钉松动或焊缝开裂而造成漏水。

7.顶梁(Roof Bow)

指在顶板下方连接上侧梁,用于支承箱顶的横向构件。

8.底板(Floor)

铺在底梁上承托载荷的板。一般由底梁和下端梁支承,是集装箱的主要承载构件。箱内装货的载荷由底板承受后,通过底梁传导给下侧梁,因此底板必须有足够的强度,通常用硬木板或胶合板制成,木板应为搭接或榫接,也可采用开槽结构。

9.底梁(Floor Bearer or Cross Member)

在底板下连接下侧梁,用于支承底板的横向构件。底梁从箱门起一直排列到端板为止,一般用"C"、"Z"或"T"形型钢或其他断面的型钢制作。如图2-13所示。

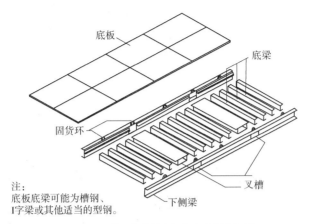

图2-13　20英尺集装箱底框架与底板分解图

10.叉槽(Forklift Pockets)

横向贯穿箱底结构、供叉车叉举集装箱的槽。20ft集装箱上一般设一对叉槽,必要时也可以设两对叉槽。40ft集装箱上一般不设叉槽。通过叉槽一般不能叉重箱,只能叉空箱。

11.端壁(End Wall)

在端框架平面内与端框架相连接形成的封闭板壁。在端壁的里面一般设有端柱,以加强端壁的强度。

12.侧壁(Side Wall)

与上侧梁、下侧梁和角结构相连接,形成的封闭板壁。在侧壁的里面一般有侧柱,以加强侧壁的强度。

13.箱门(Door)

通常为两扇向后开启的门,用铰链安装在角柱上,并用门锁装置进行关闭。箱门及附件如图2-14所示。

14.门楣/槛(Door Header/Sill)

指箱门上/下方的梁。

15.门铰链(Door Hinge)

靠短插销(一般用不锈钢制)使箱门与角柱连接起来,保证箱门能开闭的零件。其结构形式以能使箱门开启270°为原则。

16.箱门密封垫(Door Seal Gasket)

是指箱门周边为保证密封而设的零件。密封垫的材料一般采用氯丁橡胶。

17.箱门搭扣件(Door Holder)

进行装、卸货物作业时,保证箱门开启状态的零件。它设在箱门下方和相对应的侧壁上,有采用钩环的,也有采用钩链或绳索的。

18.箱门锁杆(Door Locking Bar or Door Locking Rod)

设在箱门上垂直的轴或杆。锁杆两端有凸轮,锁杆转动后凸轮即嵌入锁杆凸轮座内,把箱门锁住。锁杆还起着加强箱门承托力的作用。

19.门把手(Door Locking Handle)

装在箱门锁杆上,在开关箱门时用来转动锁杆的零件。

20.把手锁件(Door Locking Handle Retainer or Lock)

用来保持箱门把手使之处于关闭状态的零件。

21.海关铅封件(Customs Seal Retainer)

通常设在箱门的把手锁件上,海关用于施加铅封的设置,一般都采用孔的形式。

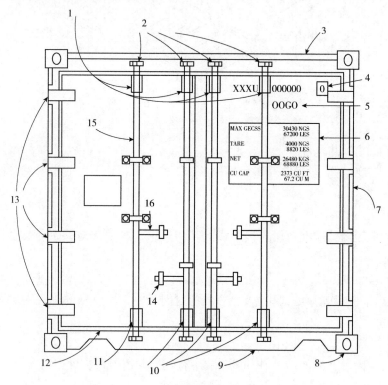

图 2-14　集装箱箱门示意图

1-锁杆支架;2-锁杆凸轮锁头;3-门楣;4-箱号;5-尺寸类型代码;6-重量标志;7-J型条柱;8-角件;9-门槛;10-锁杆支架;11-锁杆门底;12-门封条;13-铰链;14-把手锁件;15-锁杆;16-门把手

## 2-2　集装箱标记信息读识

### 一、国际标准集装箱的标记类别

国际标准化组织规定了集装箱识别系统、尺寸和箱型代码、作业标记等,每类标记都必须按规定大小,标识在集装箱规定的位置上。

(一)识别系统

识别系统由箱主代码、设备识别码、箱号及校验码组成。如图 2-15 所示。

(1)箱主代码,即集装箱所有人代码,它用 3 个大写拉丁字母表示。为防止箱主代码出现重复,所有箱主在使用代码之前应向国际集装箱局(BIC)登记注册,目前国际集装箱局已在 16 个国家和地区设有注册机构,我国北京设有注册机构。国际集装箱局每隔半年公布一次在册的箱主代码一览表。

(2)设备识别码,是紧接着箱主代号的第 4 位字母,用以表示集装箱的类型。"U"表示常规集装箱,"J"表示集装箱所配置的挂装设备,"Z"表示集装箱专用车和底盘车,最常见的是"U"。

箱主代码和设备识别码一般 4 个字母连续排列,如 ABCU,其箱主代码为 ABC,设备识别码为 U。

图 2-15　集装箱箱号

(3)箱号,用 6 位阿拉伯数字表示。若有效数字不足 6 位,则在前面加"0",补足六位。

(4)校验码,由 1 位阿拉伯数字表示,列于 6 位箱号之后,置于方框之中。

设置校验码的目的,是为了防止箱号在记录时发生差错。运营中的集装箱频繁地在各种运输方式之间转换,不断地从这个国家到那个国家,进出车站、码头、堆场、集装箱货运站,每进行一次转换和交接,就要记录 1 次箱号。在多次记录中,如果偶然发生差错,记错 1 个字符,就会使该集装箱从此"不知下落"。为不致出现此类"丢失"集装箱及所装货物的事故,在箱号记录中设置了 1 个"自检测系统",即设置 1 位"校验码"。校验码是在集装箱的数据记录或者计算机处理时用于验证箱主代码、设备识别码和箱号是否正确的 1 位数字。该"自检测系统"的原理如下:

①将 4 个拉丁字母与 6 位阿拉伯数字视作 1 组,共 10 个字符。前 4 位拉丁字母一一与等效数值对应,参见表 2-3。

**箱号中字母与数值转换表**　　　　　表 2-3

| 字母 | A | B | C | D | E | F | G | H | I | J | K | L | M |
|---|---|---|---|---|---|---|---|---|---|---|---|---|---|
| 数字 | 10 | 12 | 13 | 14 | 15 | 16 | 17 | 18 | 19 | 20 | 21 | 23 | 24 |
| 字母 | N | O | P | Q | R | S | T | U | V | W | X | Y | Z |
| 数字 | 25 | 26 | 27 | 28 | 29 | 30 | 31 | 32 | 34 | 35 | 36 | 37 | 38 |

②箱主代码的 4 个等效数值与 6 位箱号共 10 个数字,分别乘以 $2^0 \sim 2^9$ 的加权系数。

③将所有乘积累加,然后除以模数 11,所得的余数查余数与校验码值对照表(表 2-4),就可求得校验码。

**余数与校验码对应表**　　　　　表 2-4

| 余数 | 10(0) | 9 | 8 | 7 | 6 | 5 | 4 | 3 | 2 | 1 |
|---|---|---|---|---|---|---|---|---|---|---|
| 校验码 | 0 | 9 | 8 | 7 | 6 | 5 | 4 | 3 | 2 | 1 |

在集装箱运行中,每次交接记录箱号时,在将箱主代码、设备识别码与箱号录入电脑时,电脑就会自动按上述原理计算"校验码";当记录人员键入最后一位"校验码"与电脑计算得出的数字不符时,电脑就会提醒箱号记录"出错",这样就能有效避免箱号记录出错的事故。

例:集装箱的箱主代码、设备识别码和箱号为 ABZU 123456,求其校验码。

其等效数值、加权系数和乘积之和可列表求得，见表2-5。

表2-5 求校验码的计算表

| 名称 | 代号 | 等效数值 | 加权系数 | 乘积 |
|---|---|---|---|---|
| 箱主代码 | A | 10 | $2^0$ | 10 |
| | B | 12 | $2^1$ | 24 |
| | Z | 38 | $2^2$ | 152 |
| | U | 32 | $2^3$ | 256 |
| 箱号 | 1 | 1 | $2^4$ | 16 |
| | 2 | 2 | $2^5$ | 64 |
| | 3 | 3 | $2^6$ | 192 |
| | 4 | 4 | $2^7$ | 512 |
| | 5 | 5 | $2^8$ | 1280 |
| | 6 | 6 | $2^9$ | 3072 |
| 合计 | | | | 5578 |

从表2-5中得乘积之和为5578，除以模数11，即5578/11得507余数1，查表2-4，当余数为1时，校验码为1。

（二）尺寸代码和类型代码

1984年的国际标准中识别标记有国家代码，由2到3个拉丁字母组成。1995年的新标准中取消了国家代码。识别标记主要由"尺寸代码"与"类型代码"组成。见图2-16。

图2-16 尺寸及类型代码

（1）尺寸代码以两个字符表示。第一个字符表示箱长。其中10ft、20ft、30ft、40ft集装箱箱长代号分别为"1"、"2"、"3"、"4"。第二个字符表示箱宽和箱高。其中8ft高代号为"0"；8ft6in高代号为"2"；9ft6in高代号为"5"。

（2）类型代码可反映集装箱的用途和特征。类型代码用2个字符表示，其中第一个字符为拉丁字母，表示集装箱的类型。如：G(General)表示通用集装箱；V(Ventilated)表示通风集装箱；B(Bulk)表示散货集装箱；R(Reefer)表示保温集装箱中的冷藏集装箱；H(Heated)表示保温集装箱中的隔热集装箱；U(Up)表示敞顶集装箱；P(Platform)表示平台集装箱；T(Tank)表示罐式集装箱；A(Air)表示空/陆水联运集装箱；S(Sample)表示以货物命名的集装箱。第二个字符为阿拉伯数字，表示某类型集装箱的特征。如通用集装箱，一端或两端有箱门，类型代码为G0。详细集装箱类型代码见表2-6。

集装箱类型代码表    表2-6

| 代码 | 箱型 | 箱型群组代码 | 主要特征 | 箱型代码 |
|---|---|---|---|---|
| G | 通用集装箱（无通风装置） | GP | ——端或两端有箱门 | G0 |
| | | | —货物的上方有透气罩 | G1 |
| | | | ——端或两端设有箱门,并且在一侧或两侧亦设"全开式"箱门 | G2 |
| | | | ——端或两端设有箱门,并且在一侧或两侧亦设"局部"箱门 | G3 |
| | | | —备用号 | G4 |
| | | | —备用号 | G5 |
| | | | —备用号 | G6 |
| | | | —备用号 | G7 |
| | | | —备用号 | G8 |
| | | | —备用号 | G9 |
| V | 通风式通用集装箱 | VH | —无机械排风装置,但在上、下两侧没有自然通风窗 | V0 |
| | | | —备用号 | V1 |
| | | | —箱内设有机械式通风装置 | V2 |
| | | | —备用号 | V3 |
| | | | —外置式机械通风装置 | V4 |
| | | | —备用号 | V5 |
| | | | —备用号 | V6 |
| | | | —备用号 | V7 |
| | | | —备用号 | V8 |
| | | | —备用号 | V9 |
| B | 干散货集装箱 | | | |
| | 无压干散货集装箱 | BU | —封闭式 | B0 |
| | | | —气密式 | B1 |
| | | | —备用号 | B2 |
| | 承压干散货集装箱 | BK | —水平方向卸货,试验压力150Pa | B3 |
| | | | —水平方向卸货,试验压力265Pa | B4 |
| | | | —倾斜卸货,试验压力150Pa | B5 |
| | | | —倾斜卸货,试验压力150Pa | B6 |
| | | | —备用号 | B7 |
| | | | —备用号 | B8 |
| | | | —备用号 | B9 |
| S | 以货物种类命名的集装箱 | SN | —牲畜集装箱 | S0 |
| | | | —汽车集装箱 | S1 |
| | | | —活鱼集装箱 | S2 |
| | | | —备用号 | S3 |
| | | | —备用号 | S4 |
| | | | —备用号 | S5 |
| | | | —备用号 | S6 |
| | | | —备用号 | S7 |
| | | | —备用号 | S8 |

续上表

| 代码 | 箱 型 | 箱型群组代码 | 主 要 特 征 | 箱型代码 |
|---|---|---|---|---|
| R | 保温集装箱 | | | |
| | 机械制冷 | RE | —机械制冷 | R0 |
| | 制冷/加热集装箱 | RT | —机械制冷/加热 | R1 |
| | 自备电源的机械制冷/加热集装箱 保温集装箱 | RS | —机械制冷<br>—机械制冷/加热<br>—备用号<br>—备用号<br>—备用号<br>—备用号<br>—备用号<br>—备用号 | R2<br>R3<br>R4<br>R5<br>R6<br>R7<br>R8<br>R9 |
| H | 保温集装箱 | | | |
| | 带挂装式机械制冷/加热装置 | HR | —外置式挂装制冷/加热装置<br>$K = 0.4 \text{W}/(\text{m}^2 \cdot \text{K})$<br>—内置式挂装,制冷/加热装置<br>—外置式挂装,制冷/加热装置<br>$K = 0.7 \text{W}/(\text{m}^2 \cdot \text{K})$<br>—备用号<br>—备用号 | H0<br>H1<br>H2<br>H3<br>H4 |
| | 隔热式集装箱 | HI | —隔热层 $K = 0.4 \text{W}/(\text{m}^2 \cdot \text{K})$<br>—隔热层 $K = 0.7 \text{W}/(\text{m}^2 \cdot \text{K})$<br>—备用号<br>—备用号<br>—备用号 | H5<br>H6<br>H7<br>H8<br>H9 |
| U | 敞顶式集装箱 | UT | ——端或两端开口<br>——端或两端开口并有活动的上端梁<br>——端或两端以及一侧或两侧开口<br>——端或两端以及一侧或两侧开口并有活动的上端梁<br>——端或两端开口以及一侧部分开口和另一侧全部开口<br>—全部敞顶,带固定的侧壁(无开门)<br>—备用号<br>—备用号<br>—备用号<br>—备用号 | U0<br>U1<br>U2<br>U3<br>U4<br>U5<br>U6<br>U7<br>U8<br>U9 |

续上表

| 代码 | 箱 型 | 箱型群组代码 | 主 要 特 征 | 箱型代码 |
|---|---|---|---|---|
| P | 平台(和台架式)集装箱 | | | |
| | 上部结构不完整 | PL | —平台集装箱 | P0 |
| | 固端结构 | PF | —双固端结构<br>—固定角柱,活动侧柱或活动顶结构 | P1<br>P2 |
| | 折端结构 | PC | —可折的完整端结构<br>—可折角柱,活动侧柱或活动顶结构 | P3<br>P4 |
| | 带完整的上部结构的台架式集装箱 | PS | —散顶、敞端(骨架式)<br>—备用号<br>—备用号<br>—备用号<br>—备用号 | P5<br>P6<br>P7<br>P8<br>P9 |
| T | 罐式集装箱 | | | |
| | 非危险性液体货 | TN | —最低试验压力 45kPa<br>—最低试验压力 150kPa<br>—最低试验压力 265kPa | T0<br>T1<br>T2 |
| | 非危险性液体货 | TD | —最低试验压力 150kPa<br>—最低试验压力 265kPa<br>—最低试验压力 400kPa<br>—最低试验压力 600kPa | T3<br>T4<br>T5<br>T6 |
| | 气体货物 | TG | —最低试验压力 910kPa<br>—最低试验压力 2200kPa<br>—最低试验压力(未定) | T7<br>T8<br>T9 |
| A | 空/陆水联运集装箱 | AS | | A0 |

**(三)作业标记**

**1.必备的作业标记**

(1)最大总质量和空箱质量。集装箱的最大总质量是空箱质量和箱内装载货物的最大容许质量之和,简称最大总质量,空箱质量又称集装箱的自重。标注质量时要求用kg(公斤)和lb(磅)两种单位同时标注。如图2-17所示。

(2)空/陆水联运集装箱标记。空陆水联运集装箱指可在飞机、船舶、卡车、火车之间联运的集装箱,其容积为 $1m^3$ 或 $1m^3$ 以上,装有顶角件和底角件,具有与飞机机舱内栓固系统相配合的栓固装置,箱底可全部冲洗并能用滚装装卸系统进行装运。为适于空运,这种集装箱自重较轻,结构较弱,强度仅能堆码两层,为此国际标准化组织规定了特殊的标记。该标记为黑色,位于侧壁和端壁的左上角。

图 2-17　额定重量和自重标记

（3）箱顶防电击警示标记。凡装有登箱顶梯子的集装箱,应设箱顶防电击警示标记。该标记一般设在罐式集装箱上邻近登箱顶扶梯处。如图 2-18 所示。

（4）超高标记。凡高度超过 8.5ft(2.6m) 的集装箱必须标出超高标记。该标记采用黄底黑色字体,标注于集装箱箱体两侧。

除此之外,超高集装箱还要在箱体每侧及每端的角件之间的侧梁和横梁上标注长度至少为 300mm 的黄黑斜条的条形标记,以便在地面和高处能清晰识别。如图 2-19 所示。

图 2-18　登箱顶触电警告标记

图 2-19　超高标记

**2.可择性作业标记(最大净货载)**

根据工业上的需要,除了标打集装箱最大总质量和空箱质量外,还可标打最大净货载数据。如

| | |
|---|---|
| MAX GROSS | 30480kg |
| | 67200lb |
| TARE | 2180kg |
| | 4810lb |
| NET | 28300kg |
| | 67390lb |

## 二、其他国际公约规定的国际标准集装箱的标记类别

### 1. 国际铁路联盟标记

各国铁路都有各自的规章制度,手续极为复杂。为简化手续,国际铁路联盟对集装箱技术条件做了许多规定,凡满足其中规定的集装箱,可获取"国际铁路联盟"标记。所以只要申请了国际铁路联盟任一成员国的认证,均能在全球铁路运输中得到认可。

国际铁路联盟标记如图 2-20 所示,方框上部的"ic"代表国际铁路联盟;方框下方的两位阿拉伯数字为铁路公司的代号。如"33"为"中华人民共和国铁路"的代号。

### 2. 安全合格牌照

该牌照(图 2-21)表示集装箱已按照《国际集装箱安全公约》(International Convention for Safe Container,简称 CSC 公约)的规定,经有关部门试验合格,符合有关的安全要求,允许在运输运营中使用。安全合格牌照是一块长方形金属牌,尺寸要求不得小于 200mm×100mm,牌上应记有"CSC 安全合格"字样,同时标有其他内容的文字。在运输中使用的集装箱,在安全合格牌照上还必须标明维修间隔的时间。

安全合格牌照主要表示内容为:
(1) 批准国和批准证明书。
(2) 制造日期(月和年)。
(3) 集装箱制造厂产品号,如为号码不详的现有集装箱,则由主管机关指定号码。
(4) 最大营运总质量(kg 和 lb)。
(5) 对 1.8$g$ 的许用堆码载荷(kg 和 lb)。
(6) 横向推拉试验力(牛顿)。

### 3. 集装箱批准牌照

《1972 年集装箱关务公约》(Customs Convention on Containers,1972)是 1972 年 12 月 2 日,联合国和国际海事组织在日内瓦共同召开的集装箱运输会议上通过的,为集装箱暂时进口及其程序,以及取得运输海关加封集装箱货物资格条件的公约。该公约要求缔约国给符合技术标准的新制造的集装箱颁发海关核准牌,方可凭海关封条在国际间运输货物(图 2-21)。

图 2-20 国际铁路联盟标记

图 2-21 安全合格牌照及集装箱批准牌照

各国通常由船级社负责按照上述公约的要求对集装箱进行各种相应试验,并在试验后,在集装箱门上贴上代表该检验机关的合格徽。如图2-22所示。

有些国家对于进入本国的集装箱,有一些特殊的要求,在集装箱的选用时,必须加以注意。凡进入澳大利亚和新西兰的集装箱,必须有"防虫处理板"标记(图2-23),否则会被拒之门外。上述标记在集装箱进行国际运输时是必需的,不带这些标记的集装箱,会在卸船后被扣押在码头上,经过必需的相关检验,认为符合有关规定后,才会被放行。

图 2-22　中国船级社检验合格徽

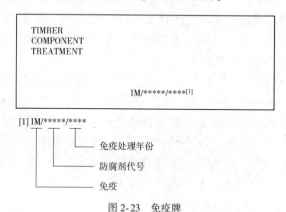

图 2-23　免疫牌

【复习思考题】

一、填空

1.(　　)、(　　)、(　　)组成了角结构。

2.国际集装箱共分为(　　)个系列,各系列集装箱的(　　)是相同的,均为(　　)mm。

3.最常见的集装箱长度有(　　)mm 和(　　)mm 两种。

4.按制造材料分,集装箱可分为(　　)制集装箱、(　　)制集装箱、(　　)制集装箱、(　　)制集装箱四种。

5.40′DC 表示的是(　　)集装箱,40′HC 表示的是(　　)集装箱,20′GP 表示的是(　　)集装箱,40′RH 表示的是(　　)集装箱,40′OT 表示的是(　　)集装箱,20′RF 表示的是(　　)集装箱,40′TK 表示的是(　　)集装箱。

6.标准集装箱有(　　)个角件,(　　)根角柱,(　　)根门锁杆。

7.冷藏箱的四壁和顶、门都是(　　)层结构,中间是(　　)材料,以便于货物的(　　)。

8.箱号由(　　)、(　　)、(　　)、(　　)四部分组成。

二、判断

1.集装箱底部的两根侧梁是承受集装箱堆码载荷的主要部件。(　　)

2.各类集装箱的底部都设有叉槽以便移动。(　　)

3.箱号属于集装箱的必备标记。(　　)

4.集装箱上箱号有 7 处。(　　)

5.集装箱的箱号必须由 4 个字母和 7 个数字组成。(　　)

6.箱高超过2.6m的集装箱必须标出标注,该标注属于必备标记。( )
7.从事国际运输的集装箱必须带有通行标记。( )
8.我国出口的冷冻海产品都是用普通干货箱装运的。( )
9.罐式集装箱是专门用于运输液体产品的。( )
10.开顶集装箱允许所装货物高于2.9m。( )
11.集装箱的角件是用铸钢制造的,其四面都有孔是为了装卸和加固时用的。( )

**三、将下列词语译成英语**

最大总重量　净重　角件　角柱　发货人　收货人　装船港　卸船港　框架箱

**四、问答**

1.国际标准集装箱按用途分成哪些类型?
2.国际标准集装箱有哪些标记?

# 项目三　集装箱班轮运输认知

**知识要点**

1. 集装箱班轮航线；
2. 集装箱班轮公司发展趋势；
3. 集装箱租赁业务；
4. 集装箱船舶技术性能；
5. 提单基本知识。

**项目任务**

1. 集装箱班轮运输组织；
2. 班轮公司航线船期表读识；
3. 集装箱船舶配载；
4. 提单的签发及流转业务；
5. 提单的读识与填制。

**项目准备**

1. 场地、工具准备：集装箱码头操作系统实训室、实物班轮船期表、配载图、提单；
2. 人员安排：学生在集装箱码头操作系统中指定航线及挂靠港并编制船期计划；学生根据流程岗位进行分组，演练班轮运输组织流程；学生按给定情境进行集装箱船舶配载；学生根据相关贸易及运输单证缮制提单。

**相关理论知识**

## Ⅰ　集装箱班轮航线

### 一、集装箱班轮航线的概念

集装箱班轮航线是指至少在两个港口间通过集装箱船舶定期往返或环绕航行承运集装箱货物的航线，其特征是采用集装箱从事班轮运输业务。目前，绝大部分集装箱航线都以班轮形式经营。

1. 班轮运输（Liner Shipping）

班轮运输是指班轮公司按事先制定的船期表，在特定航线的各挂靠港口之间，为非特定的众多货主提供规则的、反复的货物运输服务,并按运价本或协议运价的规定计收运费的一种营运方式。

从事班轮运输的船舶是按照预先公布的船期表来营运的,并且船速较高,因此能够及时将货物从起运港运抵目的港。货主可以在预知船舶抵、离港时间的基础上组织、安排货源,满足市场对货物的需求。从事班轮运输的船舶,是在固定的航线上(既定的挂靠港口及挂靠顺序)经营,并有规则地从事货物运输服务,因此需要运输零星小批量货物的货主,同样可以与大批量货物的货主一样,根据需要向班轮公司托运,节省货物等待集中的时间和仓储费用。另外,用于班轮运输的船舶的技术性能一般较好,设备较齐全,船员的业务水平也较高,所以既能满足普通件杂货的运输要求,又能满足危险物品、重大件等特殊物品的运输要求,并且能较好地保证货运质量。

班轮公司采取的一套适宜小批量货物运送的货运程序,既能为班轮公司争取货源、提高经营效益,又能为货主提供方便的运输服务。从事班轮运输的船舶,具有固定航线、固定挂靠港、固定船期和相对固定的运价等"四固定"的特点,这是定期船运输与不定期船运输的主要区别。

2.租船运输(Tramp Shipping)

租船运输是一种既没有事先制定的船期表,也没有固定的航线和挂靠港,而是追随货源,按照货主对运输的要求安排船舶就航的航线、组织货物运输,并根据租船市场行情确定运价或租金水平的一种经营方式。租船运输按照船舶所有人(出租人)与需要运力的租船人(承租人)之间签订的租船合同(Charter Party,即C/P)组织运输。根据承租人的不同要求,又分为航次租船、定期租船、包运租船、航次期租船等不同的租船方式。租船运输主要从事大宗物品的运输,如谷物、油类、矿石、煤炭、木材、化肥、水泥等,并且经常以整船或整舱的方式装运。

集装箱水路运输的经营方式,从理论上说,也存在班轮运输与租船运输两种,但绝大部分属于班轮运输。

## 二、集装箱班轮航线的特点

(1)航线资源配置的相协调性。

开辟一条航线通常需要由几条船舶组成一个船队,为使得提供的运力均衡,船队中的船舶规模和航速最好相同或相近。同时,航线上配置船舶的规模要与航线上的集装箱量相协调。

(2)航线配船少。

与普通件杂货船相比,集装箱船舶的航行速度快、装卸效率高,所以相同港口间运输同样数量的货物,所需的集装箱船舶数量大大少于普通件杂货船。

(3)航线往返程可以挂靠不同港口。

各国(地区)间的贸易存在方向上的不平衡性,船公司在设计航线时,往返程可能挂靠不同的港口,以保证箱位的充分利用。

(4)航线挂港分为基本港、枢纽港、喂给港等。

基本港(Base Port)是船期表规定班轮公司的船舶一般要定期挂靠的港口。大多数位于沿海国家或地区的主要口岸,港口设备条件较好,货运需求多而稳定。运往基本港口的货物一般为直达运输,无须中途转船(但有时也因货量太少,船方决定中途转运,由船方自行安排,承担转船费用)。基本港口以外的港口都称为非基本港(Non-Base Port)。到达非基本港的货物运费一般是在基本港的基础上,另外加收转船附加费。

枢纽港(Hub Port)一般是指各种运输方式汇集,交通运输网络迅捷发达,方便货物集中或疏散的港口。在集装箱运输中连接海上干线与水陆支线,具有良好的地理位置、自然条件、很强的集装箱装卸堆存和集疏运能力的大型港口,一般称为枢纽港。

喂给港(Feed Port)一般指货量较小,通过支线运输,起到为枢纽港供给货源作用的港口。

为了体现集装箱运输周转的高效性,越来越多的班轮公司在开辟航线时只挂靠一些主要港口、枢纽港或基本港,同时依靠一些小型班轮公司或自身再开辟支线将其他港口的箱源集中到挂靠港口,这样可以大大节约靠泊和港口作业时间,缩短航次时间。

### 三、集装箱班轮航线的分类

#### (一)按航线形态划分

**1. 点—点航线(Point to Point)**

连接 A、B 两港,进行往返运输的航线,如大连—釜山航线。随着集装箱船舶的大型化,为提高船舶的箱位利用率。在点—点航线的基础上,衍生出两端港航线,如图 3-1 所示。

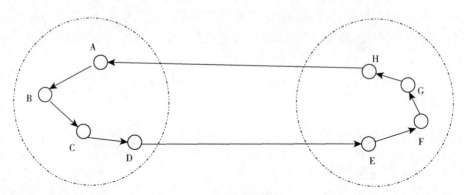

图 3-1 点—点航线

虚线圆圈范围内的港口均为基本港,这些港口之间没有货物流动。例如,船舶由 A 港出发,承载着运往 E、F、G、H 港的货物,先后到达 B、C、D 港而不卸货;同样在 B 港也只装运到达 E、F、G、H 港口的货物,在 C、D 港口并不卸下在 B 港装运的货物,以此类推。

也可以这样理解,同一虚线圆圈范围内的港口可以视为一个虚拟的大港,即一个端港,船舶在这个端港的货量分批次在不同的实际港口(A、B、C、D)分别装运。另一端也是如此,将 E、F、G、H 视为一个虚拟的目的港,到该虚拟港的货物分批次、分地点(E、F、G、H)分别卸下。例如,目前的远东—欧洲航线即为这一类型的航线。

**2. 枢纽—辐射式航线(Hub and Spoke)**

该航线又称为干支配合航线,是以枢纽港之间的干线航线为骨架,以枢纽港与周边喂给港之间的辐射支线为补充构成的海上运输网络,干线航线由吨位较大的集装箱船航行,挂靠货运量大、地理位置佳的枢纽港;非枢纽港由于货流量较小,采用支线运输将货物运送到枢纽港,通过枢纽港将货物中转到干线航线运输,以实现相互之间的运输联结(图3-2)。新加坡、香港、釜山等港口以其优越的地理位置,依靠枢纽辐射式航线,吸引了大量的境外中转集装箱。

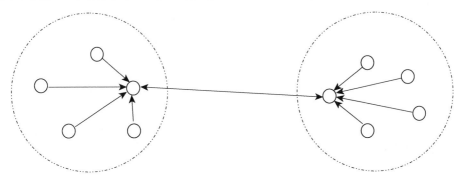

图3-2　枢纽—辐射式航线

3.钟摆式航线(Pendulum)

船舶从某个中间地区的几个港口(简称中间港群)开航,向东航行至东部地区的几个港口(东港群)进行装卸,再从东港群摆回至中间港群进行装卸,再由中间港群出发向西摆至西港群进行装卸,再由西港群摆回中间港群,即完成一个钟摆周期(图3-3)。

比较著名的钟摆式航线有欧洲—北美—远东航线和欧洲—远东—北美西海岸航线,分别简称为巴拿马钟摆航线和远东钟摆航线。这种航线的优势是覆盖面较大,可运载多个贸易区域间的货物,提高箱位利用率,缺点是航线较长,需要投入较多船舶。

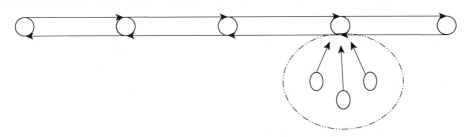

图3-3　钟摆式航线

4.环绕式航线(Go-Around)

在选定的港口间依次停靠每一港口,一般一个航次中,每个港口仅挂靠一次(也有挂靠两次的情况)。这种航线的优点是只有去程没有回程,能解决航线上货流不平衡问题,提高船舶箱位利用率。还可以增设反向航线以减少环绕性航线运行所需要的时间,由于贸易的不平衡性,正向、反向环绕式航线可选择不同港口(图3-4)。例如,远东—北美航路上的许多航线都是环绕式航线。

值得一提的是,上述航线形式也经常结合使用,例

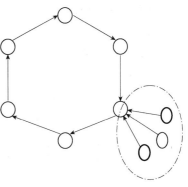

图3-4　环绕式航线

如,枢纽辐射式航线的干线航线可以是点—点航线,也可以是钟摆航线或者环绕式航线。

### (二)按航线覆盖区域范围划分

1. 国际集装箱航线

(1)主干航线

国际集装箱主干航线多为连接洲际间的航线,需要投入大吨位的船舶,挂靠区域枢纽港。航线由规模较大的班轮公司运营,而且多采用联盟模式。

(2)分支航线

分支航线距离较短,衔接紧密,多是为枢纽港供给货源或起中转作用。

2. 国内集装箱航线

(1)外贸内支线

在国内港口之间为国际干线航线提供支线服务的航线。虽然是国内集装箱航线,但运输国际货物。

(2)内贸线

专门运输内贸货物,不具有运输进出口外贸货物资格的航线。

## 四、集装箱班轮航线开辟的基本条件

开辟一条海上货运班轮航线需要考虑的因素很多,最基本的条件有:

1. 自然条件

航线范围内的自然条件和地理环境必须适合船舶安全运行。开辟海上货运航线的根本目的是使用船舶把货物安全无损地从发送地运到目的地,这也是船舶经营人和货主的共同愿望。所以,船公司在开辟航线之前,必须认真调查航线范围内的自然条件和地理环境,保证航线在客观上具备船舶全运行的可能性。

对航线自然条件和地理环境的调查包括以下几个方面:

(1)航线吃水限制,包括航线途经运河的吃水限制及航线上各挂靠港口进出港航道的吃水限制。

(2)航线沿途港口情况,包括码头泊位技术尺度、装卸条件、避风锚地情况、燃物料供应情况、港口费收规定等。

(3)航线气候情况,包括风浪,港口雾、雨、雪天气的比例,是否有封冻港及封冻期长短等。

(4)航线潮汐情况,包括各港口的高潮、低潮时间及水位差。

2. 货源条件

航线上须有保证船舶营运的足够货源。所谓足够货源,是指能够使船公司在该航线经营中获利的一定数量的货物。

海上运输涉及的货物种类繁多,有原材料、半成品和成品等。所有这些货物来源复杂、分布广泛,而且会随着世界经济状况、国际贸易状况和季节的变化,以及各国方针政策的变化而变化。所以,开辟海上货运航线时,船公司必须重视了解货源的情况及其动态,了解航线所及范围的货物种类及其流向、流量,并尽力掌握货源的变化规律,以便获得较为确实的货源资料,为开辟航线提供可靠的依据。

有时,在开辟航线的最初阶段,船公司并未能掌握足够多的货源,但为了抢占市场,可着眼于未来足够的货源。

另外,货流在方向上的不平衡性和在时间上的不平衡性也是了解分析的对象。

3.其他条件

航线所及地区的政治是否稳定;航线的竞争状况及运价水平;本公司的实力等。

# Ⅱ 集装箱班轮公司发展趋势

## 一、国际班轮公司的合作经营方式

在激烈的市场竞争下,班轮行业的竞争战略早已得到了广大班轮公司的重视。当前国际班轮市场的竞争战略比较典型的可以划分为两种类型:成本领先战略和差异化战略。然而,近年来,合作战略开始受到了越来越多的重视,并在班轮运输业中得到了广泛的应用。

20世纪90年代世界经济的全球化和信息化改变了企业竞争的环境,也改变了企业竞争的规则。随着全球市场的逐步形成,传统上靠市场分割保护的国内市场现在已不再安全,企业竞争范围从一个国家或地区扩大到全球市场,取得竞争优势意味着必须在全球范围取得优势。但由于公司自身条件限制,单个企业不可能在所有的市场上呼风唤雨、独占鳌头,而且世界局势风云变幻,仅凭一家船公司的实力,也难以在所有区域的航线上取得竞争优势。20世纪90年代以来,世界航运业以舱位共享、联盟、合并等形式进行了广泛、规模空前的合作,这正是班轮公司采取的与世界经济环境相适应的举措。合作战略正在迅速成为与竞争战略同样重要而关键的战略管理工具。

班轮航运业主要采用的合作方式包括:

1.舱位租用

舱位租用是合作一方作为承租人向合作另一方(某航线的经营人)租用部分舱位的合作形式。这种情况下,舱位承租人并不参与合作航线的任何经营决策活动。舱位租用通常有两种情形:一种是双方针对一方的某条航线订立舱位租用协议;另一种是合作双方相互租用对方不同性质航线的部分舱位。在舱位租用合作中,承租方使用自己的空箱和设备,独立承揽货物,以承租方按协议定期向对方支付固定舱位租金为基本特征,无论舱位实际使用与否。

2.舱位互换

舱位互换中的合作各方维持原有独立经营的航线,但各自拿出部分舱位来换取对方类似航线的等量舱位。此类合作的优点是,合作各方可以在保持各自船舶投入不变的情形下,拓宽自己直航服务的覆盖范围,尤其当某一方因政治或政策原因无法直接挂靠某些港口时,班轮公司可寻求舱位互换的合作来利用对方在这些港口的优势,从而达到优势互补。

3.共同派船(舱位共享)

这是一种较高形式的合作。各班轮公司就同一航线的营运达成协议,规定各方投入船舶的具体数量,按船舶比例确定各方在每艘船的舱位分配数量。共同派船和舱位共享的最明显特征是合作各方经营同一航线,按共同的船期表、挂靠港来营运。但各方所投的运力不

尽相同,各方负责自投船舶的营运,各方船舶在各港使用的码头由于各种原因可能不同,各自使用自己的代理,保持独立的市场营销和运价政策。

这种形式的合作可使各合作方利用较少的投入就能开辟新航线,达到事半功倍的效果。在当今集装箱船舶投资巨大,但回报率极低的情况下,这种合作形式越来越受到班轮公司的重视。目前航运界存在的几大联盟多数属于此类性质的合作。

4. 战略联盟(联营)

班轮运输业的战略联盟是在上述舱位租用、共用派船等基础上发展起来的一种合作方式,这种合作不是仅停留在调剂资源余缺的层面上,而是以长期战略合作为目标,以涉及多条航线(特别是三大主干航线)、采用多种合作方式、合作范围广泛(从船舶经营的合作到码头共享和设备管理)、合作层次更深入为标志。

5. 并购

20世纪90年代以来,国际上通过并购在世界范围内形成了汽车业、银行业、航运业、制药业、石油业、电器设备等超大型跨国企业集团。最近几年,航运企业相互之间也频繁发生并购事件,而且并购规模也正变得越来越大。联盟和并购作为一种更高层次的合作方式,对班轮运输业的发展有着深远的影响。

## 二、班轮公司经营联盟化发展趋势

自1994年9月美国总统轮船(APL)、商船三井(MOL)、渣华(Nedlloyd)、东方海外(OOCL)、马来西亚海运(MISC)五家班轮公司宣布组成第一家全球联盟以来,近年来班轮运输业中的联盟浪潮一浪高过一浪。大型班轮公司加强联盟的原因如下:

1. 联盟有利于降低运营成本和风险

与干散货运输市场不同的是,集装箱班轮运输市场的合作传统由来已久。20世纪初,班轮公司之间开始出现互换舱位等合作形式,20世纪90年代,伟大联盟、新世界联盟等相继成立。近年来,虽然美国金融危机和欧洲债务危机逐渐平息,但欧美发达国家消费需求持续不振,导致航运市场需求低迷;而大多数班轮公司扩张意愿依然强烈,希望通过建造新型节能的大型集装箱船舶降低航线单箱运营成本,以便在航运市场占得先机。随着大型集装箱船舶的交付使用,班轮公司成本控制的压力逐步提升,而联盟有利于班轮公司在主干航线上形成稳定的共同投船经营模式,从而降低班轮公司的运营成本和风险。

2. 联盟有利于提高航线运营效率

班轮公司联盟的一大特点就是通过组合联盟成员的现有运力,使主干航线由原先的线状变为网状,形成规模化和网格化的航线优势。与班轮公司之间单一的航线合作和舱位合作相比,联盟合作通过干线流向的网格化运营减少成员之间航线重叠,消除港口重复挂靠,不仅扩大成员航线覆盖范围,而且提高船舶舱位利用率,对节能减排也有一定促进作用,使成员资源利用、成本控制等水平显著提升。

3. 联盟有利于提高服务质量

在航运市场低迷的背景下,以客户为中心的服务理念日益受到班轮公司重视。联盟对成员运营保障能力的要求往往较高,其标准化操作流程也会对成员产生积极影响,使船舶准班率提高,更好地满足客户对运输安全性和服务稳定性的要求,为客户带来良好体验。

全球金融危机以来及中国经济新常态下,航运业产能过剩危机凸显,航运企业盈利能力大幅下滑,甚至陷入连年亏损的困境中难以自拔。当前,全球航运业已开启兼并重组浪潮,"抱团取暖"成为全行业的一大主旋律,大范围的收购与整合戏码仍在上演。全球班轮公司应对经济危机,形成2M、海洋联盟和The Alliance三大联盟,并订造大型船舶,以求规模效应。

### 三、班轮公司并购发展趋势

战略上的调整和运输业务的重组是各大船公司之间实施并购策略的最基本原因。随着世界经济全球一体化,各国经济的开放程度将会越来越高,整个航运市场也在逐步形成一个全球化的平稳发展格局;企业的经营活动范围已不仅仅局限于一个国家或一小块区域内,而是开始扩展渗透到全球范围内。但班轮公司受自身条件限制,难于在所有区域内的航线上取得竞争优势,而通过船公司之间的并购,可以不断壮大实力、提高竞争力,为打入全球其他市场、扩大竞争优势创造有利条件;另一方面,船公司之间的并购活动对实现资源共享,达到大幅度提高营运效率、降低营运成本、进一步抢占市场份额具有重要意义。由于市场进入与削减成本等许多目标可以通过并购达到,且并购后实力的壮大能够增强公司加入战略联盟的谈判筹码,班轮公司的并购成为近几年与联盟同步发展的一个重要趋势。通过班轮企业的不断联合,预示着班轮运输业将进一步趋向集中化和垄断化。马士基航运年报数据显示,马士基航运收购铁行渣华后,运力规模得到空前壮大,运力增速达到1999~2014年间的最高点,增长65.7%。马士基航运重组后营运收入增长31.5%,市场网络得以拓展,市场竞争力大增,成为全球班轮市场的领跑者。

## Ⅲ 集装箱租赁业务

### 一、租箱业务的发展和作用

在海上贸易初次使用集装箱时,集装箱租赁(Container Leasing)业务几乎同时发展起来了。但当时的租赁业务只是一种兼顾性业务,规模不大,船公司和其他方面的关系人也对其不予重视。从1968年开始,日本一些汽车制造厂商纷纷投入大型钢铁集装箱的制造业,由于钢制集装箱安全性能高、制造容易、价格便宜等优点,使集装箱供应量大为增加,一些集装箱租赁公司开始大量订购,目前供出租使用的集装箱数量占世界集装箱总数40%之多。

目前,世界上具有相当规模的集装箱租赁公司有100多家。集装箱的租赁业务能在短期内取得如此迅速的发展,其主要原因是集装箱的租赁业务促进了集装箱的发展。集装箱租赁业务的主要作用可归纳为:

(1)船公司或经营集装箱运输的承运人可通过集装箱租赁方式减少临时巨额投资或借款,将资金用于购置同集装箱运输有关的其他机械设备。

(2)在更换使用多年的或超过使用年限的集装箱时,同购买新的集装箱一样,可通过租赁集装箱暂时弥补箱量不足,从而减轻资金的筹备及利息的负担。

(3)在来回程航线货源不平衡的情况下,可通过单程租赁方式解决空箱问题。

（4）可满足不同货主、不同货物运输的要求，提供相适用的集装箱。

（5）可填补某些货物因季节引起的货源的变化需要，以解决供需平衡。

从某种意义上说，船公司或集装箱运输经营人在推广使用集装箱运输时，可根据自身的需要，采用租箱的方法降低经营成本。

## 二、集装箱租赁方式

集装箱租赁即所有人将空箱租给使用人的一项业务。集装箱所有人为出租的一方，集装箱使用人一般是船公司或货主，为承租的一方，双方签订租赁合同。由出租人提供合格的集装箱交由承租人在约定范围内使用。集装箱的租赁，国际上有多种不同的方式，总括起来有：程租箱、期租箱、灵活租箱等。

### 1. 期租

期租箱可以有两种租赁方式，一是"长期租赁"，二是"短期租赁"。长期租赁一般有较长的期限（通常是3～10年），而短期租赁则以所需要的使用期限租用集装箱。

长期租赁对租箱人和出租公司都有好处。对出租公司来说，在出租期间有一个较稳定的租金收入保证。对租箱人来说，只要按时支付租金，箱子如同自己所有一样，而且长期租赁租金较低。因此目前采用长期租赁方式较多。

同长期租赁相比较，短期租赁较灵活，租箱人可在自己需要的时间、地点，确定租用期限，但其租金往往较高。

### 2. 程租

程租包括单程租赁和来回程租赁两种。

（1）单程租赁

单程租赁多用于同一条航线上货源不平衡的场合，即起运港至目的港单程使用，需酌情支付提箱费和还箱费。

例如，某船公司经营A港至B港的集装箱运输，A港至B港的货运量大，而B港至A港的货物运输所使用的集装箱较少，即来回程货运量不平衡。而该公司从B港至其他地区又没有集装箱运输业务，营运结果必然在B港导致积压空箱。在这种情况下，该公司可就A、B两港之间箱源不平衡部分租用A港至B港的单程集装箱，这样可节省空箱在B港的保管费，以及空箱从B港返回A港的运费等经营成本。

单程集装箱在租赁时应注意到，租箱人除支付租金外，有时还要支付提箱和还箱费。如果集装箱从租赁市场行情好的地方租用至行情差的地方，租箱人应支付提箱费、还箱费，反之，则不必支付或仅少量支付这笔费用。

（2）来回程租赁

来回程租赁通常用于来回程货源均衡的航线，该种租赁方式其租期不受限制，在租赁期间，租箱人有较大的自由使用权，不必仅限于一个单纯的来回程，也可以是连续几次的租赁，租期由来回程所需要的时间和所需要次数决定。该种租赁方式对还箱地点有严格的限制。

### 3. 灵活租赁

这是一种在租箱合同有效期内，承租人可在租箱公司指定地点灵活地进行提、还箱的租赁方式。它兼有"期租"和"程租"的特点。一般租期为一年。在大量租箱情况下,承租人可享受租金的优惠,租金甚至接近于长期租赁。在集装箱货源较多,且班轮公司经营航线较多,往返航次货源又不平衡的情况下,多采用这种租赁方式。

在灵活租赁的情况下,由于提、还箱灵活,因而给租赁公司带来一定的风险,所以在合同中规定有一些附加约束条件。如规定最短租期、起租额等。

集装箱班轮公司应根据自身航线特点、货物特点、投资能力等,确定自备箱量与租赁箱量的合理比例及通过什么方式租赁集装箱,以使自身取得最好的经济效益。

### 三、集装箱租箱合同主要条款

1.租箱合同的主要内容

租箱合同是规定承租人与租箱公司之间权利、义务、费用的法律文件。各租箱公司在开展租箱业务时,均制订具有一定固定格式的租箱合同文本,就双方承担责任、义务、费用等方面的问题做出条款规定,其内容通常涉及以下方面:

(1)租金;
(2)租箱方式;
(3)租箱数量与箱型;
(4)交箱期与还箱期;
(5)租、退箱费用;
(6)交、还箱地点;
(7)损坏修理责任;
(8)保险。

2.交箱条款

交箱条款主要是制约租箱公司的条款,是指租箱公司应在合同规定的时间和地点将符合合同条件的集装箱交给租箱人。其内容主要有:

(1)交箱期。是指租箱公司将箱子交给租箱人的时间。为了给双方都提供一些方便,交箱期通常规定一个期限,一般为7~30天。

(2)交箱量。为了适应市场上箱货供求关系的变化,合同中对交箱量有两种规定方法,一种是规定的交箱数量(或最低交箱量);另一种是实际交箱量(可高于或低于前者)。

(3)交箱时箱子状况。租箱公司交给租箱人的箱子应符合有关国际公约与标准的规定,同时租箱人还箱时应保证箱子保持和接近原来的状况。为了保证这一点,双方在提箱时箱子的状况是通过双方签署的设备交接单来体现的。在具体操作中,规定租箱人雇用的司机和箱子所在堆场的箱管员、门卫可作为双方代表签署设备交接单。

3.还箱条款

所谓还箱条款是指租箱人应在租箱期届满后,按租箱合同规定的时间、地点,在箱子完好无损的情况下将箱子退还给出租公司。当租箱人按上述条件将箱子退还给租箱公司后,便作为已履行了租箱合同中的还箱条件。

还箱条款主要的内容有:

(1)还箱时间。在实际租箱业务中,经常会发生到了合同规定的还箱期,租箱人却不能

还箱,有时则还没到合同规定的还箱期,租箱人却要求提前将箱子还给出租公司,上述情况的发生,在租箱业务中称之为不适当的还箱。如果一旦发生上述情况,应根据租箱合同中是否订有提前终止条款来处理。如果订有该条款,租箱人可未到合同规定的还箱期,提前将箱子退还给出租公司。相反,如果租箱人在租箱合同中未订有该条款,而终止执行租箱合同规定的用箱时间,租箱人需补交自合同签订之日起至还箱时间的追加租金。

(2)还箱地点。租箱人应按租箱合同中规定的地点或经租箱公司书面确认的地点将箱子退还给出租公司。还箱地点与最终用箱地点的距离有较密切的关系,作为租箱人来说,最终用箱地点应是还箱地点,这样,引起的费用较少。

(3)还箱状况。所谓还箱状况是指租箱人应在箱子完好无损的情况下将箱子退还给租箱公司。如果还箱时箱子外表有损坏,租箱公司或其代理人即应通知租箱人,并做出修理估价单。如果租箱合同中已订立损害赔偿修理条款,其费用由租箱公司承担。

此外,到了租箱合同规定的还箱期30天后,租箱人仍没有还箱,租箱公司则作为箱子全损,租箱人应按合同规定的赔偿标准支付赔偿金,同时,在租箱公司收到赔偿金之前,租箱人仍应按天支付租金。

4.损害修理责任

租箱人在用箱期届满后,应按提箱时与租箱公司在检验证书上所记载的标准将箱子还给出租公司,如有任何损坏,则应负责修理好后将箱子还给出租公司。但是,在租箱时,如租箱人与租箱公司已在合同中订立了损害修理条款(Damage Protection Plan,DPP 条款),还箱时租箱人无需对租赁期间所造成的任何损坏负修理责任,即可将未修理的箱子还给出租公司。

因此,租箱合同中订有DPP条款,对租箱人来说,可避免一旦发生箱子损坏后所引起的有关修理安排、查核、检验、支付修理费等繁杂事务,并可节省将受损的箱子运至修理厂的额外费用。但应注意到,合同中一旦订有DPP条款,不论箱子在租赁期间实际上是否发生损坏,租箱人除支付租金外,还要支付DPP费用,而且,该费用不予退还。租箱合同中的DPP条款,从某种意义上说保护了租箱人利益,但租箱人应了解DPP费用只保箱子的部分损坏,不保箱子的全损,如系全损的话,则属保险责任中的全损险,由保险公司负责赔偿。另外,DPP条款也不包括共同海损分摊。

5.租箱人的责任、义务

归纳起来,租箱合同中关于租箱人的主要责任、义务有:

(1)按合同规定的时间、方式支付租金。

(2)租赁期内,租箱人与出租公司共同承担国际集装箱安全规定的检验和修理责任。

(3)租箱人在租赁期内应遵守本国或他国的一切所涉及的集装箱的法律、法规。

(4)租箱人应承担租箱期内箱子的全部损坏或丢失。

(5)租箱人可在租赁的箱子箱体外表贴上自己的标志,但不得任意更改原有标志。

(6)租赁期内,租箱人应按有关规定使用箱子,不得超负荷装载或长期堆存有损箱体的货物。

(7)租箱期内,租箱人应对箱子进行良好的保养、维修,主要包括箱子的清洗、防污、油漆,以及更换必要的部件。

(8)租赁期内,对第三者造成的责任负责。

(9)对其代理人或雇佣人员在租赁期内对箱子造成的损害负责。

(10)支付除租金和 DPP 费用之外的有关费用。

6.租金支付

租箱人应在租赁期间按时支付租金,一旦发生租箱人未按时支付租金行为,则作为违约,租箱公司有权收回箱子,并提出有关赔偿要求。所以说,租箱人能否在租赁期间自由使用集装箱,与他是否在租赁期间按时支付租金是对等关系。

租金支付条款主要内容:

(1)租期。所谓租期按习惯理解为自交箱之日起至还箱之日的一段时间,一般租箱合同均规定提箱为起租,退租则根据租箱合同规定的租期或实际用箱时间定。长期租赁的退租时间根据合同而定,灵活租赁则以将箱子退还给租箱公司的租箱堆场时定。应注意的是,租箱人在终止租箱时应事先按合同规定的时间通知租箱公司,无权任意延长租期或扣留使用箱子。

(2)租金。按每箱天计收(从交箱当日起至租箱公司接受还箱的次日止)。长期租赁或无 DPP 条款的租箱,原则上在修复箱子后才退租,但有的租箱公司为节省时间,简化还箱手续,在合同中订立提前终止条款,租箱人在支付提前终止费用后,集装箱进入租箱堆场,租期即告终止,此项费用一般相当于 5~7 天的租金。

对于超期还箱的租金,其超期天数的租金按合同规定的租金另行支付,通常为正常租金的一倍。

(3)租金支付方式。租金支付方式有两种,一种是按月支付,另一种是按季预付。租箱人在收到租箱公司的租金支付通知单后的 30 天之内必须支付,如延误支付租金则按合同规定的费率支付利息。

(4)交、还箱手续费。租箱人应按合同规定的费率支付交、还箱手续费,此费用主要用以抵偿租箱公司支付租箱堆场的有关费用(如装卸车费、单证费等),其支付方式主要有两种,一种按当地租箱堆场的费用规定支付,另一种是按租箱合同的规定。

7.设备标志的更改

在实际租箱业务中,除租箱人同意使用租箱公司的有关箱子标志内容外,还经常会发生租箱人要求更改箱子标志内容,加注自己需要的标志内容。一般来说,租箱公司对租箱人的这一要求通常是接受的,但租箱人在还箱时必须除去更改的内容,恢复其原来的标志内容。如果由租箱公司负责该项工作时,租箱人应承担其费用。

## 四、班轮公司集装箱自购与租赁策略

从长远的角度考虑,班轮公司选择集装箱主要是考虑其成本最低,但这也对班轮公司的融资能力提出了很高的要求。当贸易发展滞后,货源不充足和货源严重不平衡时,自备箱不但不能带来任何效益,堆存费用和空箱调运费用也顺势增加。同时,班轮公司还要承担自备箱的折旧费、维修、保养等费用。

长期租赁的租期较长,在某种意义上类似于自购箱。这种方式可以帮助班轮公司减轻融资负担。但综合来说其并不能充分满足班轮公司的经营需要。和长期租赁相比,短期租赁的费率较高,租期不宜过长。但短期租赁相对灵活,可以更大限度满足班轮公司的实际用箱要求,同时可以通过合同的订立,节省堆存费和空箱调运费。

综合考虑上述情况，班轮公司集装箱自购或租赁应在满足营运需要的情况下，结合自购和各类租赁方式的特点，并充分考虑其利用率和空置费、调运费等成本支出确定，使班轮公司经济效益最大化。分类分析如表3-1所示。

班轮公司租箱策略选择　　　　　　　　　　　　　表3-1

| 货源平衡情况 | 融资能力 | 策略 |
| --- | --- | --- |
| 平衡 | 强 | 自购 |
| 不平衡 | 强 | 根据货源较少方向需求量占总配备量的比例来确定自购箱量 |
| 不平衡 | 弱 | 根据最低配备量结合船舶平均箱位利用率确定自购和长期租赁数量 |
| 不稳定 |  | 采取即期或灵活租赁 |

# Ⅳ 集装箱船舶技术性能

## 一、集装箱船舶概述

集装箱船是用来装运规格统一的标准货箱的船舶。各种货物在装船前先已装入标准货箱内，在装、卸船过程中不再出现成千上万的单件货物。由于集装箱运输提高了装卸效率，减轻了劳动强度，加速了车船周转，加快了货物送达，减少了营运费用，降低了运输成本，因此集装箱船得到很快的发展。

目前集装箱船主要是指全集装箱船。这种船舶的全部货舱和上甲板都装载集装箱，它适用于货源充足、稳定的航线。集装箱船于20世纪50年代中期开始发展，集装箱船与一般货船相比，主要优点是：

（1）装卸效率高、在港时间短。集装箱的装卸速度比一般杂货船的装卸速度快得多，因此船舶因装卸作业而停泊的时间可大大减少。

（2）运输能力强。装卸效率的提高使船舶在港停泊时间缩短，为加快船舶周转及增加载货量，集装箱船舶的吨位和航速都较高，从而使集装箱船舶的运输能力提高。

（3）劳动强度低。由于装卸方式的改变，装卸工作实现了机械化，因而工人劳动强度大大减轻，劳动人数可大为减少。装卸工人数约减少90%。

（4）货损货差少。因为货物装在集装箱内，故在运输过程中避免或减少了件杂货运输时容易发生的货损和货差。

## 二、集装箱船舶的分类

1. 全集装箱船（Full Container Ship）

其装卸方式是吊上吊下，依靠集装箱码头岸边装卸机械作业，装卸效率高。全集装箱船一般为大开口、单甲板船，且为双层船壳（图3-5）。所有舱内的集装箱均堆放在舱口的下方。舱内设置永久性的箱格结构，使舱内集装箱不能纵横移动，以保证航行安全，由于不需要舱内系紧作业，故可提高集装箱的装卸效率。由于舱口上要堆放数层集装箱，要求舱口盖具有足够的强度。为减轻舱口盖重量，大型集装箱船的舱口，一般布置成2～3列。

图 3-5 全集装箱船

全集装箱船舷侧设有边舱,可供装载燃料或作压载用。沿船长方向一般布置有若干横向舱壁,大型集装箱船还设有纵向舱壁,以保证船体结构强度,提高抗沉性。

为便于集装箱在舱内及甲板上的布置以及方便装卸作业,集装箱船多采用尾机型或偏尾机型船型。为提高船舶载重量利用率,甲板上也要装载一定数量的集装箱,为防止因船舶摇摆而产生移动,集装箱必须加以绑扎系紧。

2.滚装船(Roll On/Roll Off Vessel)

滚装式集装箱船(图 3-6)是由汽车轮渡发展起来的一种专用船舶,它把装有集装箱及其他件杂货的半挂车或装有货物的带轮的托盘作为货运单元,由牵引车或叉车直接通过船侧、船首或船尾的开口处跳板进出货船装卸。

图 3-6 滚装船

滚装船运输的优点是节省货物在船、港之间中转和装卸的环节,可以减少码头设备的投资,避免港口压船,并便于开展从发货点到目的地"门到门"的运输,也便于从大港口向中小型港口的集散运输,使整个运输过程合理化。同时,它可以在没有现代化装卸设备或设备不完善的港口或江河岸边进行装卸,因而能完成全集装箱船和杂货船所不能完成的任务。滚装船的不足之处是装卸作业受跳板坡度的限制,舱内容积利用率低,空船重量大,造价高。

滚装式集装箱船的结构特点主要有:

(1)滚装船为多层甲板,在各层甲板上都设有固定集装箱用的栓固装置。为便于滚动方式装卸,上下货舱均不设横舱壁,各层甲板之间采用升降机或斜坡道连通。

(2)滚装船由于结构及装卸船作业等原因,船舶稳性变化较大,当解决船舶倾斜和摇摆时需设置足够的压载及减摇装置。

3.载驳船(Barge Carrier)

载驳船又称子母船,是由母船与载重量为150~800t的箱型驳船组成。世界第一艘载驳船于1969年由日本为挪威船主建成,航行于墨西哥湾至欧洲航线。它的装卸过程是将货物或集装箱先装载在规格统一的驳船上,再把驳船装上载驳船。运抵目的港后,卸下货驳由推船或拖轮把它们分送内河各地,载驳船再装上等候在锚地的满载货驳驶向新的目的港。这种运输方式可以实现河海联运,减少中转,提高运输效率。

载驳船一问世就以其独特之处引起航运界的巨大兴趣,它的主要优点有:

(1)载驳船装卸作业一般不需要靠泊码头,可以在锚地进行装卸,故不受港口限制,机动灵活。

(2)有利于江海联运,内地货物可直接装上驳船,拖运到锚泊区后,由母船横渡大洋运往国外。

(3)驳船内可装各种货物,如杂货、托盘货、散货和集装箱等,故对货种具有很大的适应性。

(4)载驳船的装卸效率高,运价低。载驳船的装卸效率一般比杂货船高30~60倍,比全集装箱船高3~4倍。由于实现了联运,故载驳船运输每吨货物的成本比杂货船低28%左右。

但是,载驳船的发展不如集装箱船和滚装船那样快,主要原因是初始投资大,一般母船加几十艘子船所花的代价是同等载重量杂货船的5倍左右,所以目前只在一些工业发达国家使用。另外,载驳船要求有广大的锚地、水深,并要配备一定数量的拖轮,使用受到限制,一般只适用于货源稳定的航线。

载驳船根据其装卸子驳的方式不同,可分为门式起重机式载驳船、海蜂式载驳船和浮船坞式载驳船。

(1)门式起重机式载驳船(拉西型,图3-7)

图3-7 拉西型载驳船

其主要特点是一种单层甲板的尾机船。船内为驳格结构,驳船顺着垂直导轨装入并固定在舱内,舱内最多可堆装4层子驳,甲板上堆装两层。为便于装卸驳船,甲板上沿两舷设置轨道,并有可沿轨道纵向移动的门式起重机,以便起吊子驳进出货舱。

(2)海蜂式载驳船(西比型)

这种载驳船是一种多层甲板船。船尾设有升降平台,装卸时将平台降到水下一定深度。推船将货驳推到平台上固定,平台上升到各层甲板高度,再用输送车将货驳送到相应位置安放系固。

(3)浮船坞式载驳船(巴可型)

这种载驳船能下沉到一定深度,然后将船首或船尾的门开启,让货驳浮进浮出。这种船不需要笨重的起重设备,但需要深水域作业,一般港口不能适应,所以在使用上受到限制。

## 三、全集装箱船的技术性能

### (一)船舶的航行性能

船舶的航行性能主要包括浮性、稳性、抗沉性、快速性和操纵性。

1. 浮性

船舶在各种装载情况下保持一定浮态的性能,称为船舶的浮性。船舶具有浮性是由于船舶受到浮力的作用。

船舶在水上航行时,受到风浪等外界条件的影响,重力与浮力的平衡状态常被破坏,致使船舶始终处在不停的浮沉升降运动之中。为了确保航行安全,船舶除了在设计水线以下具有足够的排水体积以提供浮力外,还必须在设计水线以上保留相当大的水密体积,以保证船舶在继续下沉时提供更大的浮力,使船舶不致沉没。该水密体积所提供的浮力称为储备浮力,一般都以干舷(由干舷甲板至设计水线的垂直距离)来表示储备浮力的大小。

为了保证运输船舶能够在各种航行条件下安全行驶,同时又能最大限度地利用船舶的载重量,船级社或其他勘定干舷的主管机关,根据船舶航行于不同航区和季节,分别规定了船舶的最小干舷,它用载重线标志的形式,勘绘在船的中部两舷外侧,以限制船舶的最大吃水。

在海上,风浪是影响船舶安全航行的重要因素。根据海洋风浪大小和频率,将世界范围内具有相似风浪条件的海域分成若干区带或区域,在同一区带或区域内又按风浪变化的不同划分为不同季节期。图3-8为我国海船的载重线标志。载重线标志中的圆圈称为载重线圈,图上的水平线与夏季载重线平齐,水平线的上缘通过载重线圈中心,中心位于船中。CS表示中国船级社的简称;国外船

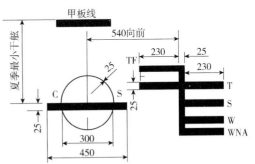

图3-8 船舶载重线标志

舶载重线多数采用英文字母表示:TF表示热带淡水,F表示淡水,T表示热带海水,S表示夏季海水,W表示冬季海水,WNA表示北大西洋冬季。上述各载重线是表示适用于各种区带、区域和季节期的最大吃水,均以载重线的上边缘线为准。船舶在热带淡水中航行时干舷最小,夏季干舷比冬季干舷小,冬季在北大西洋航行时,干舷最大。这是因为夏季一般风浪比

较小,而冬季风浪比较大,尤其是北大西洋冬季的气候险恶,所以干舷要求更大。

2. 稳性

船舶受外力作用离开平衡位置而倾斜,当外力消除后能自行回复至原平衡位置的能力,称为船舶的稳性。

船舶在未受外力前一般是平浮在水面上的,此时,作用于船舶的重力和浮力大小相等但方向相反,且在同一条垂线上,船舶即处于平衡状态。当船舶横向受外力作用后,失去平衡,发生横向倾斜,此时船的重量并没有改变,重心仍在原来位置,但是由于船舶横倾后水下排水体积的形状发生了变化,所以浮心位置就从原来的位置移到了新的位置。重力通过重心作用点垂直向下,而浮力则经过新的作用点垂直向上,重力和浮力不在同一垂线上,因而形成了一个力偶矩。它的方向同船的横倾方向相反,促使船舶回到初始状态位置,此力偶矩称为复原力矩。当外力消除后就能依靠这个复原力矩回复到原来的平衡位置。

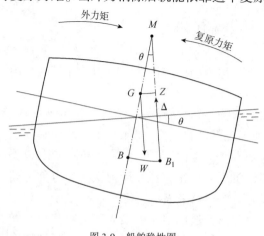

图 3-9  船舶稳性图

船舶横向倾斜后,通过新浮心点的浮力作用线与通过原平衡状态时浮力点的浮力作用线相交于 $M$ 点,此谓横稳心。图 3-9 为船舶稳性图,在横倾角度较小时(一般小于 10°)可以把 $M$ 看成是一个固定点。横稳心 $M$ 与重心 $G$ 之间的距离称为初稳性高度,也叫横稳心高度,用 $GM$ 表示。船的重心 $G$ 与横稳心 $M$ 的相对位置对船的稳性关系极大。若要判断船舶是否具有复原能力,首先看船的重心位置 $G$ 是否在稳心位置 $M$ 之下,也就是要求 $GM$ 为正值。船的复原能力有多大,是根据重力和浮力形成的力偶矩即复原力矩的大小决定的。复原力矩的大小是与船舶的初稳性高度 $GM$ 值成正比的,因而通常可以用初稳性高度 $GM$ 值的大小来衡量船舶稳性的好坏。

船舶稳性与航行安全有密切的关系,为防止倾覆,首先要求船舶具有足够的稳性。同时,稳性过大又会引起船舶剧烈横摇,使人晕船,影响航海仪器的使用等。因此,营运中应保证船舶具有适度的稳性,一般认为远洋船舶满载时的 $GM$ 为船宽的 4%~5% 为好。

3. 抗沉性

船舶破损浸水后仍保持一定浮态和稳性的能力,称为船舶的抗沉性。

对于运输船舶,抗沉性的基本要求在于船舶进水后仍然具有一定的储备浮力和剩余稳性,保证船舶安全浮在水面,不致因进水而沉没或倾覆。

船舶的抗沉性主要是依靠它留有足够的储备浮力和水密分舱来保证的。干舷高度大,则表示储备浮力大,干舷大还意味着船可以倾斜的角度大,船舶的抗沉性就好。

为了保障海上航行安全,世界各主要海运国家对于海船的抗沉性都有规范,提出具体要求。此外,航行于国际航线的船舶,对抗沉性的要求必须符合《国际海上人命安全公约》的规定。对于船舶抗沉性的衡量标准在规范中规定:船舶在任何一舱破损进水后,仍能满足抗沉性要求的称为一舱制;相邻两舱破损进水后,仍能满足抗沉性要求的称为两舱制;相邻三舱破损进水后,仍能满足抗沉性要求的称为三舱制。根据船舶的用途不同对各类船的抗沉性要求也作了相应规定,一般货船通常要达到一舱制的要求,大型海上客船应达到两舱制或三舱制的要求。

4.快速性

船舶的快速性,就是指船舶主机以较小的功率消耗而得到较高航速的性能。为了提高快速性,一方面应尽可能提高推进器的推力,另一方面则应尽力降低船舶的阻力。

5.操纵性

船舶的操纵性是指船舶能根据驾驶人员的意图来保持或改变航速、航向和位置的性能,它主要包括航向稳定性、回转性和转首性。船舶操纵性与船的主要尺度和船体显性有关,但主要靠舵来保证。

(二)船舶的重量性能

运输船舶的载重量指船舶所允许装载的重量,以t(吨)为计量单位。载重量有总载重量和净载重量。

(1)总载重量(Dead Weight,DW)　指在任一水线下,船舶所允许装载的最大重量。它是货物或旅客、燃料、淡水、食物和供应品、船用备品、船员和行李以及船舶常数等重量的总和。船舶总载重量等于相应吃水时的船舶排水量减去空船重量。

(2)净载重量(Net Dead Weight,NDW)　指船舶所能装载的最大限度的货物重量。船舶净载重量等于船舶总载重量减去燃料、淡水、食物和供应品、船用备品、船员和行李以及船舶常数后的重量。因此每航次均应精打细算,以求最大限度地增加净载重量。

(三)船舶的容积性能

船舶容积性能是指船舶可受载的空间大小,反映该船舶在容积方面的受载能力。包括货舱容积和容积吨,货舱容积的计量单位以$m^3$(立方米)或$ft^3$(立方英尺)来表示,容积吨的计量单位是以$m^3$或$ft^3$折算的"登记吨"表示。

1.集装箱船舶货舱容积

集装箱船因其货舱和甲板均装载集装箱,故以标准箱来表示货舱容量。

2.容积吨

容积吨是指按吨位丈量规范所核定的吨位,它是为船舶注册登记而规定的一种以容积折算的专门吨位。一个登记吨相当于$2.83m^3$($100ft^3$)船舶投入营运以前,根据规定需对船舶进行丈量以确定其登记吨位。每艘船舶经过丈量核算后,均将结果记入"吨位证书"内。船舶登记吨位分为总吨位、净吨位和运河吨位。

(1)总吨位是对船舶所有封闭处经过丈量计算后确定的吨位。

总吨位主要用于表示船舶大小,是国家统计船舶数量的单位,也是计算造船、买卖船舶和租船费用,计算海损事故赔偿的基准以及计算净吨位的依据。

(2)净吨位是对船舶能够实际营运的载货(客)处进行丈量计算后得出的吨位。

净吨位主要作为计算船舶向港口交纳各种费用和税收(如停泊费、引航费、拖带费及海关税)的依据。

(3)运河吨位主要作为船舶通过苏伊士、巴拿马等运河时,管理当局据以征收运河费的基准,同一船舶运河总吨位和净吨位一般比该船总吨位和净吨位大。

# Ⅴ 提单基本知识

## 一、提单的定义

提单(Bill of Lading)是货物海运使用的运输单据。《海牙规则》、《海牙—维斯比规则》都没有给提单下定义,而《汉堡规则》鉴于提单在国际贸易和运输中所起的作用概括了提单的定义:"Bill of lading means a document which evidences a contract of carriage by sea and the taking over or loading of the goods by the carrier, and by which the carrier undertakes to deliver the goods against surrender of the document. A provision in the document that the goods are to be delivered to the order of a named person, or to order, or to bearer, constitutes such an undertaking."

提单是一种用以证明海上货物运输合同和货物由承运人接管或装船,以及承运人据以保证交付货物的单证。各国均参照或借鉴《汉堡规则》为提单下了定义。我国《海商法》第七十一条规定:"提单是指用以证明海上货物运输合同和货物已经由承运人接收或者装船,以及承运人保证据以交付货物的单证。提单中载明的向记名人交付货物,或者按照指示人的指示交付货物,或者向提单持有人交付货物的条款,构成承运人据以交付货物的保证。"

提单作为承运人和托运人之间处理运输中双方权利和义务的依据,提单的合法持有人就是货物的主人,因此提单是各项货运单据中最重要的单据。

## 二、提单的作用

提单是承运人与托运人处理双方在运输中的权利和义务问题的主要依据,提单还可作为收取运费的证明,以及在运输过程中起到办理货物的装卸、发运和交付等方面的作用。从法律意义上来说,提单具有以下三个作用:

(1)提单是承运人或其代理人签发的货物收据(Receipt for the Goods)。

承运人不仅对于已装船货物负有签发提单的义务,而且根据托运人的要求,即使货物尚未装船,只要货物已在承运人掌管之下,承运人也有签发一种被称为"收货待运提单"的义务。所以,提单一经承运人签发,即表明承运人已将货物装上船舶或已确认接管。提单作为货物收据,不仅证明收到货物的种类、数量、标志、外表状况,而且还证明收到货物的时间,即货物装船的时间。本来,签发提单时,只要能证明已收到货物和货物的状况即可,并不一定要求已将货物装船。但是,将货物装船象征卖方将货物交付给买方,于是装船时间也就意味着卖方的交货时间。而按时交货是履行合同的必要条件,因此,用提单来证明货物的装船时间是非常重要的。

(2)提单是一种物权凭证(Documents of Title)。

对于合法取得提单的持有人,提单具有物权凭证的功能。提单的合法持有人有权在目的港以提单相交换来提取货物,而承运人只要出于善意,凭提单发货,即使持有人不是真正货主,承运人也无责任。而且,除非在提单中指明,提单可以不经承运人的同意而转让给第三者,提单的转移就意味着物权的转移,连续背书可以连续转让。提单的合法受让人或提单持有人就是提单上所记载货物的合法持有人。提单所代表的物权可以随提单的转移而转移,提单中所规定的权利和义务也随着提单的转移而转移。即使货物在运输过程中遭受损坏或灭失,也因货物的风险已随提单的转移而由卖方转移给买方,只能由买方向承运人提出赔偿要求。

(3)提单是托运人与承运人之间所订立运输合同的证明(Evidence of Contract of Carrier)。

海上货物运输合同的成立,首先是由托运人到船公司或其代理人处申请订舱,称为要约;如果承运人可以满足托运人的要求,接受订舱,就确定船名、航次、提单号,称为承诺。根据法律规定此时即可视为海上货物运输合同成立,承、托双方就是根据此约定来安排货物运输的,如果发生争议,也应以这种约定作为解决争议的依据。虽然提单上印就的条款规定了承运人与托运人之间的权利、义务,而且提单也是法律承认的处理有关货物运输的依据,但是提单是在货物装船后取得的,或者说提单是在合同履行过程中取得的,与其说提单本身就是运输合同,还不如说提单只是运输合同的证明更为合理。

## 三、提单的种类

随着国际航运业务的不断发展,提单的种类也日益增多,目前常见的有以下几种。

### (一)根据货物是否装船分类

1.已装船提单(On Board B/L)

是指承运人已将货物装上指定的船舶后签发的提单。这种提单的特点是提单上面必须以文字表明载货船舶名称和装货日期。

由于已装船提单对于收货人及时收到货物有保障,所以在国际货物买卖合同中一般要求卖方提供已装船提单。

2.收货待运提单(Received for Shipment B/L)

收货待运提单又称备运提单,是承运人在收到托运人交来的货物但还没有装船时,应托运人的要求所签发的提单。签发这种提单时,说明承运人确认货物已交承运人保管并存在其所控制的仓库或场所,但还未装船。这种提单未载明所装船名和装船日期,在跟单信用证支付方式下,银行一般不接受这种提单。但当货物装船,承运人在这种提单上加注装运船名和装船日期并签字盖章后,收货待运提单即成为已装船提单。同样,托运人也可以用收货待运提单向承运人换取已装船提单。我国《中华人民共和国海商法》第七十四条规定:"货物装船前,承运人已经应托运人的要求签发收货待运提单或其他单证的,货物装船完毕,托运人可以将收货待运提单或其他单证退还给承运人,以换取已装船提单,承运人也可以在收货待运提单上加注承运船舶的船名和装船日期,加注后的收货待运提单视为已装船提单。"

随着集装箱运输的发展,承运人的责任期间已向两端延伸,所以根据《联合国国际货物多式联运公约》和《跟单信用证统一惯例》的规定,在集装箱运输中如无特殊规定银行还是接受这种收货待运提单办理货款的结汇。

### (二)根据有无货物表面状况不良批注分类

1.清洁提单(Clean B/L)

是指货物装船时,表面状况良好,承运人在签发提单时未加上任何货损、包装不良或其

他有碍结汇批注的提单。

使用清洁提单在实际操作中非常重要,买方要想收到完好的货物,首先必须要求卖方在装船时保持货物外表状态良好,并要求卖方提供清洁提单。在以跟单信用证为付款方式的国际贸易中,卖方只有向银行提交清洁提单才能取得货款。清洁提单是收货人转让提单时必须具备的条件,同时也是履行货物买卖合同规定的交货义务的必要条件。承运人一旦签发了清洁提单,货物在卸货港卸下后,如发现有残损,除非是由于承运人可以免责的原因所致,承运人必须负责赔偿。

2.不清洁提单(Foul B/L)

是指承运人收到货物之后,在提单上加注了货物外表状况不良或货物存在缺陷或包装破损的提单。

在实际业务操作中,承运人接收货物时,如果货物外表状况不良,一般先在大副收据上做记载,在正式签发提单时,再把这种记载转移到提单上。在使用信用证支付方式时,银行通常不接受不清洁提单。习惯上的变通方法是托运人要求承运人不在提单上加批注,而由托运人向承运人出具保函,也称"赔偿保证书"(Letter of Indemnity),向承运人保证如承运人因签发清洁提单而引起的一切损失,由托运人负责,承运人则给予签发清洁提单,以便卖方在信用证下顺利结汇。但是承运人有可能因此要承担对收货人的赔偿责任,此时承运人在向托运人追偿时,承运人往往难以得到法律的保护。对于这种保函,有些国家法律和判例并未承认,如美国法律认为这是一种欺骗行为,所以使用保函时要视具体情况而定。

我国最高人民法院在《关于保函是否具有法律效力问题的批复》中指出:"海上货物运输的托运人为换取清洁提单而向承运人出具的保函,对收货人不具有约束力。不论保函如何约定,都不影响收货人向承运人或托运人索赔;对托运人和承运人出于善意而由一方出具另一方接受的保函,双方均有履行之义务。"

(三)根据收货人抬头分类

1.记名提单(Straight B/L)

又称收货人抬头提单,它是指在提单的收货人栏内,具体写明了收货人的名称和地址。这种提单只能由提单指定的收货人提货,不能转让。记名提单虽避免了提单流转过程中可能带来的风险,但也失去了其代表货物转让流通的便利。

2.不记名提单(Open B/L)

又称空白提单,是指在提单收货人栏内不填明具体的收货人或指示人的名称而留空的提单。不记名提单的转让不须经任何背书手续,提单持有人仅凭提单交付即可提货。这种提单的转让或提货手续比较简便,但一旦遗失或被盗,货物容易被他人提走,即使货物未被提走,提单被转让到了善意第三者手里,也会引起纠纷。因此,这种提单在国际贸易中很少应用。

3.指示提单(Order B/L)

指示提单是在提单正面收货人栏内填上"凭指示"(To Order)或"凭某人指示"(Order of…)字样的提单。

指示提单有记名指示提单和不记名指示提单。记名指示提单在收货人栏中常见显示有:凭托运人指示(Order of Shipper)、凭开证人指示(Order Of Applicant)和凭开证银行指示

(Order of Issuing Bank)及凭被通知人指示(Order of Notify Party)等;不记名指示提单收货人栏里显示的是"待指示"(To Order)字样,它需要托运人背书才可转让。

指示人通过背书方式确定收货人,具体分为记名背书和空白背书。前者是指示人(背书人)在提单背面写明被背书人的背书,要求承运人或其代理人将货物交给被背书人或按进一步指示交货;后者是指示人在提单背面不写明被背书人,而只签署自己姓名的背书。如果指示人不作任何背书,则意味着指示人保留对货物的所有权,有权提货的仍是指示人本人。

指示提单的持有人可以通过背书的方式把它转给第三者,而不须经过承运人认可,所以这种提单为买方所欢迎,在国际海运业务中使用较广泛。

### (四)根据运输过程分类

**1. 直达提单(Direct B/L)**

货物从装运港装船后,中途不经换船而直接运抵目的港卸货,按照这种条件所签发的提单,称为直达提单或直运提单。直达提单内仅列有装运港和目的港之名,而无中途"转船""在某港转船"等批语。在国际贸易中,信用证如规定货物不准转船,卖方就必须取得承运人签发的直达提单,银行才接受办理议付货款。

**2. 转船提单(Transshipment B/L)**

船舶从装运港装货后,不直接驶往目的港,而在中途的港口换船把货物转往目的港,凡按此条件签发的包括运输全程的提单,称为转船提单。转船提单内一般注有"在××港转船"字样。转船提单往往由第一程船的承运人签发。

**3. 联运提单(Through B/L)**

指须经两种或两种以上的运输方式(如海陆、海河、海空等)联合运输的货物,托运人在办理托运手续并交纳全程运费之后,由第一程船运输的承运人所签发的,包括运输全程并能凭以在目的港提取货物的提单。采用这种提单时,如同采用转船提单一样,货物在运输途中的转换交通工具和交接工作,均由第一程承运人或其代理人负责向下段航程承运人办理,托运人不需自己办理。联运提单和转船提单虽然包括全程运输,但签发提单的承运人或其代理人,一般都在提单条款中规定:只担负货物在他负责运输的一段航程内所发生的损失责任,货物从他所有的运输工具卸下后,他的责任即告终止。

**4. 多式联运提单(Multimodal Transport B/L)**

这种提单主要用于集装箱运输,是指一批货物需要经两种以上不同的运输方式,其中一种是海上运输方式,由一个承运人负责全程运输,负责将货物从接收地运至目的地交付收货人,并收取全程运费所签发的提单。提单不仅包括起运港和目的港,而且列明一程二程等运输路线以及收货地和目的地。

### (五)按商业习惯分类

**1. 过期提单(Stale B/L)**

对于过期提单有两种含义:一是出口商在装船后延滞过久才到银行议付的提单。根据UCP500《跟单信用证统一惯例》第43条规定:如信用证没有规定交单的特定期限时,一般要求托运人在货物装船日起21天内到银行交单议付,更不得迟于信用证的有效日期。二是提单晚于货物到达目的港,但在近洋贸易合同中一般都规定有"过期提单也可接受"的条款。

2. 倒签提单(Anti-date B/L)

指承运人应托运人的要求,签发提单的日期早于实际装船日期,以符合信用证对装船日期的规定,便于在该信用证下结汇。货物装船日期是通过提单的签发日期证明的。提单日期不仅对买卖双方有着重要作用,而且对银行向收货人提供垫款和向发货人转账、对海关办理延长进口许可证、对海上货物保险合同的生效等都有密切关系。但在实际出口业务中,当货物实际装船日期晚于信用证规定的装船日期时,若仍按实际装船日期签发提单,单证不一致,托运人无法结汇。为了不影响结汇,托运人往往采用倒签提单的做法,承运人在取得了托运人保证承担一切责任的保函后签发倒签提单。根据国际贸易惯例和某些国家的法律,倒签提单是一种欺骗行为,是违法的,因此应尽量避免使用倒签提单。

3. 预借提单,又称无货提单(Advanced B/L)

预借提单是指货物尚未装船或尚未装船完毕的情况下,托运人为了及时结汇,而要求承运人或其代理人提前签发的已装船提单,也就是说托运人为了及时结汇而从承运人那里借用的已装船提单。

这种提单往往是当托运人未能及时备妥货物或船期延误,船舶不能按时到港接受货载,估计货物装船完毕的时间可能超出信用证规定的装船期时,托运人采用凭保函从承运人那里借出提单用以结汇。签发这种提单对于承运人而言要承担更大的风险,可能构成承、托双方合谋对善意的第三方收货人的欺诈。签发这类提单引起的后果可能有:

(1)货物尚未装船而签发提单,也就是货物未经大副检验而签发清洁提单,有可能增加承运人的赔偿责任。

(2)签发提单后可能因为种种原因改变原定的装运船舶,或发生货物灭失、损坏或退关等情况,这样就很容易使收货人掌握预借提单的事实,以欺诈为由拒绝收货,并向承运人提出索赔的要求。

(3)不少国家的法律规定和许多判例表明,在签发预借提单的情况下,承运人不但要承担货损货差的赔偿责任,而且会丧失享受责任限制和援引免责条款的权利,即使货物是由于免责事项原因受损的,承运人也必须赔偿货物的全部损失。

在实际业务中,承运人倒签或预借提单要承担很大的风险,承运人必须同时承担由此而引起的全部风险,尽管托运人在此过程中出具了保函,但这种保函不能约束收货人。两种提单相比较而言,签发预借提单比签发倒签提单对承运人而言风险更大。

4. 顺签提单(Post-Date B/L)

顺签提单是指货物装船完毕后,承运人或其代理人应托运人的要求,以晚于该票货物实际装船完毕的日期作为提单签发日期的提单,这是为了符合有关合同关于装运期的规定,应托运人要求而顺填日期签发的提单。承运人签发顺签提单的做法同样掩盖了提单签发时的真实情况,也面临着要承担由此而引起的风险和责任。

### 四、电放与海运单

随着国际贸易的发展以及集装箱班轮运输的普及和集装箱运输技术的进步,国际集装箱班轮运输中使用的单证也发生了一些变化。Incoterms 2000 中出现了"海运单"(Sea Waybill)。而在我国的国际集装箱班轮的近洋航线上,于1992年底1993年初,出现了"电放

(Telex Release, Surrender)的概念。

电放与海运单都是为了简化目的港提货手续而创建的手段和方法,而且在目前的国际集装箱班轮运输实践中经常使用,其使用频率在不断地增长。下面就电放与海运单的应用作简单的介绍。

1. 电放

国际集装箱班轮近洋航线上,于1993年初出现了"电放提单"的现象,至今已有20多年时间。"电放提单"是以传统提单为基础的一种变通做法。在船、货双方使用提单情况下,提单是承运人在目的港据以交付货物的凭证,承运人在目的港交付货物时"认单不认人",无单放货将须承担相应的法律责任。"电放"则是由托运人(卖方)向船公司提出申请并提供保函后,由船公司电传通知目的港代理,某票货物无须凭正本提单放货,收货人可凭"电放提单"传真件或凭身份证明提取货物。所谓电放提单,是指船公司或其代理人签发的注有"Surrendered"或"Telex Release"字样的提单、提单副本(图3-10)。

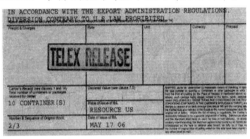

图3-10 电放提单

电放提单的基本应用模式是:在船公司收取货物后,托运人(卖方)向船公司提出电放申请并提供保函,船公司接受申请后向托运人签发"电放提单"(在已经签发传统提单情况下则在收回以后再签发"电放提单");船公司之后马上以电讯方式(包括电报、电传等)通知目的港船代,允许该票货物由托运人指定的收货人凭身份证明或者自己盖章后的"电放提单"传真件提货;等货物到达目的港时,收货人就可以凭身份证明或者盖章后的"电放提单"传真件向船公司提取货物。

随着客观情况的变化,支撑着整个国际货物的提单在实务中渐渐显现了某些不足,最大挑战就是航程短船速快从而出现"货到单未到"情形,商业实践也迫切需要解决提单本身的一些缺陷,但"电放提单"并不能取代传统提单。上述结论的得出,是基于以下考虑:第一,电放提单不能跟信用证方式结合起来使用,货款的支付与货物的交接无法形成对流。电放提单只有在一方当事人对另一方当事人充分信任前提下才可能在实务中被采用,这就决定了其适用范围的有限性;第二,电放提单似乎解决了"货到单未到"的窘境,其实这只是表面现象,是以国际货物贸易双方当事人、承运人充分配合和善意行事为前提的,一旦其中一方不配合,当事人极易因彼此权利义务不明确而产生纠纷;第三,在海上短途运输和国际货物贸易的买方无意转让货物的情况下,商业实践和相关法律早已创设了另外一种单据——海运单,海运单的本质特点就是:不是物权凭证,也不具有转让性,收货人只凭身份在卸货港提货。电放提单名为提单,本质上更接近于海运单,国际海事委员会等组织和各国已经制定了有关海运单规则,尽管尚不完善,但毕竟已经纳入立法轨道,海运单也已经为INCOTERMS

2000 和 UCP 500 所接受,并在国际航运界已有一定应用。

2.海运单

一般来说,较为简单的贸易程序通常会吸引更多的客户。所以,简便的运输程序也是决定世界贸易发展速度的重要因素之一。与使用提单的情况相比,使用海运单时收货人提货手续更简便、更及时、更安全。所以,20世纪70年代以后海运单开始被银行接受。国际商会(ICC)制订的 INCOTERMS 将海运单写入了运输单据(transport document)之中。1990年6月29日在巴黎举行的国际海事委员会第三十四届大会上通过了"国际海事委员会海运单统一规则"(CMI Uniform Rules for Sea Waybill),使海运单的使用更具规范性。

海运单(Sea Waybill)正面内容与提单基本一致,但是印有"不可转让"的字样。它是"承运人向托运人或其代理人表明货物已收妥待装的单据,是一种不可转让的单据,即不须以在目的港出示该单据作为收货条件,船主或其代理人可凭收货人出示的货到通知或其身份证明而向其交货"。

与提单的三个功能相对应,海运单也具有如下三个基本功能:

(1)海运单是承运人收到由其承运的货物后签发给托运人的一张货物收据;

(2)海运单是承运人与托运人之间订立运输合同的证明;

(3)海运单是解决经济纠纷时作为货物担保的基础。

但是,海运单不是"物权凭证",承运人只要尽合理谨慎的责任,确认声称收货人的当事人,就可凭收货人出示适当的身份证明交付货物,而不需要出示正本海运单。

海运单仅涉及托运人、承运人、收货人三方,程序简单,操作方便,有利于货物的转移。首先,海运单是一种安全凭证,它不具有转让流通性,可避免单据遗失和伪造所产生的后果。其次,提货便捷、及时、节省费用,收货人提货无须出示海运单,这既解决了近途海运货到而提单未到的常见问题,又避免了延期提货所产生的滞期费、仓储费等。再次,海运单不是物权凭证,扩大海运单的使用,可以为今后推行EDI电子提单提供实践的依据和可能。

海运单流转程序:①承运人签发海运单给托运人;②承运人在货物抵达卸货港前向海运单记载的收货人发出到货通知;③收货人出示身份证明,并在到货通知上签名,同时出示海运单副本;④承运人或其代理签发提货单给收货人;⑤收货人结清有关费用,凭提货单办理进口手续,即可提货。

当然,海运单还存在着一些问题,而且它也无法替代提单。所以,许多船公司尚不具有自己的海运单。但是在一些适用电放的情况下,通常都可以使用海运单。

签发海运单申请保函的实例如下:

## 签发海运单申请保函(单票申请)

致:中外运集装箱运输有限公司及贵司各分子公司和代理

船名、航次:

提单号:

托运人:

收货人:

对于配载贵司上述航线的货物,我司向贵公司申请签发海运单,保证遵守贵公司以下规则:

1.对于签发海运单的货物,在订舱时,在订舱托书上加注SEA WAYBILL字样;
2.订舱托书上的收货人必须为记名收货人,有详细名称和地址;
3.签发海运单后,就同一票货不再签发海洋提单;
4.海运单不再作电放处理;
5.船开航后的更改参照海洋提单的更改规则,并遵守海关的相关规定;
6.贵司有关海运单的其他要求。
同时,我司保证承担签发海运单的所有责任、风险和费用。

担保人(托运人)
公章:
日期:

我司愿意为上述保证承担连带责任。

订舱公司联系人签字:
订舱公司联系人电话:
订舱公司公章:
申请日期:

项目实施

## 3-1 集装箱班轮运输组织

### 一、集装箱班轮运输的相关单位

集装箱班轮运输是各种运输方式中组织程序最为复杂的一种,也是参与各方最多的一种。集装箱班轮运输的参与各方,除托运人与收货人外,大致还有以下主体:

(一)集装箱班轮公司

这是集装箱班轮运输的主角,它完成集装箱海上与内河的航运任务,是集装箱班轮运输的主要参与方。

(二)集装箱码头公司

这是集装箱班轮运输的另一个主角,它完成集装箱水路运输起点和终点的装卸任务。集装箱码头通常拥有一定面积的堆场和集装箱货运站(CFS),具备相关业务的处理能力。

(三)无船承运人

无船承运人,是指在集装箱运输中,经营集装箱货运,但不经营船舶的承运人。它是随着集装箱多式联运的发展而出现的联运经营人。联运经营人可由参与某一运输区段的实际承运人担任,也可由不参加实际运输的无船承运人来担任。

1.无船承运人的主要特征
(1)在法律上有权订立运输合同。
(2)本人不拥有运输工具。

(3)有权签发提单,并受提单条款的约束。

(4)由于与托运人订立运输合同,所以对货物全程运输负责。

(5)具有双重身份,对货物托运人来说,是承运人或运输经营人;而对实际运输货物的承运人而言,又是货物托运人。

2.无船承运人的业务范围

(1)作为承运人与货物托运人订立运输合同,签发货运单据,并对从接受货物地点到目的地交付货物地点的运输负责。

(2)作为总承运人组织货物全程运输,制定全程运输计划,并组织各项活动的实施。

(3)根据托运人要求及货物的具体情况,与实际承运人洽定运输工具(订舱)。

(4)从托运人手中接收货物,组织安排或代办到装运港的运输,订立运输合同(以本人的名义),并把货物交给已订舱的海运承运人。在上述交接过程中,代货主办理报关等手续。

(5)如有必要,办理货物储存和出库业务。

(6)在目的港从海运承运人手中接收货物后,向收货人交付货物。

对于货主来讲,将货物交给无船承运人运输,比交给传统意义上的承运人运输在手续上要简便得多,而且可省去委托货运代理人这一环节。无船承运人建立起了货主与船公司之间的联系,对集装箱国际多式联运的发展发挥了重要的作用。

### (四)集装箱租箱公司

集装箱价格昂贵,集装箱班轮公司为揽取运箱业务,会投资购置部分集装箱,但通常配置的箱量必须达到船舶载箱量的三倍,才能满足周转需要,所以集装箱班轮公司一般也难以投入如此巨资,购置数量如此庞大的箱量。同时,集装箱的箱务管理很复杂,包括集装箱在运营过程中的回空、堆放、保管、维修、更新等问题,需要非常专业的管理,这也使集装箱班轮公司不堪负担。于是就出现了专门填补这一空白的专业公司,即集装箱租箱公司。集装箱租箱公司购置一定数量的集装箱,专业从事租箱业务,同时进行箱务管理,一般还经营堆场,专门满足货主与船公司对集装箱空箱租赁的需求。

### (五)租船公司

虽然集装箱水运以班轮运输为主,但由于集装箱运输市场供求关系的变化,航线货流的不平衡,经常会产生短时间的支线集装箱运输需求,这时就需要由集装箱船舶租赁公司提供中小型的集装箱船,通过租船运输加以满足。向集装箱船舶租赁公司租船的承租人有货主,也有不同规模的集装箱班轮公司。目前,集装箱租船市场的份额和规模有不断上升的趋势。

### (六)国际货运代理人

随着国际贸易与运输的发展,尤其是集装箱国际多式联运的发展,货物运输涉及的面越来越广,情况越来越复杂,一般货主既没有时间与精力,也缺乏专门知识去自己办理每一项具体业务。于是,出现了专门为货主代理各类货运业务的专业公司,即国际货运代理人。

国际货运代理人的主要业务包括:

(1)订舱,即代理货主向集装箱班轮公司订舱;

(2)报关,即代理货主将进、出口集装箱货物向海关报关;

(3)拆装箱,即对整箱货与拼箱货,代理货主安排集装箱货运站,进行空箱装箱与重箱

拆箱;

(4) 理货，对集装箱装、拆箱进行理货，也可由货运代理委托理货公司理货;

(5) 货物保险，即代理货主办理各种运输保险业务;

(6) 办理集装箱集疏港业务，即代理货主安排将集装箱运至启运港装船，并在目的港码头将卸下船舶的集装箱提运出场。

## 二、集装箱班轮运输组织程序

1. 订舱

订舱又称"暂定订舱"，是指发货人或托运人根据贸易合同或信用证的有关规定，向船公司或其代理人、经营人申请订舱，填制订舱单。如发货人已与货运代理签订代理合同，则由货运代理代替发货人向船公司或其代理人申请订舱。订舱单的内容主要有以下各项：

(1) 启运港和目的港;

(2) 每箱的总重量;

(3) 集装箱的尺寸、箱型和数量;

(4) 在备注中注明特种箱的特性和运输要求。

2. 接受托运申请

接受托运申请又称"确定订舱"。接受托运申请前，船公司或其代理人应考虑航线、港口等能否满足托运人的具体要求。接受托运申请后，船公司或其代理人应着手编制订舱清单分送码头堆场和货运站，据以安排空箱调动和办理货运交接手续。

3. 发放空箱

发放空箱时，应区别整箱托运还是拼箱托运两种情况。

(1) 整箱货空箱由发货人或其货运代理人到码头堆场或货运站领取;

(2) 拼箱货空箱由集装箱货运站负责领取。

4. 装箱

(1) 整箱货由发货人或其货运代理人安排装箱;

(2) 拼箱货则是发货人将货物送到集装箱货运站，由集装箱货运站装箱。

5. 箱货交接

整箱货由发货人或其货运代理人、拼箱货由货运站送至码头堆场。码头堆场根据订舱清单，资料验收货物。

6. 装船

码头堆场根据待装船的货箱情况，制定装船计划，待船舶靠泊后，即安排装船。

7. 签发提单

发货人或其货运代理人向船公司或其代理人领取提单，作为向银行结汇的凭证。

8. 海上运输

9. 卸船

船舶抵达卸货港前，卸货港码头根据进口货运单证，制定卸船计划，船舶靠泊后，即安排卸船。

**10. 整箱货交付**

如果内陆运输由收货人或其货运代理人自行安排,则由码头堆场根据收货人或其货运代理人出具的提货单交付整箱货。否则,将由承运人或其代理人安排内陆运输,将整箱货运至指定地点交付。

**11. 拼箱货交付**

拼箱货一般先在指定的集装箱货运站掏箱,然后由集装箱货运站根据提货单将拼箱货交付给收货人或其代理人。

**12. 空箱回运**

收货人或集装箱货运站在掏箱完毕后,应及时将空箱运回到指定的码头堆场或货运站。

## 3-2 集装箱班轮船期表的编制

制订班轮船期表,是集装箱班轮运营组织工作的一项重要内容。班轮公司制订和公布船期表,一是为了招揽航线途经港口的货载;二是有利于船舶、港口和货物及时衔接,使船舶在挂靠港短暂停泊中达到尽可能高的工作效率;三是有利于提高船公司航线经营的质量。

班轮船期表的内容通常包括航线、船名航次、始发港、中途港、终点港、到达和驶离各港的时间及其他相关事项等。典型船期表见表3-2。

航 线 船 期 表　　　　　　　　　　　表3-2

10月澳洲航线班轮船期表　SHANGHAI/AUSIRALIA SERVICE Oct. ISSUE

SHANGHAI/AUSTRALIA SERVICE 上海/澳洲航线

CAX航线

| VESSEL 船　名 | | VOYAGE 航次 | SHANGHAI 上海 | HONGKONG 香港 | SYDNEY 悉尼 | MELBOURNE 墨尔本 | BRISBANE 布里斯班 |
|---|---|---|---|---|---|---|---|
| SINOTRANS DALIAN | 中外运大连 | 1108S | 3-Oct | 5-Oct | 17-Oct | 20-Oct | 24-Oct |
| DONAU TRADER | 德娜 | 11009S | 10-Oct | 12-Oct | 24-Oct | 27-Oct | 31-Oct |
| MARE INTERNUM | 泛洋天津 | 1113S | 17-Oct | 19-Oct | 31-Oct | 3-Nov | 7-Nov |
| TIM-S. | 德翔提姆斯 | 11008S | 24-Oct | 26-Oct | 7-Nov | 10-Nov | 14-Nov |
| E. R. CANBERRA | 泛洋青岛 | 1113S | 31-Oct | 2-Nov | 14-Nov | 17-Nov | 21-Nov |

集装箱班轮运输具有速度快、装卸效率高、码头作业基本不受天气影响等优点,所以相对于其他班轮的船期表,集装箱班轮的船期表可以编制得十分精确。

编制船期表通常有以下基本要求:

1. 船舶的往返航次时间(班期)应是发船间隔的整数倍

船舶往返航次时间与发船间隔时间之比,应等于航线配船数,所以船舶往返航次时间应是发船间隔的整数倍。实际操作中,按航线参数及船舶技术参数计算得到的往返航次时间,往往不能达到这一要求,多数情况下是采取延长实际往返航次时间的办法,人为地使其成为倍数关系。

2. 船舶到达和驶离港口的时间要恰当

当有几个班轮公司的船舶同时到达某一港口时,装卸公司一般会具体安排每艘船舶的停泊时间。在这种情况下,制定船期表时,必须考虑这方面的时间限制。

3.船期表要有一定弹性

船期表在制订船舶运行的各项时间时,均应留有余地。因为海上航行影响因素多,条件变化复杂。在港口停泊中,因装卸效率变化、航道潮水影响等,对船期也会产生复杂的影响,对这些问题,都应根据统计资料和以往经验,留有一定的余地,保持足够的弹性。

## 3-3 集装箱船舶配载

集装箱船舶配载是整个码头作业系统中的重要一环,配载工作质量的高低,直接关系到码头装船作业的质量和效率,关系到集装箱班轮的船期,同时也影响到码头的声誉。因此现代集装箱码头十分重视船舶配载的工作质量,设置专门的配载岗位,采用专人专职的管理制度,加强集装箱船舶的配载工作。

### 一、集装箱船舶配载导入

1.集装箱船舶配载的含义

所谓集装箱船舶配载,是指按照船舶的运输要求和码头的作业特点,对预定装载出口的集装箱制定的具体装载计划。配载必须满足船舶的运输要求,现代集装箱船舶载箱量很大,尤其是甲板载有大量集装箱,这使得对集装箱船舶的安全要求更高。同时,集装箱货物通常以中高价货为主,货物的运输安全显得十分重要。配载就是要按照船舶既定的技术规范,科学合理地分配每一个集装箱在船舶上的具体位置,以保证船舶的航行安全和货物的运输安全。配载还应兼顾码头的作业特点,现代集装箱码头配置了大量集装箱专用机械设备,制定了专门的集装箱装卸工艺,具有连续、高效、大规模的生产特点,因此配载还要考虑码头作业要求,使码头能合理、有序和有效地组织生产作业。

2.集装箱船舶配载的作用

(1)满足船舶稳性、吃水差、负荷强度等技术规范,保证船舶的航行安全。

(2)满足不同货物的装运要求,保证货物运输的安全质量。

(3)充分利用船舶的运输能力,提高船舶的箱位利用率。

(4)合理安排堆场进箱计划,减少翻箱倒箱,提高堆场的利用率。

(5)有效组织码头装船作业,提高生产作业效率。

(6)是码头装船作业签证的原始依据和吞吐量的统计资料。

3.集装箱船舶配载所需的资料

(1)集装箱船舶资料

①集装箱船舶箱位容量和箱位分布。集装箱船舶的箱位容量是指船舶的最大载箱数量,通常用TEU(Twenty-foot Equivalent Unit)表示。集装箱船舶的箱位容量是配载必须掌握的极限数据,一般配载是不能超过这个数值的。在掌握箱位容量的同时,应分别了解20ft箱和40ft箱的最大容量,这是因为在一些箱位上20ft箱与40ft箱是不能兼容的。此外,还应了解船舶冷藏箱箱位的多少及其分布、船舶对危险货物装载的限制,以保证冷藏箱和危险货物箱的安全装运。

②船舶堆积负荷强度。船舶堆积负荷强度包括舱底和甲板所设集装箱底座所允许堆装

的集装箱最大重量,它又分为20ft箱和40ft箱两种。配载时必须做到无论舱内还是舱面,每一列集装箱的总重量不能超过船舶规定的堆积负荷强度,尤其在一列内配有较多重箱或配有超重箱时更应引起注意,以免损伤船体结构而被船方拒载。

③船舶的长度、宽度和吃水要求。船舶的长度一般包括总长(LOA)和两柱间长(LBP)。船舶的总长是指船舶的最前端至最后端的水平距离,该参数不仅是船舶靠泊的依据,也是配载人员考虑装卸作业路数的依据。船舶的两柱间长是指从船舶艏柱前缘至艉柱后缘的水平距离,该参数是配载后计算船舶吃水差的必需数据。

船舶的宽度通常是指型宽,即船舶两舷之间的最大水平距离,它是配载人员考虑安排不同外伸距集装箱装卸桥的依据,也是计算船舶摇摆周期和确定船舶初稳性高度范围的必需数据。

船舶的吃水通常是指满载吃水,它是配载人员必须掌握的极限吃水。由于现代集装箱船舶的大型化,吃水较深,配载人员应考虑本码头及其航道的水深状况,必要时应减少配箱,以保证船舶顺利出港。

④空船重量和常数。空船重量是指新船出厂或上坞修理后的船舶重量,不包括任何装运于船上的货物、燃油、水、船员、食物等重量;常数是指油舱内的油垢、水舱内的水垢、集装箱绑扎工具等重量,这些重量既不计入载货重量,也不计入空船重量,且在一定时期内较稳定,故称为常数,这两个参数是配载后计算船舶稳性和吃水差的必需数据。

⑤稳性和吃水差计算书。集装箱船舶建成出厂后,其尺寸、结构已定,为了减少每次配载后的繁杂计算,可根据船舶既定的参数,事先计算出船舶在不同排水量下的各项数据,并用表格形式编制成稳性和吃水差计算书。配载完成后,可根据船舶排水量直接查取所需的各项数据,从而可大大简化稳性和吃水差的计算,提高计算的速度和准确性。

(2)堆场集装箱资料

①集装箱装箱单。集装箱装箱单是详细记载箱内货物情况的单证,包括货名、包装、件数、重量等,同时装箱单还提供了配载必需的信息,包括箱号、关封号、提单号、箱尺寸、箱型、箱总重量以及船名航次、装船港、卸船港等。装箱单是配载人员安排集装箱在船舶上箱位的必需单证。

②特种箱清单。冷藏箱、开顶箱、框架箱、平台箱、罐状箱等特种集装箱对配载有特殊的要求,配载人员可通过特种箱清单事先了解有哪些特种箱以及每种特种箱的数量,为配载做好充分准备。

③危险货物箱清单和危准单。危险货物箱清单向配载人员提供了该航次危险货物箱的数量、箱型、尺寸,并提供箱内危险货物的名称、重量、国际危规类别等资料,配载人员可据此掌握这些危险货物箱的配载要求或直装要求。危准单是"集装箱危险货物装箱证明书"的简称,由海事局核准签发,集装箱码头凡进行危险货物集装箱装船作业,发货人必须递交危准单,否则不予配载装船。

④预配船图。预配船图是船公司或船代根据订舱资料并综合考虑航线挂港情况而编制的船图,它是集装箱码头配载人员在配载作业时的重要依据。

⑤集装箱的堆场位置。出口集装箱进入集装箱码头堆放后,每个集装箱都有一个相应的堆场箱位,掌握集装箱在堆场的具体位置,可以方便配载人员根据码头作业的特点进行配

载,减少翻箱倒箱,提高装船作业效率。

## 二、集装箱船舶配载图的制作

集装箱船图通常有三种表示形式,即由船公司或船代制作的预配图、由码头制作的实配图(配载图)和由外理制作的积载图。

1. 预配图

集装箱船舶的预配图(Preplan)是集装箱船舶配积载中最重要、最关键的环节,它是制作集装箱船舶实配图的基础。只有正确、合理的制作好预配图,才能制作好实配图。预配图一般用字母图来表示在本港装船的集装箱的目的港,图上待装箱均用一个英文字母(通常为目的港英文名称的首字母)表示该箱的目的港。

2. 实配图

实配图(Bay plan)不仅规定了不同卸货港的集装箱的装载位置,而且对到同一卸货港的各个集装箱的具体装载位置也有明确规定。所以,实配图是码头现场操作的指导性文件,是码头装卸作业的依据。实配图一般由封面图和BAY位图两部分组成。

(1)封面图(图3-11)的上方应标明船名和航次、装船港和日期,在封面图每一BAY的小方格内,通常标注所配集装箱的卸船港代码,如有特种箱和危险货物箱则要标注特种箱和危险货物箱代码。

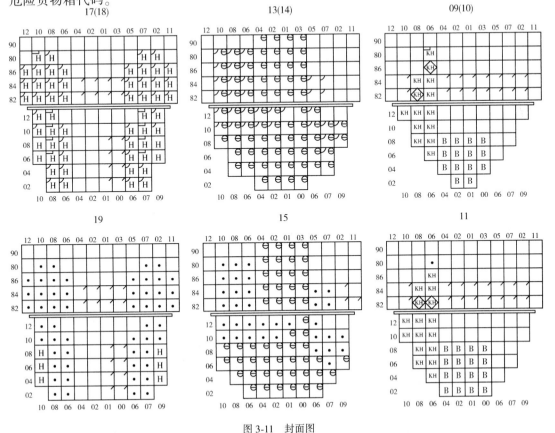

图3-11 封面图

卸船港代码通常填写卸船港名称的第一个字母,也可用不同颜色表示不同卸货港,但无论用哪一种方法,应在封面图空白处加以示意。例如:

S:SHANGHAI

T:TOKYO

H:HONGKONG

L:LONGBEACH

特种箱和危险货物箱在装运方面有特殊的要求,为保证装运质量和货物安全,应在封面图上做出标注,以便在装船、运输、保管、卸船时引起特别注意。特种箱和危险货物箱可用图标表示,也可用大写字母表示。

(2)BAY位图(图3-12)的标注。

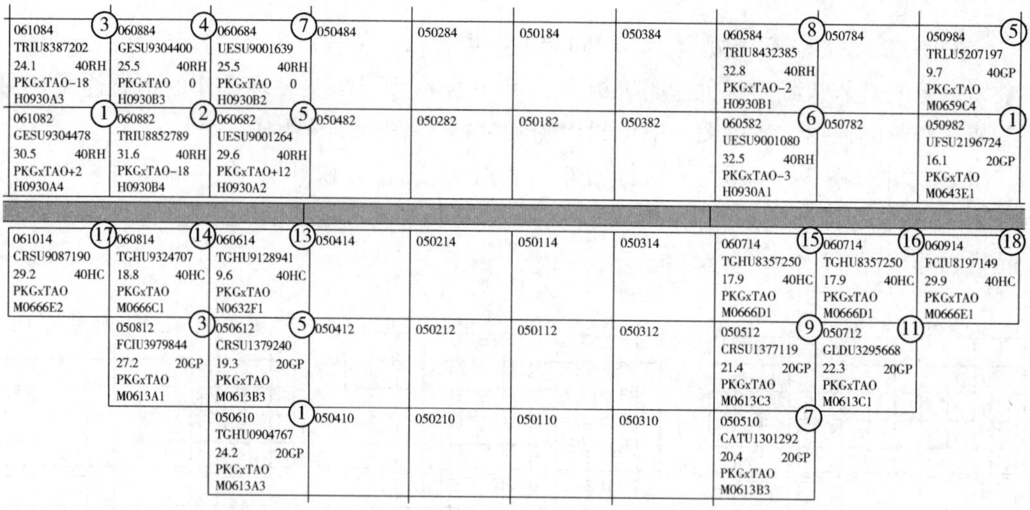

| 061084<br>TRIU8387202<br>24.1　40RH<br>PKGxTAO-18<br>H0930A3 ③ | 060884<br>GESU9304400<br>25.5　40RH<br>PKGxTAO 0<br>H0930B3 ④ | 060684<br>UESU9001639<br>25.5　40RH<br>PKGxTAO 0<br>H0930B2 ⑦ | 050484 | 050284 | 050184 | 050384 | 060584<br>TRIU8432385<br>32.8　40RH<br>PKGxTAO-2<br>H0930B1 ⑧ | 050784 | 050984<br>TRLU5207197<br>9.7　40GP<br>PKGxTAO<br>M0659C4 ⑤ |
|---|---|---|---|---|---|---|---|---|---|
| 061082<br>GESU9304478<br>30.5　40RH<br>PKGxTAO+2<br>H0930A4 ① | 060882<br>TRIU8852789<br>31.6　40RH<br>PKGxTAO-18<br>H0930B4 ② | 060682<br>UESU9001264<br>29.6　40RH<br>PKGxTAO+12<br>H0930A2 ⑤ | 050482 | 050282 | 050182 | 050382 | 060582<br>UESU9001080<br>32.5　40RH<br>H0930A1 ⑥ | 050782 | 050982<br>UFSU2196724<br>16.1　20GP<br>PKGxTAO<br>M0643E1 ① |
| 061014<br>CRSU9087190<br>29.2　40HC<br>PKGxTAO<br>M0666E2 ⑰ | 060814<br>TGHU9324707<br>18.8　40HC<br>PKGxTAO<br>M0666C1 ⑭ | 060614<br>TGHU9128941<br>9.6　40HC<br>PKGxTAO<br>N0632F1 ⑬ | 050414 | 050214 | 050114 | 050314 | 060714<br>TGHU8357250<br>17.9　40HC<br>PKGxTAO<br>M0666D1 ⑮ | 060714<br>TGHU8357250<br>17.9　40HC<br>PKGxTAO<br>M0666D1 ⑯ | 060914<br>FCIU8197149<br>29.9　40HC<br>PKGxTAO<br>M0666E1 ⑱ |
| 050812<br>FCIU3979844<br>27.2　20GP<br>PKGxTAO<br>M0613A1 | 050612<br>CRSU1379240<br>19.3　20GP<br>PKGxTAO<br>M0613B3 ③ | ⑤050412 | 050212 | 050112 | 050312 | 050512<br>FCIU1377119<br>21.4　20GP<br>PKGxTAO<br>M0613C3 ⑨ | 050712<br>GLDU3295668<br>22.3　20GP<br>PKGxTAO<br>M0613C1 ⑪ | | |
| | 050610<br>TGHU0904767<br>24.2　20GP<br>PKGxTAO<br>M0613A3 | ①050410 | 050210 | 050110 | 050310 | 050510<br>CATU1301292<br>20.4　20GP<br>PKGxTAO<br>M0613B3 ⑦ | | | |

图3-12　BAY位图

封面图通常设为一页,而BAY位图则是每一个BAY单独为一页,故BAY位图上可标注更多的集装箱信息。

①装船港和卸船港代码。装船港和卸船港均用三个大写字母表示,一般卸船港在前、装船港在后,中间用"/"分隔。例如:HKG/SHA

②箱号。

③集装箱总重量。

④危险货物箱。危险货物箱除标明危险货物箱代码外,还应标明危险货物的国际危规类别。

⑤冷藏箱。冷藏箱除标明冷藏箱的代码外,还应标明冷藏箱的温度。

⑥40ft集装箱。由于40ft集装箱占据两个20ft集装箱的位置,通常只在前一个20ft BAY的箱位标注集装箱有关信息,在后一个20ft BAY内相应的箱位标注"X"。

⑦空箱。空箱通常用代码"E"表示。

### 3. 最终积载图(Stowage Plan)

最终积载图反映集装箱船舶实际积载情况，由外理制作。

### 4. 船舶箱位的表示方法

集装箱在船舶上的位置称为船舶箱位，一艘集装箱船舶小的有几百 TEU，大则上万 TEU，必须有一个唯一确定船舶箱位的方法，以便有条不紊地进行装船和卸船。船舶箱位通常用六位阿拉伯数字表示。

（1）行位(BAY)。前两位数字表示行位，即集装箱在船舶上的前后位置。行位又分为 20ft 和 40ft 两种，从船头至船尾，20ft 箱位依次用 01、03、05、07、09、11、13、15…表示，40ft 箱位依次用 02、04、06、08、10、12、14…表示。

（2）列位(ROW)。中间两位数字表示列位，即集装箱在船舶上的左右位置。列位以船舶纵向中轴为基准，分别向两舷编号，从船中向左舷依次用 02、04、06、08、10…表示，从船中向右舷依次用 01、03、05、09、11…表示，当列数为奇数时，中间一列用 00 表示。

（3）层位(TIER)。最后两位数字表示层位，即集装箱在船舶上的上下位置。层位又分舱内和舱面两种，从下往上，舱内依次用 02、04、06、08、10、12、14…表示，舱面依次用 82、84、86、88、90…表示。

## 三、集装箱船舶配载的基本原则

### 1. 满足船舶的运输要求

（1）保证船舶良好的稳性。集装箱船舶由于舱面装运大量集装箱，受风面积大，船舶重心高，这对船舶的稳性很不利，所以配载时应合理搭配上下集装箱的轻重，保证船舶的稳性。

（2）满足船舶适当的吃水差。适当的吃水差可使船舶具有良好的操纵性能，还可节省燃油，充分发挥主机功率。在配载时应注意集装箱的前后位置，以满足船舶的吃水差要求。

（3）不超过船舶的强度规范。集装箱船舶在强度设计上有一定的规范，在配载时要注意不能超过这些强度规范，尤其要做到每一列集装箱的重量不能超过规定的最大堆积负荷，以免影响船舶的强度和安全。同时配载时还应保持船舶良好的纵向强度，特别要防止船舶中部配箱太少而引起中拱。

（4）避免配载不当造成沿线挂港作业困难。集装箱班轮通常沿航线设有数量不等的挂靠港，配载时应考虑沿线挂港的装卸作业需要，力求避免配载不当造成沿线作业困难。

①避免中途港翻装倒箱。配载时要有全航线整体观念，按集装箱卸港顺序合理配箱，特别要避免后港箱压前港箱，以免降低装卸速度，增加不必要的费用。

②避免同卸港箱子过分集中。由于集装箱装卸桥的结构特点两台装卸桥应相隔 2 个 BAY 才能正常作业，当某一卸港的箱量较大，超过一个舱的容量而必须分舱，应至少相隔 2 个 BAY 的位置配载，这样两台装卸桥可以同时作业，从而避免形成重点舱，保证装卸效率和船期。

③避免一边倒配箱。所谓一边倒配箱是指将某港或数港的箱子同时配于船舶的左侧或

右侧,这种配法对船舶的装卸影响很大,特别是在中途港卸船时会造成船舶在短时间内出现横倾,尽管船舶有调平舱可调平,但调平跟不上时会造成装卸困难甚至停顿,影响装卸速度。因此,配载时应将一港或数港的箱子对称地配于船舶左右两侧。

(5)满足危险货物箱和特种箱的装运要求。危险货物的危险性、特种箱结构及货物的特殊性,对装运都有一定的特殊要求,配载人员应掌握这些特殊要求。例如,危险货物箱必须满足船舶的限制规定和分隔要求,冷藏箱必须配载于冷藏箱区,框架箱、平台箱必须配载在舱内或舱面的最上层等,以免配载不当造成作业困难或损失。

2.符合码头的作业要求

配载要在满足船舶运输要求的同时,兼顾码头的作业特点和要求,只有这样,才既能充分发挥码头机械化、高效化的作用,又能保证船舶的运输要求和船期。

(1)符合堆场取箱规则。集装箱码头的装卸工艺不同,堆场的取箱规则也不同。目前我国绝大多数集装箱码头采用装卸桥龙门吊工艺,对堆场作业的龙门吊来说,配载时要尽量减少翻箱,同时尽量使龙门吊的小车和大车行走路线最短,从而提高堆场作业效率和装船作业效率。

(2)符合船舶作业计划要求。船舶作业计划是围绕船舶装卸而制订的一份详细作业任务书,包括船舶靠离泊时间、开工完工时间、作业总箱量、作业路数、机械配备以及每一工班的任务及其进度要求等,配载时必须仔细考虑船舶作业计划的总体要求。例如根据船舶停靠的泊位和出口箱在堆场的分布,合理安排不同卸港箱的 BAY 位,避免各作业线路的道路拥挤、堆场排队等箱、龙门吊作业任务忙闲不均等不利因素,在保证重点舱的前提下使各条作业线路有条不紊地连续进行。

## 3-4 提单的签发及流转业务

### 一、提单的签发

1.提单签发人

我国《海商法》第七十二条明确规定:"货物由承运人接收或者装船后,应托运人的要求,承运人应当签发提单。提单可以由承运人授权的人签发。提单由载货船舶船长签发的,视为代表承运人签发。"

根据这一规定,提单的签发人包括承运人、承运人的代理人和船长。各国有关海上货物运输的法律,都规定船长是承运人的当然代理人,不需经承运人的特别授权便可签发提单。但如提单由承运人的代理人签发,则代理人必须经承运人的合法授权委托。未经授权,代理人无权签发提单。

2.提单签发的地点和日期

提单签发的地点应当是货物的装船港。提单签发的日期应当是货物实际装船完毕的日期。

3.提单的份数

提单有正本提单和副本提单之分。正本提单是一式数份,以防提单的遗失、被窃或迟延到达,以及在传递过程中发生意外事故造成灭失。各国海商法和航运习惯都允许签发数份正本提单,并且各份正本提单都具有同等效力,但以其中一份提货后,其他各份自动失效。

签发正本提单的份数,都应分别记载于所签发的各份提单上,使提单的合法受让人了解全套正本提单的份数,防止遗留在外而引起纠纷,同时也因为信用证规定必须以全套正本提单向银行结汇。

副本提单只用于日常业务,不具有法律效力。副本提单的份数视需要而定。虽然它没有法律效力,不能据以提货,但却是装运港、中转港及目的港的代理人和载货船舶不可缺少的补充货运文件,可以补充舱单上不完整的内容和项目。

## 二、提单在"跟单信用证"机制中的流转

1. 提单在"跟单信用证"机制中的流转程序

(1)出口商按信用证的要求将货物交付承运人后取得提单。我国《海商法》规定,货物由承运人接收或装船后,应托运人的要求,承运人应当签发提单。

(2)出口商交单议付。出口商在从承运人处取得符合信用证要求的提单后,应及时到议付银行结汇。

(3)结汇银行将提单等单证寄给开证行。

(4)收货人到开证行付款赎单。

(5)收货人交单提货。货物到目的港后,收货人应将提单交船方或其代理人换取提货单,凭提货单提货。在邻近国家的贸易中,常会出现货物比提单先到的情况,此时,进口商只好凭提单副本加银行保函提货。

2. 提单在"跟单信用证"机制中的作用

消费者到商场买东西,常常是一手交钱、一手交货,双方银货两讫。而国际贸易中,买卖双方远隔重洋,相距千万里,不可能实现一手交钱、一手交货的买卖交易。假如货物从甲国海运到乙国需30天,甲国出口商发货30天后,乙国进口商收到货物付款,甲国出口商就要承担30多天的风险;若乙国进口商先付款,甲国出口商收到货款后再发货,进口商就要承担30多天的风险。不论哪一方先发货或先付款,除承担风险外,还承担30多天资金停滞周转,造成财务上的困难。在国际贸易实践中,由双方银行进行资金融通,通过"跟单信用证"解决上述矛盾。通常的做法是贸易合同签订后,由乙国进口商向开证行申请向出口商当地银行签发信用证,规定在各项商务单证按要求齐备的情况下,由出口商当地银行凭证向出口商支付货款,然后将全套单证寄到进口商开证银行,由进口商付款买到全套单证凭以提货,进口商银行与出口商银行再进行结算。这样就将货物买卖通过银行变为单证买卖。提单作为货物收据、物权凭证和运输合同证明在单证买卖中起着重要作用。信用证结汇对提单有严格的规定,例如必须是清洁提单、全套正本提单、已装船提单以及提单签发后限期结汇等。单证买卖不但大大减少了买卖双方的风险,加速了资金周转,而且还提供了短期信贷和资金融通,既方便又可靠,促进了国际贸易的发展。

### 三、提单背面主要条款应用

提单作为海上货物运输的重要单证之一,是确立承运人、托运人和收货人之间的权利、义务和责任的主要依据,这种依据主要由提单背面的条款所决定。

提单背面条款是承运人按国际公约关于提单的法律规定制定的。各船公司的提单条款,其内容大同小异,多达30余条。这些条款一般分为强制性条款和任意性条款两类。强制性条款的内容不能违反有关国家的法律和国际公约、港口惯例的规定。我国《海商法》第四章"海上货物运输合同"的第四十四条就明确规定:"海上货物运输合同和作为合同凭证的提单或者其他运输单证中的条款,违反本章规定的,无效。"《海牙规则》第三条第八款也规定:"Any clause, covenant, or agreement in a contract of carriage relieving the carrier or the ship from liability for loss or damage to or in connection with goods arising from negligence, fault, or failure in the duties and obligations provided in this article, or lessening such liability otherwise than as provided in this Convention, shall be null and void and of no effect."即"运输合同中的任何条款、约定或协议,凡是解除承运人或船舶对由于疏忽、过失或未履行本条规定的责任和义务,因而引起货物或关于货物的灭失或损害的责任的,或以不同于本公约的规定减轻这种责任的,一律无效。"

提单背面的任意性条款,是上述国家法律、国际公约没有明确规定的、允许承运人自行拟定的条款。承运人以印刷、刻制印章或打字、手写的形式加列在提单背面。这些条款适用于某些特定港口或特种货物,其中也有托运人要求加列的条款。所有这些条款都是表明承运人与托运人、收货人或提单持有人之间承运货物的权利、义务、责任与免责的条件,是解决他们之间争议的依据。

## 3-5 提单读识与填制

### 一、提单的正面内容

提单的正面内容主要包括船名、装运港、目的港、托运人名称、收货人名称、被通知人名称、货物名称、货物标志、包装、件数、重量或体积、运费、提单正本份数、提单签发日期、承运人或船长签字等。

(1)托运人(Shipper);

(2)收货人(Consignee);

(3)被通知人(Notify Party);

(4)前程运输(Pre-carriage by);

(5)收货地(Place of Receipt);

(6)船名、航次(Ocean vessel and Voy No.);

(7)装货港(Port of Loading);

(8)卸货港(Port of Discharge);

(9)目的地(Place of Delivery);

(10)集装箱箱号(Container No.);

(11)货名及件数(Description of Goods & Number of Packages);

(12)重量和体积(Weight & Measurement);

(13)运费预付或运费到付(Freight Prepaid or Freight Collect);

(14)正本提单的份数(Number of Original B/L);

(15)承运人或其代理人的签章(Name & Signature of the Carrier);

(16)签发提单的地点及日期(Place & Date of Issue)。

## 二、提单的填制

(1)托运人(Shipper) 一般为出口商(信用证受益人)。

(2)收货人(Consignee) 如属信用证项下的提单必须严格按照信用证的要求填制。

(3)被通知人(Notify Party) 这是货物到达目的港时船方发送到货通知的对象。

(4)提单号(B/L No.) 为便于工作联系和核查,提单必须编号。发货人向收货人发送装船通知的主要内容也包括船名及提单号。

(5)出口公司的发票号(Invoice No.) 出口公司取得提单后即可连同有关发票及其他单据交银行议付或托收,提单上打明发票号主要是便利工作,有的信用证规定提单上不得打出发票及合同号的,则不应填写。

(6)船名、航次(Name of Vessel and Voy No.) 应填写所装船舶的船名及航次。

(7)装货港(Port of Loading) 填写实际装船港口的具体名称,如"上海"、"青岛"。

(8)卸货港(Port of Discharge)填写货物自所装载的船只(即第一程海运船只)卸下的地点,如经香港转船则应填写"Hongkong"。

(9)最后目的地(Final Destination) 应按信用证或买卖合同的规定填写。

(10)正本提单的份数(Number of Original B/L) 提单可分为正本和副本。正本提单可以流通、议付,副本则不行。就正本而言,其份数应按信用证规定办理。如信用证有具体份数规定,必须按规定填制。如"Full set (3/3) plus 2 N/N copies of original forwarded through bills of lading",其中的(3/3)意为:分子位置的数字指交银行的份数,分母位置的数字指应制作的份数,本证要求向议付银行提交全部制作的三份正本提单。N/N 是 Non-Negotiable 的缩写,意为不可议付,即是指副本提单。

(11)唛头(Marks)如信用证有规定按规定写(应与发票核对是否一致),信用证没有规定,可按发票上的唛头缮写。

(12)小写的件数(Number of Packages) 应与唛头相符。

(13)货名(Description of Goods) 除信用证另有规定者外,只要打出货物的统称即可,不必详列商品的规格、成分等。

(14)毛重(Gross Weight) 打出货物的毛重总数,除信用证另有规定者外,一般以千克为计量单位。

(15)尺码(Measurement)即货物的体积,除信用证另有规定者外,一般以立方米为计量单位,要保留小数三位。

对于上述情况要说明的是,如果装运的是集装箱,则应填写集装箱的箱号、封志号和集装箱的箱数。

(16)大写件数(Number & Kind of Packages in Words)用英文打出包装及数量,必须与小写的件数和包装相一致。

(17)运费支付情况的说明 应参照发票中的价格条件填写,如成交价为 CIF 或 CFR,则应打"Freight Prepaid"(运费预付);如成交价为 FOB,则应打"Freight Collect",以明确运费由谁支付。

(18)提单的签发地点和日期 地点应为装运地点,日期不得迟于信用证或合约所规定的最迟装运日期,此点应严格掌握。

(19)船方的签名和印章 每张正本提单都必须有船方或其代理人的印章方始有效,公司收到提单后应逐张检查签章有无遗漏,同时注意信用证是否有提单必须手签的条款,如有此规定必须手签。

(20)运费(Freight & Charges) 此栏一般可不填写,但如信用证规定提单须列明运费,则在此栏打出运费费率及运费总额。

集装箱多式联运提单的基本内容和普通提单相同,但增加了以下几个项目:

①"Pre-carriage by"是指首程运输工具,可根据实际情况填写"火车"(Train)、"卡车"(Truck)等。

②"Place of Receipt"收货地点:可根据实际情况填写"北京"(Beijing)、"南京"(Nanjing)或"上海"(Shanghai)等地名。

③"Place of Delivery"交货地点:可根据实际情况和信用证的规定填写"芝加哥"(Chicago)、"底特律"(Detroit)等内陆城市名称。

④"Container No."集装箱号:可根据承运人或装箱人提供的号码填写。

⑤"Seal No."封号:根据实际资料填写。集装箱号和封号,如信用证未作规定也可以不填。

⑥"CY to CY"这是"集装箱堆场至集装箱堆场"条款,如果信用证规定提单须证明货物由集装箱堆场至集装箱堆场,必须指示承运人照办,并在此栏内具体填明。

⑦"Containerized"表示该提单项下的货物系由集装箱运输。

⑧"On Board Notation"这是已装上船的批注。因为多式联运提单是"收货待运"性质的提单。如果信用证要求注明装船日期,或要求提供"已装船"提单(Shipped on Board B/L),此处加盖装船日期章,并由船方签字或简签。

海运提单样本如表3-3所示。

海 运 提 单 样 本　　　　　　　　　　　　　　　　　　　　　　　表 3-3

| 1.Shipper | | | | B/L No. | |
|---|---|---|---|---|---|
| | | | |  中远集装箱运输有限公司<br>COSCO CONTAINER LINES<br>TLX:33057 COSCO CN<br>FAX:+86(021)6545 8984<br>ORIGINAL | |
| 2.Consignee | | | | | |
| 3.Notify Party | | | | Port-to-Port or Combined Transport<br>**BILL OF LADING**<br>RECEIVED in external apparent good order and condition except as other wise noted. The total number of packages or unites stuffed in the container, the description of the goods and the weights shown in this Bill of Lading are furnished by the Merchants, and which the carrier has no reasonable means of checking and is not a part of this Bill of Lading contract. The carrier has issued the number of Bills of Lading stated below, all of this tenor and date, one of the original Bills of Lading must be surrendered and endorsed or signed against the delivery of the shipment and whereupon any other original Bills of Lading shall be void. The Merchants agree to be bound by the terms and conditions of this Bill of Lading as if each had personally signed this Bill of Lading. SEE clause 4 on the back of this Bill of Lading (Terms continued on the back hereof, please read carefully).<br>\* Applicable Only When Document Used as a Combined Transport Bill of Lading. | |
| 4.Combined Transport \* | | 5.Combined Transport \* | | | |
| Pre-carriage by | | Place of Receipt | | | |
| 6.Ocean Vessel Voy. No. | | 7.Port of Loading | | | |
| 8.Port of Discharge | | 9.Combined transport \* | | | |
| | | Place of Delivery | | | |
| Marks & Nos.<br>Container/Seal No. | No.of Containers<br>or Packages | Description of Goods (If Dangerous Goods,See Clause 20) | | Gross Weight Kgs | Measurement |
| | | Description of Contents for Shipper's Use Only (Not part of This B/L Contract) | | | |
| 10.Total Number of containers and/of packages (In words) | | | | | |
| Subject to Clause 7<br>Limitation | | | | | |
| 11.Freight & Charges | Revenue Tons | Rate | Per | Prepaid | Collect |
| Declared Value Charge | | | | | |
| Ex.Rate: | Prepaid at | Payable at | | Place and date of issue | |
| | Total Prepaid | No. of Original B(s)/L | | Signed of the Carrier,COSCO CONTAINER LINES | |
| LADEN ON BOARD THE VESSEL | | | | | |
| DATE | | BY | | | |

**【复习思考题】**

**一、填空**

1.集装箱班轮运输的特点是有固定的（　　）、固定的（　　）、固定的（　　）和相对固定的（　　）。

2.目前,世界主要集装箱航线有（　　）条。

3.全集装箱船的舱盖板的结构形式为（　　）,目的是为了保证（　　）。

4.船图主要由（　　）和（　　）两部分组成。

5.集装箱租赁方式有（　　）、（　　）、（　　）三种。

6.集装箱货运站在整个集装箱运输中起着"（　　）"的作用。

7.无船承运人的英文缩写是（　　）。

8.全集装箱船采用统舱口设计的目的是为了（　　）和（　　）。

9.箱格导柱采用（　　）材料制成,箱格导柱在装卸时起（　　）作用,在航行时起（　　）作用。

10.贝位图的340284表示该集装箱长度为（　　）,位于船舶的（　　）贝,装在（　　）上第（　　）层。

11.装载甲板上的集装箱必须使用（　　）设备进行。

12.贝位图的030704表示该集装箱的长度为（　　）,位于船舶的（　　）贝,装在（　　）内第（　　）层。

13.出口商必须凭（　　）在提单签发后（　　）天内到结汇银行议付。

14.集装箱海运提单通常由（　　）或（　　）签发。

15.通常情况下,正本提单一式（　　）份,具有（　　）,其中一份提货后,其他各份（　　）。

16.倒签提单指一种既（　　）又（　　）的行为。

17.约束提单的国内法主要有（　　）。

18.提单只适用于（　　）运输。

**二、翻译下列词语**

冷藏货　特殊货物　普通货物　危险货重货　班轮运输　租船运输　无船承运人　提单　已装船提单　清洁提单　指示提单　全式提单　发货人　收货人　装货港　卸货港　目的港　运费预付　运费到付　箱号　铅封号　尺码　货名　船名　航次　多式联运提单　信用证

**三、判断**

1.目前集装箱运输均为班轮运输。（　　）

2.海关对我国境内所有船舶运输的集装箱都进行监管。（　　）

3.无船承运人等于货运代理人。（　　）

4.无船承运人既是托运人又是承运人。（　　）

5.海关有权对我国境内的未放行进出口集装箱开箱验货。（　　）

6.集装箱班轮船期表每月公告一次。（　　）

7.我国的内河集装箱运输以长江为主要水系。（  ）
8.国际贸易货物运输都要使用到提单。（  ）
9.光船租船时船东负责提供船舶和船员。（  ）
10.副本提单与正本提单具有同等的效力。（  ）
11.提单签发后,承运人必须保证集装箱货物数量的准确和货物的完好。（  ）
12.货物装箱后,出口商即可到承运人处换取提单。（  ）
13.进口商在开证行交款取回提单的过程称之为"付款赎单"。（  ）

## 四、问答

1.班轮运输的特点是什么？
2.无船承运人的特点是什么？
3.特殊货物有哪些分类？
4.船舶配载的作用有哪些？
5.全集装箱船舶的结构特点有哪些？
6.集装箱船配载的基本原则有哪些？
7.提单的作用是什么？
8.提单的定义是什么？
9.制约提单的国际公约有哪些？
10.何为指示提单？

## 五、名词解释

1.中转港
2.支线运输
3.干线运输
4.全集装箱船
5.集装箱船舶配载
6.箱位号

# 项目四　海运集装箱运输组织

**知识要点**

集装箱运输的交接方式。

**项目任务**

1. 集装箱出口业务与单证流转；
2. 集装箱进口业务与单证流转。

**项目准备**

1. 场地、工具准备：集装箱码头操作系统实训室、港口生产实境实训室；
2. 人员安排：学生在集装箱码头操作系统中编制进出口作业计划；学生按流程岗位分组（发货人、收货人、货运站、船公司、港口、海关等），演练集装箱货物进出口流转组织。

**相关理论知识**

## Ⅰ　集装箱运输的交接方式

### 一、集装箱运输的交货类型

集装箱运输的交货类型有两种：整箱货和拼箱货。

整箱货是指由货方负责装箱和计数，填写装箱单，并加封志的集装箱货物，通常只有一个发货人和一个收货人。国际公约或各国海商法没有整箱货交接的特别规定，而承运人通常根据提单正面和背面的印刷条款以及提单正面的附加条款（如 said to contain 和 Shipper's load and count and seal 等"不知条款"），承担在箱体完好和封志完整的状况下接受并在相同的状况下交付整箱货的责任。在目前的海上货运实践中，班轮公司主要从事整箱货的货运业务。

拼箱货是指由承运人的集装箱货运站负责装箱和计数，填写装箱单，并加封志的集装箱货物，通常每一票货物的数量较少，因此装载拼箱货的集装箱内的货物会涉及多个发货人和多个收货人。承运人负责在箱内每件货物外表状况明显良好的情况下接受并在相同的状况下交付拼箱货。在目前的货运实践中，主要由拼箱集运公司从事拼箱货的货运业务。

货运代理人可以从事拼箱货的货运业务，但此时其身份也发生了变化。货运代理人参与拼箱货的货运业务，提供了为小批量货物快速和高效率的运输服务。货运代理人或拼箱集运商从事拼箱货运输,首先,可以使班轮公司不再需要为小批量货物专门组织人力和物力、耗费资金和时间、承担风险和责任;其次,可以扩大货运代理企业的活动空间和业务范围,使货运代理企业通过为小批量货物提供良好服务获得回报;最后,可以通过提供拼箱集运的服务,满足货主对于小批量货物在贸易、技术、经济、流通等方面的要求。

## 二、集装箱运输的交接地点和交接方式

货物运输中的交接地点是指根据运输合同,承运人与货方交接货物、划分责任风险和费用的地点。由于国际公约或各国法律通常制定了强制性的法律规范,因此承运人不能通过合同的方式减轻自己的责任;而有关费用问题,则可以由双方当事人另行约定。在集装箱运输中,根据实际需要,货物的交接地点并不固定。目前集装箱运输中货物的交接地点有集装箱堆场、集装箱货运站和其他双方约定的地点(door)。

集装箱货物的交接方式根据集装箱货物的交接地点不同,理论上可以通过排列组合的方法得到集装箱货物的交接方式为9种。在不同的交接方式中,集装箱运输经营人与货方承担的责任、义务不同,集装箱运输经营人的运输组织的内容、范围也不同。

(1)门到门(Door to Door)交接方式。是指运输经营人由发货人的工厂或仓库接受货物,负责将货物运至收货人的工厂或仓库交付。在这种交付方式下,货物的交接形态都是整箱交接。

(2)门到场(Door to CY)交接方式。是指运输经营人在发货人的工厂或仓库接受货物,并负责将货物运至卸货港码头堆场或其内陆堆场,在CY处向收货人交付。在这种交接方式下,货物也都是整箱交接。

(3)门到站(Door to CFS)交接方式。是指运输经营人在发货人的工厂或仓库接受货物,并负责将货物运至卸货港码头的集装箱货运站或其在内陆地区的货运站,经拆箱后向各收货人交付。在这种交接方式下,运输经营人一般是以整箱形态接受货物,以拼箱形态交付货物。

(4)场到门(CY to Door)交接方式。是指运输经营人在码头堆场或其内陆堆场接受发货人的货物(整箱货),并负责把货物运至收货人的工厂或仓库向收货人交付(整箱货)。

(5)场到场(CY to CY)交接方式。是指运输经营人在装货港的码头堆场或其内陆堆场接受货物(整箱货),并负责运至卸货港码头堆场或其内陆堆场,在堆场向收货人交付(整箱货)。

(6)场到站(CY to CFS)交接方式。是指运输经营人在装货港的码头堆场或其内陆堆场接受货物(整箱),负责运至卸货港码头集装箱货运站或其在内陆地区的集装箱货运站,一般经拆箱后向收货人交付。

(7)站到门(CFS to Door)交接方式。是指运输经营人在装货港码头的集装箱货运站及其内陆的集装箱货运站接受货物(经拼箱后),负责运至收货人的工厂或仓库交付。在这种交接方式下,运输经营人一般是以拼箱形态接受货物,以整箱形态交付货物。

(8)站到场(CFS to CY)交接方式。是指运输经营人在装货港码头或其内陆的集装箱货运站接受货物(经拼箱后),负责运至卸货港码头或内陆地区的堆场交付。在这种方式下货物的交接形态一般也是以拼箱形态接受货物,以整箱形态交付货物。

（9）站到站（CFS to CFS）交接方式。是指运输经营人在装货港码头或内陆地区的集装箱货运站接受货物（经拼箱后），负责运至卸货港码头或其内陆地区的集装箱货运站，（经拆箱后）向收货人交付。在这种方式下，货物的交接形态一般都是拼箱交接。

以上各种交接方式是集装箱运输中集装箱货物理论上所存在的一些交接方式。实践中海运集装箱货物交接的主要方式为CY/CY，这是班轮公司通常采用的交接方式；CFS/CFS是集拼经营人通常采用的交接方式。

## 项目实施

## 4-1 集装箱出口业务与单证流转

### 一、出口货运的业务流程

在国际贸易中，买卖双方的贸易合同一经订立，就要按照合同组织国际货运。国际集装箱运输是一个有机的系统，在这个系统中除集装箱码头外，还有船公司、船代、货代、外理、集装箱货运站、口岸监管部门以及银行、保险公司等，只有各方共同参与和配合，才能保证出口货运工作的顺利开展。下面以CY-CY为例，简要介绍集装箱出口货运业务流程（图4-1）。

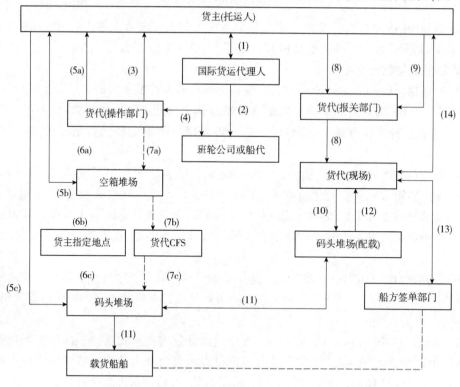

图4-1 集装箱整箱货出口货运代理业务流程

**1.订舱托运**

发货人按照合同规定的交货期，根据集装箱班轮公司公布的船期表，选择合适的船名航次,向船公司或船代订舱托运。

### 2.接受托运申请

船公司或其代理人在决定是否接受发货人的托运申请时,首先要考虑其航线、船舶、运输条件、港口条件、运输时间等方面能否满足发货人的要求。一旦接受托运申请后,应着手编制订舱清单,然后分送集装箱货运站、集装箱码头,据以办理空箱及货物交接。

### 3.申请空箱

目前的集装箱绝大多数为船东箱,因此发货人在完成订舱托运后,通常要向船公司或船代申请空箱,以装箱出运。后者根据订舱资料,签发集装箱空箱发放凭证交发货人。

### 4.装箱

发货人提运空箱至装箱点,负责装箱、填制装箱单,并加海关封志。

### 5.重箱进场

通常在集装箱码头指定的集港时间内,发货人负责将出口重箱送入集装箱码头堆场。

### 6.出口报关报检

发货人负责向海关和出入境检验检疫机构申请报关和检验。集装箱运输条件下,发货人应同时对出口货物和集装箱一起向监管机构申报。

### 7.装船

集装箱码头根据集装箱船舶配载图组织实施装船工作。装船时,由外轮理货公司代表承运人理箱并与码头在船边进行集装箱交接。

### 8.签发提单

出口重箱装船开航后,发货人向船公司或船代领取提单,后者审核无误、结清运费和其他费用后,签发提单交发货人。

### 9.结汇

发货人凭提单和其他货运单证向议付行结汇,收取货款。

## 二、集装箱码头的出口业务

### (一)出口准备工作

为使集装箱码头出口业务有条不紊地进行,集装箱码头在出口前要作大量细致的准备工作,主要有接收出口货运资料和编制出口作业计划两大部分。

#### 1.接收出口货运资料

通常集装箱码头在实施装船作业以前,要求船公司或船代提供以下集装箱出口资料:

(1)船期预报和确报。在远洋运输中,由于海运的一些不可预见因素,在船舶到港前船公司或者船代应定期向码头发送船期报告,以便集装箱码头根据船期预先作好各项准备工作。

(2)预配清单。预配清单也称订舱清单,是船公司或船代根据订舱资料按船名航次汇总编制的一份集装箱出口货运清单,主要供集装箱码头掌握该船名航次出口箱的总体情况。

(3)预配船图。预配船图是船公司或船代根据订舱资料、船舶规范以及沿航线挂靠港的装卸箱计划而编制的船图,它是集装箱码头编制配载图的重要依据之一。

#### 2.编制出口作业计划

集装箱码头为有效地组织生产,需要编制的作业计划较多,功能也各不相同。按时间分,有年度计划、月度计划、昼夜计划;按作业类型分,有船舶计划、堆场计划、装拆箱计划等。这里只介绍两个重要作业计划。

(1)船舶计划。由于集装箱码头是围绕船舶开展业务的,因此,船舶计划是集装箱码头作业计划中的核心计划。船舶计划通常为昼夜24h计划,故也称船舶昼夜作业计划(图4-2)。它是根据船公司或船代提供的船期报告并结合码头泊位营运的具体情况而编制的,它规定了每一艘船舶停靠的泊位、靠泊时间和作业任务以及开工时间、作业要求、完工时间和离泊时间等内容,并将作业任务分解到昼夜各个工班。船舶计划的编制应充分发挥码头泊位及其装卸桥的作用,保证各艘船舶有序地靠泊、作业和离泊,同时还应结合堆场计划合理调整后才能确定。

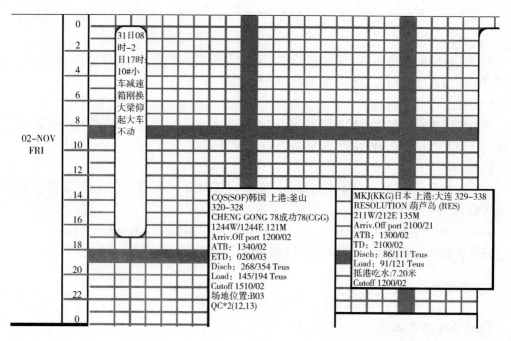

图4-2 集装箱码头船舶昼夜作业计划

(2)堆场计划。出口堆场计划是根据船名航次出口箱预到资料并结合堆场使用状况而编制的出口箱在堆场的堆存计划。为保证出口箱顺利装船,充分利用堆场容量,减少翻箱率,出口箱在堆场通常按"四分开"原则堆放。同时,堆场计划的编制还要综合考虑堆场的使用情况,如其他船舶的集装箱进场作业、已卸船进口箱的提运作业和归并转作业,力求减少各种堆场作业的相互影响。堆场计划应结合船舶计划编制,力求保证这两个计划的协调性。

#### (二)重箱进场

发货人装箱、计数、施封后,在装船前码头规定的集港时间内可拖重箱进入集装箱码头。集装箱卡车司机向码头检查口提交装箱单、设备交接单,办理重箱进场手续后,将重箱送入码头堆场指定的箱区(表4-1)。

项目四 海运集装箱运输组织

集 港 计 划 表  表 4-1

| 序号 | 中文船名 | 英文船名 | 船名代码 | 航次 | 收箱时间 |
|---|---|---|---|---|---|
| 1 | 海丰联福 | HALCYON | HLO | 1259E | 0230/01—2200/02 |
| 2 | 恒裕 | HENG YU | HGY | 1244E | 0400/02—1700/02 |
| 3 | 中外运名古屋 | SINOTRANS NAGOYA | SNG | 1243E | 0230/01—2200/02 |
| 4 | 海丰联茂 | FORMOSA CONTAINER NO.4 | FRM | 1245E | 0200/01—2200/02 |
| 5 | 中通名古屋 | ANNA LISA | AIS | 1245E | 0300/01—1800/02 |
| 6 | 中外运神户 | REFLECTION | RET | 1235E | 0200/01—2200/02 |

**(三)编制配载图、装船顺序单**

1.配载图

配载图是集装箱码头根据船公司或船代的预配图,并按照船舶既定的技术规范和码头作业特点而编制的航次出口箱在船舶上的具体箱位的计划。配载图应满足船舶安全和货物安全要求,同时也要兼顾码头作业要求,从而更好地保证船期,充分发挥码头的作业效率。

2.装船顺序单

装船顺序单是已进场并通过报关的航次出口箱的汇总表,包括箱号、尺寸、箱型、状态、箱重、卸货港以及堆场箱位等内容,并列明了本船名航次所有准备装船出口集装箱的情况,主要用于堆场发箱和岸边装船。

**(四)装船**

在制订好各项作业计划、配备好机械和人员后,码头按船舶计划要求开工装船。装船作业由控制室依据船舶计划、配载图、装船顺序单等作业资料,有序地指令堆场发箱、集装箱卡车运输、岸边装船,并对整个装船作业进行监控和协调。在装船作业过程中,由外理代表船方理箱,并与港方进行集装箱的交接,如有异常,则如实填制残损记录,双方共同签字,以明确责任。

**(五)装船结束工作**

装船结束后,集装箱码头还要按装船作业的实际情况,编制一系列单证,主要有:

1.装船作业签证

装船作业签证是集装箱码头完成装船作业后签发的一份向船方收取费用的凭证,包括船名航次、靠泊时间、离泊时间、开工时间、完工时间等内容,并详细列明该航次装船集装箱的数量、尺寸、箱型、危险品箱、特种箱以及开关舱盖板的块数,如系非港方原因造成的翻装,则记明翻装的箱数、箱型、尺寸及翻装次数。装船作业签证由船舶指挥员签发,要求仔细核对,如实填写,并与大副共同审核无误后,双方在装船作业签证上签字,作为向船方结算装船费用的原始凭证。

2.出口单船小结

出口单船小结是装船结束后根据该船名航次实际装船集装箱情况而编制的汇总表,主要内容有船名航次、靠泊时间、离泊时间等,并详细列明装船集装箱总数及其分类箱数。出口单船小结是集装箱码头统计装卸业务量的凭证,也是重要的备查资料。

### 3.船舶离港报告

船舶离港报告是装船工作结束后有关该船名航次作业情况的报告,包括船名航次、靠泊时间、离泊时间、装卸时间、装卸箱量、作业时间等内容,它是提供给船代以掌握船舶动态情况的单证。

## 三、集装箱出口业务主要单证

### 1.订舱单

订舱单(Booking Note),全称订舱委托书,是承运人或其代理人在接受发货人或货物托运人的订舱时,根据发货人的口头或书面申请货物托运的情况据以安排集装箱货物运输而制订的单证。

订舱单的主要内容有(表4-2):

订 舱 单 样 本 表4-2

| Shipper(发货人) | | | | | |
|---|---|---|---|---|---|
| Consignee(收货人) | | | | D/R No.编号 | |
| Notify Party(通知人) | | | | 集装箱货物托运单 | |
| Pre-Carriage(前程运输) | | Place of Receipt(收货地点) | | | |
| Ocean Vessel(船名) | Voy. NO.(航次) | | Port of Loading(装货港) | 船代留底 | |
| Port of Discharge(卸货港) | | Place of Delivery(交货地点) | | | |
| Container NO.(集装箱号) | Seal No. Marks&Nos(封志号)(唛头) | No. of containers or Pkgs(箱数或件数) | Kinds of Packages Description of Goods(包装种类与货名) | Final Destination for the Merchant is Reference | |
| | | | | Gross Weight(毛重) | Measurement(尺码) |
| TOTAL NUMBER OF CONTAINERS OR PACKAGES(IN WORDS)集装箱数或件数合计(大写) | | | | | |
| FREIGHT & CHARGES(运费与附加费) | Revenue Tons(运费吨) | Rate(费率) | Per(每) | Prepaid(运费预付) | Collect(运费到付) |
| Ex Rate(汇率) | Prepaid at(预付地点) | Payable at(到付地点) | | Place of Issue(签发地点) | |
| | Total Prepaid(预付总额) | No.of Original B/L(正本提单份数) | | | |
| | Service Type on Receiving □—CY,□—CFS,□—DOOR | | Service Type on Delivery □—CY,□—CFS,□—DOOR | Reefer Temperature Required | |
| | | | | ℉ | ℃ |
| Type of Goods | □Ordinary □Reefer □Dangerous □Auto | | 危险品 | Class Property IMDG Code Page UN NO. | |
| | □Liquid □Live Animal □Bulk □_____ | | | | |
| 可否转船 | | 可否分批 | | | |
| 装期 | | 效期 | | | |
| 金额 | | | | | |
| 制单日期 | | | | | |

(1)托运人名称、收货人名称。
(2)货名、件数、包装式样、标志、重量、尺码。
(3)目的港或目的地。
(4)装运期限。
(5)结汇期限。
(6)能否分批运输、转船运输。
(7)对签发提单的要求。

订舱单是承运货物,安排运输和制作舱单的依据,各项内容必须认真填写。货物的各项资料:唛头、件数、货名、重量、尺码等必须填全;运费预付、到付栏不填的,实践中通常按预付处理;运输条款不填的,一般视作CY-CY条款,是否中转及中转港口栏也必须填写清楚。因订舱单填写错误或资料不全引起的货物不能及时出运,运错目的地,舱单制作错误,不能提货等而产生的一切责任、风险、纠纷、费用等概由托运人承担。

2.装箱单

集装箱装箱单(Container Load Plan)是详细记载每一个集装箱内所装货物名称、数量、尺码、重量、标志和箱内货物积载情况的单证,对于特殊货物还应加注特定要求,比如对冷藏货物要注明对箱内温度的要求等。集装箱货运站装箱时由装箱的货运站缮制;由发货人装箱时,由发货人或其代理人的装箱货运站缮制。装箱单是集装箱运输的辅助货物舱单,作用主要有(表4-3):

(1)作为发货人、集装箱货运站与集装箱码头堆场之间货物的交接单证;
(2)作为向船方通知集装箱内所装货物的明细表;
(3)所记载的货物与集装箱的总重量是计算船舶吃水差、稳性的基本数据;
(4)是集装箱装、卸港编制装、卸船计划的依据;
(5)是向海关申报货物出口的单据,也是集装箱船舶进出口报关时向海关提交的载货清单的补充资料;
(6)在卸货地是办理集装箱保税运输和拆箱作业的重要单证;
(7)当发生货损时,是处理索赔事故的原始单据之一。

集装箱装箱单每个集装箱一份,一式五联,其中:码头、船代、承运人各一联,发货人、装箱人两联。

发货人或货运站将货物装箱,缮制装箱单一式五联后,连同装箱货物一起送至集装箱堆场。集装箱堆场的业务人员在五联单上签收后,留下码头联、船代联和承运人联,将发货人、装箱人联退还给送交集装箱的发货人或集装箱货运站。发货人或集装箱货运站除自留一份备查外,将另一份寄交给收货人或卸港船的集装箱货运站,供拆箱时使用。

对于集装箱堆场留下的三联装箱单,除自留码头联据此编制装船计划外,还须将船代联及承运人联分送船舶代理人和船公司,据此缮制积载计划和处理货运事故。

## 装箱单样本

表4-3

### CONTAINER LOAD PLAN 装箱单

Packer's Copy

| Reefer Temperature Required 冷藏温度 | | | | | | | | |
|---|---|---|---|---|---|---|---|---|
| Class 等级 | IMDG Page 危规页码 | UN NO. 联合国编码 | ℃  ℉ Flash point 闪点 | | | | | |
| Ship's Name/Voy NO. 船名/航次 | | | Port of Loading 装货港 | Port of Discharge 卸货港 | Place of Delivery 交货地 | SHIPPER'S / PACKER'S DELARATIONS: We hereby declare that the container has been thoroughly clean without evidence of cargoes of previous shipment prior to vanning and cargoes has been properly stuffed and secured | 发货人/装箱人 ⑤ | 联 |
| Container NO. 箱号 | | | Bill of Lading NO 提单号 | Packages & Packing 件数与包装 | Gross Weight 毛重 | Measurements 尺码 | Description of Goods 货名 | Marks & Numbers 唛头 |
| Seal NO. 封号 | | | | Front 前 | | | | |
| Cont Size 箱型  20' 40' 45' | Cont Type 箱类  GP=普通箱  TK=油罐箱  RF=冷藏箱  PF=平板箱  OT=开顶箱  HC=高箱  FR=框架箱  HT=挂衣箱 | | | | | | | |
| ISO Code For Container Size / Type 箱型/箱类ISO标准代码 | | | | Door 门 | | | | |
| Packer's Name / Address 装箱人名称/地址 | | | | | | | | |
| Tel NO 电话号码 | | | | | | | | |
| Packing Date 装箱日期 | | | Received By Drayman 驾驶员签收及车号 | | Total Packages 总件数 | Total Cargo WT 总货重 | Total Meas 总尺码 | Remarks: 备注 |
| Packed By 装箱人签名 | | | Received By Terminals / Date Of Receipt 码头收箱签收和收箱日期 | | | Cont Tare WT 集装箱皮重 | Cgo / cont Total WT 货/箱总重量 | |

## 4-2 集装箱进口业务与单证流转

### 一、进口货运的业务流程

与出口货运业务相同的是,进口货运的业务流程涉及主体众多,流程复杂,下面仍以 CY—CY 交接方式为例,介绍集装箱进口货运流程(图 4-3)。

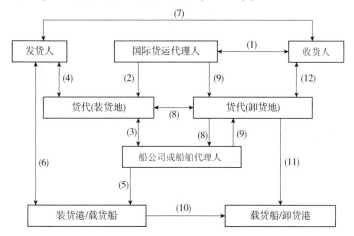

图 4-3 集装箱整箱货进口货运代理业务流程

1. 接收进口货运资料

出口货物在装运港装船开航后,装运港船代根据装船实际情况编制一系列出口货运单证,寄往卸船港船代,使其及时掌握进口货运情况,做好接船接货准备。

2. 发出到货通知书

卸货港船代根据船期,在船舶到港前,根据预到的进口货运资料,按照提单号——编制"到货通知书"寄收货人,使其做好提货准备。

3. 赎取提单

收货人向开证行办妥手续、结清货款及有关费用后,取得提单。

4. 卸船

集装箱码头根据预到的进口船图、进口舱单等资料,制订卸船作业计划,并按计划组织卸船。外理公司代表承运人理箱并与码头在船边进行集装箱交接。

5. 换取提货单

收货人凭"到货通知书"和提单向船代换取提货单。

6. 进口报关报检

收货人凭提货单等单证向口岸监管部门报关检验,海关审核后在提货单上加盖海关放行章,准予进口箱提运。

7. 提运重箱

收货人凭通关的提货单向集装箱码头办理提运重箱手续后,提运重箱出场。

8. 拆箱

收货人拖重箱至拆箱点负责自行拆箱。

9.还空箱

收货人拆箱后,清扫空箱,并在规定的还箱期内拖空箱至指定的还箱点。

## 二、集装箱码头的进口业务

### (一)进口准备工作

与出口业务一样,集装箱码头在实施进口作业前,也要完成一系列的准备工作。

1.接收进口货运资料

在船舶到港前,集装箱码头通常要求船代提供以下单证。

(1)船期预报和确报。这是集装箱码头安排泊位以及卸船作业的重要依据。

(2)进口舱单。进口舱单是按照提单号序列编制的船舶所载进口集装箱详细内容的汇总资料,它是集装箱码头安排卸船作业的重要单证,也是安排收货人提运作业的原始依据。

(3)进口船图。进口船图列明每一只进口集装箱在船上的具体箱位,它也是集装箱码头安排卸船作业的重要单证。

(4)装运港理货报告。装运港理货报告是装运港外理根据装船实际情况编制的一份单证,主要作为港船双方划分原残和工残的原始凭证。

2.编制进口作业计划

(1)船舶计划。由于集装箱船舶靠泊时,通常既有卸船作业,也有装船作业,因此船舶计划通常不分进口与出口,而是同一份计划。

(2)堆场计划。进口堆场计划的编制原则与方法基本上与出口堆场计划相同,其主要依据是进口船图、进口舱单以及集装箱码头堆场可利用情况。此外,除20ft箱和40ft箱分开堆放,普通箱与特种箱、危险品箱分开堆放外,还应将空箱与重箱分开堆放,并尽可能将一票箱量较大的集装箱集中堆放。与出口堆场计划一样,进口堆场计划也应根据船舶计划合理调整,以保证卸船作业的顺利进行。

(3)卸船顺序单。卸船顺序单是依据进口船图和进口舱单编制的,它是列明该船所有进口集装箱情况的汇总表,也是卸船作业的依据之一。

### (二)卸船和理箱

在船舶到港靠泊后应按照各项卸船作业计划,由控制室指挥岸边卸船、水平搬运和堆场堆箱,并对整个作业过程实施实时监控和协调。同时,由外理代表船方理箱,并与港方进行集装箱交接,如有集装箱异常情况,应首先分清原残还是工残,如为工残则如实填写残损记录,双方共同签字以明确责任。

### (三)卸船结束工作

卸船结束后,集装箱码头按卸船作业的实际情况编制单证。

1.卸船作业签证

卸船作业签证是集装箱码头完成卸船作业后签发的一份向船方收取费用的凭证,其内容与装船作业签证相似。同样,卸船作业签证也必须仔细核对,如实填写并与大副共同审核无误后双方签字确认,作为向船方结算卸船费用的原始凭证。

## 2.进口单船小结

进口单船小结是卸船结束后根据该船实际卸箱情况编制的汇总表,其内容与出口单船小结相似,它是集装箱码头统计业务量的凭证,同时也是与船代核对并更改进口舱单的资料。

### (四)提运重箱

根据实际卸船进口集装箱的资料,集装箱码头编制进口集装箱存场动态表后,便可着手进行收货人进口重箱的提运作业。收货人凭办妥清关手续的提货单,通常委托集装箱卡车司机到码头受理台申请提运进口重箱手续。集装箱码头受理台业务人员应验明提货单是否办妥所有进口手续,并按提单号核对进口集装箱舱单信息,在收货人付清有关码头费用后,收下提货单,签发提箱凭证交集装箱卡车司机,并在电脑中作出相应的重箱提运计划。集装箱卡车司机凭提箱凭证、设备交接单在检查口办妥提箱手续后,到指定的堆场箱区提运重箱。

## 三、集装箱进口业务主要单证

进口五联单分别是:到货通知书联、提货单联、费用账单联(两联)和交货记录联。在实际业务中,收货人或其代理人在收到船公司的到货通知书后,凭信用证和相关单证在银行结汇后,赎得提单。收货人向船公司在卸货港的代理人交出正本提单,再由船公司的代理人签发一份提货单给收货人或其代理人,收货人或其代理人再凭提货单到码头提取货物。

### 1.到货通知书

到货通知书(Arrival Notice)是在卸货港的船舶代理人在集装箱卸入集装箱堆场,或移至集装箱货运站,并办好交接准备后,向收货人发出的要求收货人及时提取货物的书面通知(表4-4)。

**到货通知书样本**　　　　　　　　　　　　表4-4

到货通知书

ARRIVAL NOTICE　　　　　　NO.

　　　　　　　　　　　　　　　　　　船档号

您单位下列进口货物已抵港,请速凭正本提单并背书后来我公司办理提货手续。

| 收货人 | 名称 | | 收货人开户银行与账号 | |
| --- | --- | --- | --- | --- |
| | 地址 | | | |
| 船名 | | 航次 | 起运港 | 目的地 |
| 提单号 | | 交付条款 | 到付海运费 | |
| 提货地点 | | 到达日期 | 进库场日期 | 第一程运输 |
| 标记与集装箱号 | 货名 | 集装箱数或件数 | 重量(kg) | 体积(m³) |
| | | | | |

交付收货人

特此通知

　　　　　　　　　　　　　　　　　　　　　　　年 月 日

到货通知书分为集装箱进口货到货通知和件杂货进口货到货通知两类。其中集装箱进口货到货通知是集装箱进口五联货运套单中的第一联。

2.提货单

提货单联是收货人或其代理人据以向码头提取货物的凭证。提货单实质上是进口五联单的第二联,它与提单的性质完全不同,它不具备流通性,不能买卖,它只不过是船公司或船公司的代理人指令码头堆场或仓库向指明的货主交付货物的凭证表(4-5)。

提货单样本　　　　　　　　　　　　　　　　　　　　　　表 4-5

提 货 单

DELIVERY OEDER　　　　　　　　NO.

致:＿＿＿＿＿＿＿＿＿＿＿＿＿＿＿＿港区、场站

收货人:＿＿＿＿＿＿＿＿＿＿＿＿＿＿＿

| 船名 | | 航次 | | 起运港 | | 目的地 | | |
|---|---|---|---|---|---|---|---|---|
| 提单号 | | 交付条款 | | 到付海运费 | | | | |
| 卸货地点 | | 到达日期 | | 进库场日期 | | 第一程运输 | | |
| 标记与集装箱号 | | 货名 | | 集装箱数 | | 件数 | 重量(kg) | 体积(m³) |
| | | | | | | | | |

请核对放货:

提货专用章

凡属法定检验、检疫的进口商品,必须向有关监督机构申报。

| 收货人章 | 海关章 | | |
|---|---|---|---|
| | | | |
| | | | |

集装箱码头与收货人在进行货物交接前,应仔细核查:

(1)单单是否相符(提货单与舱单);

(2)提货单上各项手续是否齐全(特别是海关放行章);

(3)收货人是否已付清有关的费用。

3.费用账单(表 4-6)

4.交货记录(表 4-7)

## 费用账单样本  表4-6

费用账单

NO.

港区、场、站　　　　　　　　　　　　　　　　　船档号

| 收货人 | 名称 | | 收货人开户银行与账号 | |
| --- | --- | --- | --- | --- |
| | 地址 | | | |

| 船名 | | 航次 | | 起运港 | | | 目的地 | |
| --- | --- | --- | --- | --- | --- | --- | --- | --- |
| 提单号 | | 交付条款 | | | 到付海运费 | | | |
| 卸货地点 | | 到达日期 | | 进库场日期 | | 第一程运输 | | |

| 标记与集装箱号 | 货名 | 集装箱数或件数 | 重量(kg) | 体积(m³) |
| --- | --- | --- | --- | --- |
| | | | | |
| | | | | |
| | | | | |

| 费用名称 | 计费吨 | 单价 | 金额 | 计费吨 | 单价 | 金额 | | |
| --- | --- | --- | --- | --- | --- | --- | --- | --- |
| 港务费 | | | | | | | 收货人章 | |
| 港建费 | | | | | | | | |
| 堆存费 | | | | | | | 收款单位财务章 | |
| | | | | | | | | |
| | | | | | | | | |
| | | | | | | | | |
| 装卸费 | | | | | | | 港区、场、站受理章 | |
| | | | | | | | | |
| | | | | | | | | |
| | | | | | | | 核算章 | 复核章 |
| 其他 | | | | | | | | |
| 合计 | | | | | | | 开单日期 | |

交 货 记 录 样 本  表 4-7
交货记录

港区、场、站　　　　　　　　　　　NO.
　　　　　　　　　　　　　　　　　船档号

| 收货人 | 名称 | | 收货人开户银行与账号 | | |
|---|---|---|---|---|---|
| | 地址 | | | | |
| 船名 | | 航次 | 起运港 | | 目的地 |
| 提单号 | | 交付条款 | 到付海运费 | | |
| 提货地点 | | 到达日期 | 进库场日期 | | 第一程运输 |
| 标记与集装箱号 | | 货名 | 集装箱数或件数 | 重量(kg) | 体积(m³) |
| | | | | | |

交货记录

| 日期 | 货名或集装箱号 | 出库数量 | | | 操作过程 | 尚存数 | | 经手人签名 | |
|---|---|---|---|---|---|---|---|---|---|
| | | 件数 | 包装 | 重量 | | 件数 | 重量 | 发货员 | 提货人 |
| | | | | | | | | | |
| | | | | | | | | | |
| | | | | | | | | | |
| | | | | | | | | | |
| | | | | | | | | | |
| | | | | | | | | | |
| | | | | | | | | | |
| | | | | | | | | | |
| | | | | | | | | 收货人章 | 港区场站章 |
| 备注 | | | | | | | | | |

【复习思考题】

一、填空

1.集装箱货物交接场所有（　　）、（　　）、（　　）三处。

2.集装箱货物的交接类型有（　　）和（　　）两种,交接方式有（　　）种,最常见的交接方式是（　　）,最具优越性和发展前景的交接方式是（　　）。

3.进口整箱货提箱地点在（　　），进口拼箱货提货地点在（　　）。
4.专用于进口的主要单证有（　　）、（　　）。
5.进口整箱货提箱时收货人需检查（　　）是否正确与（　　）是否完好。
6.进口箱收货人凭（　　）在船公司换单。
7.进口箱海关放行章盖在（　　）上。
8.进口提箱用设备交接单分（　　）和（　　）两种,各一式（　　）联。
9.进口箱到货通知由（　　）发出。
10.FCL 由（　　）负责装箱,（　　）负责施封,（　　）制作装箱单。
11.LCL 由（　　）负责装箱,（　　）负责施封,（　　）制作装箱单。

二、翻译

整箱货　拼箱货　提货单　B/L　CLP　D/O　EIR

# 项目五　集装箱码头认知

**知识要点**

1. 集装箱码头功能及布局；
2. 集装箱码头主要作业机械。

**项目任务**

集装箱码头箱务管理。

**项目准备**

1. 场地、工具准备：港口生产实境实训室、港口沙盘、集装箱码头操作系统实训室；
2. 人员安排：学生按操作规程要求利用港口沙盘模拟集装箱码头堆场堆存作业及特殊箱务管理操作；学生在集装箱码头操作系统中编制进口发箱及出口收箱计划。

**相关理论知识**

## Ⅰ　集装箱码头功能及布局

### 一、集装箱码头的功能

在现代集装箱运输中，集装箱码头是一个极其重要的节点。随着现代物流的发展，集装箱码头又成为商品流、资金流和信息流的汇集地，成为现代物流的重要平台。在传统的运输中，集装箱码头只是供集装箱船舶停靠和装卸作业的场所，在现代物流链中，集装箱码头被赋予了更多的功能。

（1）集装箱码头是海运与陆运的连接点，是海陆多式联运的枢纽。现代运输中，海运占有75%以上的份额，国际集装箱运输都是以海运为中心，通过码头这一连接点，将海运与两端的陆运连接起来，并通过内陆运输，实现货物从发货人直至收货人的运输过程。在集装箱多式联运中，绝大部分是海陆多式联运，集装箱码头不仅是海上运输和陆上运输的连接点，同时，与运输有关的货物、单证、信息以及集拼、分拨、转运、存储等业务管理也在集装箱码头交叉、汇集，从而使集装箱码头成为多式联运的枢纽。

（2）集装箱码头是换装转运的中心。随着集装箱船舶的大型化，国际集装箱海运格局发生了根本的变化，从原来单一的港—港运输转变为干线与支线相结合、以枢纽港中转为中心的运输，形成了"中心—辐射"的新运输格局。在这一新运输格局中，集装箱码头，尤其是处于重要地位的大型国际集装箱码头成为不同区域的国际货物转运中心,通过集装箱码头的装卸转运,把干线与支线有机地结合起来,从而实现大型集装箱船舶的规模效益,实现货物从始发港到目的港的快速运输。

(3)集装箱码头是物流链中的重要环节。现代物流把运输和与运输相关的作业构成一个从生产起点到消费终点的物流链,在这个物流链中,力求在全球寻求最佳的结合点,使综合成本最低、流通时间最短、服务质量最高。由于集装箱码头不可替代的重要地位和作用,它已成为现代物流中重要的环节,并为物流的运作提供了一个良好的平台。国内外的大型港口纷纷进军现代物流业,说明了现代物流已赋予了集装箱码头新的功能,也为现代集装箱码头提供了更大的发展空间。

## 二、集装箱码头的特点和基本要求

### (一)集装箱码头的特点

1. 码头作业的机械化、高效化

现代集装箱码头无论是岸边装卸、还是水平搬运以及堆场堆垛等作业均已全部实现机械化,采用先进的大型集装箱专用机械设备,进行快速、高效、连续地作业。随着装卸机械和装卸工艺的不断改进,集装箱码头的装卸效率仍可进一步提高。

2. 码头生产管理的计算机化、信息化

随着计算机技术和通讯技术的快速发展,集装箱码头在生产作业管理中,大多已实现计算机管理。采用先进的计算机生产管理系统,对集装箱码头各项生产作业进行有效的组织、计划、指挥、控制,大大提高了作业效率,避免了复杂和重复的人工作业。与此同时,借助Internet网络,EDI技术也被广泛应用于集装箱码头,即在集装箱码头的计算机生产管理系统中,通过EDI与货主、货代、船公司、船代、外理以及海关等口岸管理机构实现快速而高效的信息沟通和信息交换,一些重要的运输单证,如舱单、船图、装箱单等已实现无纸化。码头生产管理的另一个趋势是智能化和自动化,国内外一些先进的集装箱码头,如上海、鹿特丹、新加坡等,已实现了堆场作业和检查口作业的自动化。

3. 码头设施的大型化、深水化

随着集装箱船舶的大型化,集装箱码头,尤其是大型集装箱码头纷纷改建、扩建和新建泊位,以接纳更大的集装箱船舶靠泊和装卸。预计2017年底洋山深水港四期工程即将开港试运行,届时拥有7个大型深水泊位的洋山港四期将成为世界最大的自动化集装箱码头。洋山深水港分四期建设,是世界最大的海岛型人工深水港,也是建设上海国际航运中心的战略和枢纽型工程。洋山港全面建成后,将助推上海港年集装箱吞吐量突破4000万TEU(标准箱),这个数字超过了美国九大港口的吞吐总量,也是目前全球港口年吞吐量的十分之一。洋山港工程一至三期工程现已完工,共有16个7~15万吨级深水集装箱泊位,累计建成集装箱深水港码头岸线5.6公里、集装箱堆场8平方公里,释放出年集装箱吞吐量超过1500万TEU的生产能力,为上海港连续多年雄踞全球集装箱第一大港提供了最为坚定的支撑。

### (二)集装箱码头的基本要求

1. 具有供集装箱船舶安全进出港的水域和方便装卸的泊位

集装箱船进出港的水域包括航道、掉头区、锚地等,水域不仅要求足够的水深,同时要求足够的宽度或面积,以供集装箱船安全进出港。集装箱码头的泊位是集装箱船舶停靠和作业的主要场所,泊位水深应能满足挂靠的最大集装箱船的吃水要求。泊位的总长应能满足各航线集装箱船的挂靠频率,同时,每一泊位的长度也应视集装箱船舶的大小而定。

2.具有一定数量技术性能良好的集装箱专用机械设备

目前我国集装箱码头绝大多数采用集装箱装卸桥龙门吊装卸工艺系统,该工艺系统也为世界各国大多数集装箱码头所采用。这种装卸工艺系统各机种的分工配合是:由集装箱装卸桥承担岸边船舶的集装箱装卸,由集装箱牵引车承担岸边到堆场的集装箱水平搬运,由龙门吊承担堆场集装箱的堆取和搬移。集装箱码头不仅要配备数量足够、技术性能良好的集装箱专用机械,还应满足这三个主要作业环节的能力配比,以保证码头作业连续、高效地进行。

3.具有相应规模的堆场和必要的堆场设施

堆场占有集装箱码头主要面积,这是因为堆场在集装箱码头有着十分重要的作用:供出口集装箱暂时堆存,以便发货人报关和码头配载后装船出运;供进口集装箱暂时堆放,以便收货人报关后提运;此外,堆场也是对所有进入码头的集装箱进行调度管理的作业场所。随着集装箱船舶的大型化和集装箱码头作业的高效化,对堆场的面积要求也更高。例如一个350m 的标准泊位,其面积要求大致为 350m×500m = 175000m$^2$。除足够的堆场面积外,集装箱码头还要为堆场作业配备必要的设施,如集装箱牵引车道路、龙门吊行走线路及跨箱区作业转换地点、夜间作业的照明设施、冷藏箱区的供电系统、危险品箱的喷淋降温设备以及洗箱、熏箱的排污系统等。

4.具有必要的装拆箱设备和能力

目前,我国集装箱运输中绝大部分采用 CY—CY 交接方式,这使得集装箱码头的装拆箱功能被弱化,但由于运输服务的多样化以及国际商品的小批量、多品种化,CFS—CFS 交接方式仍不断出现,特别是一些货主要求码头代装箱、代拆箱,集装箱码头仍应保留必要的装拆箱的设施和能力,以满足集装箱运输市场的要求。装拆箱的设施主要包括货物仓库、装拆箱作业堆场和装拆箱作业机械等。

5.具有完善的计算机生产管理系统

集装箱码头机械化、高效化、大规模的作业特点,必须配备与之相适应的完善的计算机生产管理系统,采用先进的管理手段和管理方法,充分发挥集装箱码头的最佳效益,同时为货主、船公司提供良好、及时和周到的服务。现代集装箱码头无一例外地将计算机生产管理系统作为码头建设的重点,其核心是在满足当前生产需要的前提下,根据国际集装箱运输发展新趋势、新特点、新工艺、新技术不断提升和完善系统功能。

6.具有通畅的集疏运条件

在集装箱运输系统中,集装箱码头处于一个重要节点的位置,通过这个节点完成集装箱从发货地到收货地的运输全过程。因此,集装箱码头除注重提升本身的硬件、软件技术外,还应注重与内陆集疏运联成一个有机系统,通过公路、铁路、内河甚至航空等多种运输方式,把分散在内地各处的集装箱汇集到码头装船出口,同时通过内陆集疏运系统将大量卸下的进口集装箱及时地运送到目的地。从国外先进的集装箱运输经验看,内陆集疏运条件是否良好,是影响集装箱码头发展的一个极其重要的因素。

### 7.具有现代化集装箱运输专业人才

人是生产力中最活跃、最有决定性影响的因素,对现代化集装箱码头更是如此。先进的管理模式和管理手段、高效的集装箱专用机械和设备、科学的作业程序和方法,无一不需要与之相应的现代化集装箱专业人才。没有国际集装箱运箱的专业知识和业务技能,就无法对先进的集装箱运输进行有效的管理,也就不能发挥集装箱码头应有的重要作用。

## 三、集装箱码头的选址条件

集装箱码头的选址是否合理,直接关系到建成投产后集装箱码头的经营效益。在集装箱码头的选址过程中,应仔细考虑以下几方面的条件:

### 1.经济条件

集装箱码头的地点,应该为船公司、港口当局和货主都能接受并从中享受到相应的经济利益。这就要求集装箱码头尽量靠近货物的产地和销售地。一般来讲,集装箱码头的地点应选择在具有广大经济腹地的出海口,以吸引经济圈内的全部进出口货运量,使远洋运输、支线运输及内陆运输全部费用降到最低。由于集装箱运输是高效率的生产活动,这就要求在决定码头位置前,要进行周密的货流调查,以确保大量稳定的货源,这种货源不仅为近期所能实现,而且在将来也能保持相对的稳定。

### 2.地理条件

集装箱码头需要有保管储存集装箱及各种集装箱货物的场地,在将来航线、船只增加时,还要相应地扩建和新建。因此,在选择或建设集装箱码头时,除要考虑近期营运的场地面积外,还要留有扩建的余地,正因为考虑到这一点,现行集装箱码头的形式,多为顺岸式,而较少采用突堤式。

在考虑集装箱码头面积时,除了堆存集装箱所需要的场地面积以外,还应注意到装卸、搬运机械的移动和回转所需要的面积。当然,集装箱码头的地基不能与普通杂货码头的地基一样,它应能较好地承受集装箱的堆存和机械作业时的压力。

### 3.集疏运条件

集装箱运输只有采用海陆或海陆空联运,实现"门—门"运输,才能充分发挥其优越性。要达到这一目的,必须考虑集装箱码头与后方集疏运方式的相互衔接问题。在决定集装箱码头地址时,应该选择公路、铁路与水路比较发达的区段,从而保证大型集装箱船到港后能在短时间内集中和疏散大量的集装箱,缩短其在港时间。

### 4.港口条件

港口条件,主要是指集装箱船出入港口的航道、水深等条件。集装箱专用船是大型的船舶,在选择地点时,要保证集装箱船舶能方便进出,码头水深、航道宽度等都能与集装箱船相适应,最好还能使船舶进出港不受潮水的影响。船舶的大型化给港口条件提出了新的要求,如果港口条件与此不相适应,就会阻碍该港的发展。

### 5.气候条件

为保证集装箱码头上集装箱的保管和堆存的安全性、集装箱船舶靠泊的安全性,避免集装箱及其箱内货物受到损害,在选定集装箱码头地址时,必须详细了解该地区的气候条件,特别是台风和潮汐对码头的影响。因为大风会把堆场上堆层较高的集装箱刮倒而遭致严重损失,而高潮的潮水上岸又会使集装箱浸入海水而使集装箱及箱内货物损坏。因此,码头的地址最好能设在背风隐蔽海湾。

此外,还应考虑该地区季风强度和方向。因为集装箱船是一种受横向风压面积较大的船型,因此应尽量避免码头受横向风袭击。强横风不仅对集装箱船的靠泊作业造成困难,同时还会妨碍岸壁集装箱装卸桥的正常作业。

6.环境条件

现代化的集装箱码头是货物进出繁忙的物流中心,因此要求它所在地区的交通、金融、通信、信息以及服务业等相当的发达,一般都有经济发达的大城市做依托,只有这样才能更好地为货主、船公司服务,更多地吸引货源,多开航线,实现安全快捷、高效益经营的目的。

### 四、集装箱码头的布局和基本组织

集装箱码头是以高度机械化和大规模生产方式作业的,要求有很高的生产作业效率,因此集装箱码头的布局与传统的件杂货码头有着根本的不同。集装箱码头要以船舶作业为核心进行布局,将码头与船舶连接成一个有机整体,从而实现高效的、有条不紊的连续作业。

#### (一)泊位

泊位是供集装箱船舶停靠和作业的场所。泊位的建造因地质和水深的不同,通常有三种形式:顺岸式(图5-1)、突堤式和栈桥式。集装箱码头通常采用顺岸式,其优点是建造成本相对较低,从岸线到堆场距离较近,装卸船作业也较方便,同时对多个泊位的码头来说,还可以因装卸量的不同便于装卸桥在泊位间移动。泊位除足够的水深和岸线长度外,还设系缆桩和橡胶碰垫,由于集装箱船型较大、甲板箱较多、横向受风面积大,因此系缆桩要求有更高的强度,碰垫也多采用性能良好的橡胶制成。

图5-1 顺岸式泊位

#### (二)码头前沿

码头前沿是指泊位岸线至堆场的这部分区域,主要用于布置集装箱装卸桥和集装箱牵引车通道(图5-2)。码头前沿的宽度通常由三个部分组成。

1.从岸线至第一条轨道

这部分的面积主要供船舶系解缆作业、放置舷梯以及设置装卸桥供电系统、船舶供水系统以及照明系统之用,其宽度一般为2~3m。

2.装卸桥轨距

这部分面积主要用于安装集装箱装卸桥和布置集装箱牵引车的车道。轨距视装卸桥的大小而定,一般为15~30m。轨距内的车道宽度视装卸工艺而定,底盘车工艺和龙门吊工艺每车道宽3.5m(2.5m车宽+1m余量),30m轨距可布置7条车道。

3.第二条轨道至堆场的距离

这部分面积是供装卸时辅助作业和车辆进入堆场转90°弯时之用,其宽度一般为10~25m。

图5-2 集装箱码头前沿

(三)堆场

堆场是集装箱码头堆放集装箱的场地,为提高码头作业效率,堆场又可分为前方堆场和后方堆场两个部分(图5-3)。

1.前方堆场

前方堆场是位于码头前沿与后方堆场之间,为加速船舶装卸作业,暂时堆放集装箱的场地。其作用是:当集装箱船到港前,有计划有次序地按积载要求将出口集装箱整齐地集中堆放,卸船时将进口集装箱暂时堆放在码头前方,以加速船舶装卸作业。从一个泊位看,其对应堆场面积应能堆放该泊位停靠最大船舶载箱量的两倍。

2.后方堆场

后方堆场紧靠前方堆场,是码头堆放集装箱的主要部分,用于堆放和保管各种重箱和空箱。按箱务管理和堆场作业要求,后方堆场通常还进一步分为重箱箱区、空箱箱区、冷藏箱箱区、特种箱箱区以及危险品箱箱区等。

图 5-3 集装箱码头堆场

### (四) 检查口

检查口又称闸口,是公路集装箱进出码头的必经之处,也是划分交接双方对集装箱责任的分界点,同时检查口还是处理集装箱进出口有关业务的重要部门,如箱体检验与交接、单证的审核与签发签收、收箱和发箱的堆场位置确定、进出码头集装箱的信息记录等。检查口设在码头的后方靠大门处,按业务需要可分为进场道口和出场道口,其集装箱牵引车车道数视集装箱码头的规模而定(图5-4)。

图 5-4 集装箱码头检查口

### (五) 控制室

控制室又称中控室,是集装箱码头各项生产作业的中枢,集组织、指挥、监督、协调、控制于一体,是集装箱码头重要的业务部门。现代集装箱码头多用计算机生产作业系统进行管理,控制室计算机与各部门、各作业现场以及各装卸搬运机械的计算机终端通过有线或无线

连接,成为码头各项作业信息的汇集和处理中心。

### (六)集装箱货运站

码头的集装箱货运站主要工作是装箱和拆箱,作为集装箱码头的辅助功能,集装箱货运站通常设于码头的后方,靠近码头外交通运输网络的区域,以方便货主的集疏运,同时又不对整个码头的主要作业造成影响。

### (七)维修车间

维修车间是集装箱码头对集装箱专用机械设备以及集装箱进行检修和保养的部门。由于集装箱码头的特点,需要使集装箱专用机械设备经常保持良好的状态,以保证集装箱码头作业效率的充分发挥。

## Ⅱ 集装箱码头主要作业机械

随着集装箱运输的发展,集装箱码头装卸搬运机械亦得到了相应的发展。集装箱的标准化,为港口码头装卸高效率化和自动化提供了良好的条件。集装箱码头的机械设备主要分为码头岸边装卸机械、水平运输机械、场地装卸机械。

岸边装卸机械主要有:集装箱装卸桥、多用途门座起重机等;

水平运输机械主要有:牵引车和挂车;

场地装卸机械主要有:叉车、轮胎式龙门起重机、轨道式龙门起重机、正面吊运机、跨运车。

### 一、岸边装卸机械

#### (一)集装箱装卸桥(Quay Crane)

现代集装箱码头普遍采用岸壁集装箱装卸桥进行船舶的装卸作业。岸壁集装箱装卸桥,简称"集装箱装卸桥"或"桥吊",它是集装箱码头装卸集装箱的专用机械。

集装箱装卸桥沿着与码头岸线平行的轨道行走。它主要由带行走机构的门架、承担臂架机构的拉杆和臂架等几部分组成。臂架又可分为海侧臂架、陆侧臂架以及门中臂架三部分。海侧臂架和陆侧臂架由门中臂架连接。臂架的主要作用是承受装卸桥小车的重量,小车带有升降机构,而升降机构又用来承受集装箱吊具和集装箱的重量。海侧臂架一般设计成为可变幅式,当集装箱装卸桥在移动时,为了船舶或航道的安全,一般将海侧臂架仰起。

1. 集装箱装卸桥型式和在码头上的配备

(1)集装箱装卸桥型式

从框架结构的外形上分,集装箱装卸桥一般可分为:A型(图5-5)和H型(图5-6)两种。两种装卸桥的海侧臂架都可用铰链使悬臂俯仰。A型装卸桥的特点是自重轻,轮压为35t左右,但稳定性差。H型装卸桥的特点是稳定性好,抗风能力强,但自重大,轮压为38吨左右。从发展趋势看,集装箱码头大多采用H型装卸桥。

从臂架起升形式上分,集装箱装卸桥一般又可分为俯仰式(图5-7)和折叠式(图5-8)两种。目前,集装箱码头所用的集装箱装卸桥采用俯仰式较多。

图 5-5　A 型桥吊

图 5-6　H 型桥吊

从配备的小车数量上分,集装箱装卸桥一般又可分为单小车装卸桥(图 5-9)和双小车装卸桥(图 5-10)两种。

(2)集装箱装卸桥在码头上的配备

随着集装箱船舶大型化的发展,标准的集装箱码头泊位的长度也在不断变长,每个泊位装卸桥的配备也不断提高。一个长度为 300m 的集装箱船舶泊位,平均配备集装箱装卸桥 2~3 台。通常在一个单独的集装箱泊位,最好需配备 2 台装卸桥。而在连续泊位,为了提高装卸桥的利用率,以及节省码头的设备投资,平均一个泊位配备的装卸桥台数,随连续泊位数的增加而减少,如两个连续泊位一般配备 4 台,三个连续泊位一般配备 5 到 6 台。在集装箱国际枢纽港中超大型集装箱专用码头,一般按每 80~100m 配 1 台装卸桥进行配备。

图 5-7 俯仰式臂架

图 5-8 折叠式臂架

2.集装箱装卸桥的操作过程

以卸船作业为例,集装箱装卸桥的作业过程包括以下几个步骤:

(1)船靠码头前,将装卸桥运行至不影响船舶安全靠泊的安全尺码内。安全尺码一般在船舶靠泊尺码的两端以外,或驾驶台尺码与船头尺码中心位置;

(2)船靠码头后,将装卸桥移至具体的作业舱口位置;

(3)按照装卸顺序,将小车移至船上待卸箱的正上方,放下吊具。卸船顺序一般是从内

集装箱运输组织

图 5-9　单小车桥吊

图 5-10　双小车桥吊

向外,由上到下;装船顺序相反;

(4)吊具上的扭锁装置将集装箱锁定后,吊起船上的集装箱;

(5)小车沿悬臂向陆侧方向移动,将集装箱直接吊至码头前沿等待的水平运输机械上;

(6)松开扭锁装置,吊具与集装箱分离;

(7)吊具起升,小车向海侧方向移动,进入下一个操作。

通常一个循环耗时约 120 秒左右。目前随着集装箱码头专业化的发展,装卸桥的作业效率,越来越被认定为码头管理水平高低和竞争能力大小的重要标志之一。集装箱码头发展初期,装卸桥的作业效率一般为 20Moves/h。目前通过技术改进,装卸桥的作业效率已经达到超过 90Moves/h。

## (二)多用途门座起重机(Multipurpose Gantry Crane)

多用途门座起重机是港口通用件杂货门座起重机的一种变形,它是为了适应船舶混装运输的需要而发展起来的,主要增加了装卸集装箱的功能。和通用门座起重机一样,它一般也是由起升机构、变幅机构、旋转机构和大车行走机构组成。

多用途门座起重机可按不同的需要,配备不同的装卸工具(例如集装箱专用吊具、吊钩、抓斗等),设置相应的附加装置,可进行集装箱、件杂货、重大件、散货的装卸作业。多用途门座起重机是多用途码头的一种理想的作业机型。

多用途门座起重机的工作覆盖面积大,与岸边集装箱装卸桥比,多用途门座起重机的自重较轻,轮压较低。对码头的负荷要求低。集装箱吊具具有自动旋转装置,以保持装卸作业过程中,集装箱的纵轴线与码头岸线平行。它具有吊具水平补偿装置,以保持变幅过程中,吊具与集装箱的水平状态。吊具还装有偏重心调节装置,以防止集装箱偏载所产生的箱体倾斜。

多用途门座起重机的装卸效率很高,在装卸作业时,平均装卸效率可达 18~25TEU/h。多用途门座起重机可方便地变更作业方式以及更换工索。

## 二、水平运输机械

### (一)牵引车(Tractor)

集装箱牵引车又称"拖头"。其本身不具备装货平台,必须和集装箱挂车连接在一起,才能拖带集装箱进行码头内或公路上的运输。

**1.按司机室的型式分类**

牵引车按司机室的型式可分为平头式(Cab over Type)和长头式(Bonnet Type)两种。如图 5-11 所示。

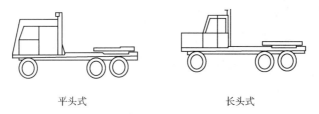

图 5-11 平头式和长头式牵引车

平头式牵引车的优点是:发动机在驾驶室下面,视线好,轴距和车长短,转弯半径小;缺点是:司机室的机械振动感明显,舒适性差。目前是集装箱运输较普遍的司机室的型式。

长头式牵引车的优点是:发动机装在司机室的前面,司机的舒适感和安全性较好,机器的维修和检查也比较方便;缺点是:司机室较长,车的回转半径较大。

**2.按用途分类**

牵引车按用途分类可分为长途公路用车和短途堆场内部用车两种。

长途公路用车的特点是:功率大,速度快,运行性能好,平头驾驶室舒适,一般配有简易床,爬坡性能优。

短途堆场内部用车的特点是：较小的回转半径，操作方便，机动灵活；和挂车连接和摘除方便；司机在驾驶室视野开阔，座位舒适，盲区少，安全性能佳；制动和起动操作多，要有很好的发动机和制动系统。

（二）挂车（Trailer）

挂车又称为"拖车"或"平板"，其本身没有动力，仅仅是一个载箱的平台。随着集装箱运输的发展，其专业化和标准化程度不断提高，出现了各种能满足不同需要的挂车（图5-12）。

（1）按挂车底盘前后车轴的配置不同，可分为：全挂车（Full Trailer）和半挂车（Semi Trailer）。

挂车底盘下前后两端都配有车轴的，称之为"全挂车"，挂车底盘下前端没有车轴，仅后端配有车轴的，称之为"半挂车"。半挂车是集装箱码头堆场普遍采用的挂车，又称之为"底盘车"（Chassis）。

（2）按挂车构成结构的不同，可分为：骨架式挂车（Skeletal）和平台式挂车（Platform）。

挂车只有钢结构骨架，没有铺底板面的，称之为"骨架式挂车"，是集装箱运输的专用设备。它仅由底盘骨架组成，结构简单，重量轻，维修方便，在集装箱运输中得到了广泛的应用。骨架式挂车由于仅由底盘骨架构成，故所载运的集装箱也作为强度构件，加入半挂车的结构中予以考虑。

挂车不仅有钢结构骨架，而且在骨架上铺有底板面的，称之为"平台式挂车"。除有两条承重的主梁外，还有若干横向的支撑梁，这些支撑梁上铺有钢板或木板。在固定集装箱的位置上，按集装箱的尺寸和角件规格，全部安装旋锁件。平板式集装箱半挂车既能装载集装箱，又能装载普通货物。

图5-12 集装箱牵引车和半挂车

### 三、场地装卸机械

（一）叉车（Fork Lift）

集装箱叉车是集装箱码头的常用装卸机械，主要用于吞吐量不大的综合性码头进行集装箱的装卸、堆垛、短距离搬运、车辆的装卸作业,是一种多功能机械,它是从普通的叉车为适应集装箱作业的需要而发展起来的,集装箱叉车有重箱叉(图5-13)和空箱叉(图5-14)两种。

1. 集装箱重箱叉车的性能要求

(1)起重量应保证能装卸所需的各种箱型;
(2)起升高度应符合码头堆垛层数的需要;
(3)内燃机驱动,属流动机械;
(4)伸缩式吊具;
(5)在码头主要用于归垛、并垛、转垛。

2. 集装箱空箱叉车

ISO规定了集装箱的最大总重量(箱重加货重),而集装箱的生产厂家在保证箱强度的前提下,力求减轻集装箱的自重,以增加集装箱的载货量。空箱既可采用顶部起吊方式起吊,也可采用侧面起吊方式起吊,对于带叉槽的20英尺空箱,也可通过货叉插入叉槽举升。

集装箱空箱叉车的性能应符合下列作业的需要:

(1)内燃机驱动,属流动机械;
(2)吊具是专为吊空箱设计的;
(3)可吊空箱行走,绝不可吊重箱;
(4)码头一般用于装卸车和归垛作业。

集装箱叉车虽然有很多优点,如机动灵活、通用性好、应用广泛、性能可靠、造价低廉等,但也有缺点,如作业时回转半径大、堆场面积利用率低、满载时前轴负荷大、轮压大、液压部件较多、维修复杂、集装箱在装卸时的损坏率较高等。

图5-13 重箱叉

图 5-14　空箱叉

### (二)轮胎式龙门起重机(Rubber Tired Gantry)

轮胎式龙门起重机是集装箱码头堆场进行装卸、堆垛作业的专用机械(图 5-15)。轮胎式龙门起重机由前后两片门框和底梁组成门架,支撑在橡胶轮胎上。装有集装箱吊具的行走小车沿着门框横梁上的轨道运行,配合底盘车进行集装箱的堆码和装卸作业。

图 5-15　轮胎式龙门起重机

轮胎式龙门起重机主要特点是机动灵活、通用性强。它不仅能前进、后退,而且还设有转向装置、通过轮子的 90°旋转,能从一个箱区转移到另一个箱区进行作业。

轮胎式龙门起重机的主要参数有起重量、跨距、起升高度、轮压、工作速度等几项。

1.起重量

轮胎式龙门起重机的起重量是根据额定起重量和吊具的自重来确定的。额定起重量一般是按所吊集装箱的最大总重量来确定。

2.跨距

轮胎式龙门起重机的跨距是指两侧行走轮中心线之间的距离。跨距的大小取决于所需跨越的集装箱的列数和底盘车的通道宽度。根据集装箱堆场的布置,通常按跨六列集装箱和一条底盘车道考虑。

3.起升高度

起升高度指吊具底部至地面的垂直距离,它取决于龙门起重机作业的堆码集装箱层数。

如果堆场的集装箱堆高层数为4层,考虑起重机在作业时的方便,吊具需跨过集装箱,故吊具的最低点应大于5层集装箱的高度。

4.工作速度

工作速度的大小一般根据装卸工作周期的要求确定。速度过低,会影响码头堆场的作业进度,但如果速度过高,则会使集装箱摆幅过大,影响作业的安全性。

(三)轨道式龙门起重机(Rail Mounted Gantry)

轨道式龙门起重机是集装箱码头和集装箱中转站堆场进行装卸、搬运和堆码集装箱的专用机械。该机械由两片悬臂的门架组成,两侧门腿用下横梁连接,门架支承在行走台上,并在轨道上运行。轨道式龙门起重机一般比轮胎式龙门起重机大,堆垛层数多。图5-16为轨道式龙门起重机示意图。

图5-16 轨道式龙门起重机

轨道式龙门起重机是沿着场地上铺设的轨道行走的,所以只能限制在所设轨道的某一场地范围内进行作业。轨道式龙门起重机自身定位能力较强,较易实现全自动化装卸,是自动化集装箱码头比较理想的一种机械。

轨道式龙门起重机的主要技术参数有:起重量、跨距、悬臂伸距、起升高度、门框通过宽度和基距、工作速度等项。

1.起重量

轨道式龙门起重机的起重量的确定与轮胎式龙门起重机相似。

## 2.跨距和悬臂伸距

轨道式龙门起重机的跨距是指起重机行走轨道中心线之间的距离。悬对于码头堆场而言,轨道式龙门起重机的跨距并非越大越好,跨距过大会产生下列问题:

(1)跨距过大则相应的起重机的金属结构提高,则堆场的建设规模增大,从而提高了基建费用。

(2)跨距过大则相应的小车行走距离增大,从而增加了装卸的工作周期,降低了装卸效率。

(3)跨距过大则起重机的大车行走不便,行走电机功耗大。

所以,轨道式龙门起重机的跨距一般在 20~60m 的范围之内比较合理。

轨道式龙门起重机的悬臂伸距内,通常通过两条底盘车的作业线或两条铁路线,有时则堆放三列集装箱,在某些场合、为了配合底盘车作业,还要求能将集装箱回旋90°。考虑以上因素,轨道式龙门起重机的悬臂伸距一般为 8~10m。

## 3.起升高度

轨道式龙门起重机的起升高度是指吊具底部平面至地面之间的垂直距离,起升高度与堆场上集装箱的堆放层数有关。轨道式龙门起重机的起升高度一般在 16m 以上。

## 4.门框通过宽度和基距

轨道式龙门起重机的门框通过宽度是指沿起重机轨道线门框通过集装箱的最小宽度。基距是指起重机同一轨道的两个主支承中心线之间的距离。

轨道式龙门起重机的门框内侧须通过40英尺集装箱,故门框的通过宽度一般为 14m。轨道式龙门起重机的基距应考虑起重机的结构强度和稳定性,基距应大于 0.25~0.3 倍的跨距。

## 5.工作速度

轨道式龙门起重机的生产效率应与岸边集装箱装卸桥的生产效率相适应,以保证码头前沿不停顿地进行船舶的装卸作业。轨道式龙门起重机的装卸效率应稍高于岸边集装箱装卸桥的装卸效率。

### (四)正面吊运机(Reach Stacker)

第一台集装箱正面吊运机是由 BELOITI 公司于 1975 年研制成功并投放市场的,是场地作业机械中的一种新机型,见图 5-17。

正面吊运机经过 40 年的发展,其优越性得到了不断认识与提高。其技术和性能也得到了不断发展与提高。

与叉车比较,正面吊运机具有机动性强、稳定性好、轮压较低,堆码层数高、可隔箱作业、场地利用率高等优点。

集装箱正面吊运机主要有以下特点:

(1)有可伸缩和左右旋转 120°的吊具;
(2)具有可带载变幅的伸缩式臂架;
(3)能堆码多层集装箱,并可跨箱作业;
(4)操作安全可靠;
(5)轮压低;
(6)换装吊具后,可进行非集装箱作业。

图 5-17 正面吊运机

**(五)跨运车**(Straddle Carrier)

集装箱跨运车是在 20 世纪 60 年代中期,随着集装箱运输的发展,为了与码头前沿的岸边集装箱起重机相配合,在搬运长大件和钢铁制品的基础上发展起来的。用于集装箱码头、集装箱中转站,从事集装箱的搬运、堆码等工作。如图 5-18 所示。

图 5-18 跨运车

跨运车是以门型车架跨在集装箱上,由吊具的液压升降系统吊起集装箱进行搬运和堆码。它采用旋锁机构与集装箱结合或脱开,吊具能升降,以适应装卸堆码要求,吊具还能侧移、倾斜和微动,以满足箱对位的要求。

1.跨运车在集装箱码头的主要任务

(1)集装箱装卸桥与前方堆场之间的装卸和搬运。

(2)前方堆场与后方堆场之间的装卸和搬运。

(3)对底盘车进行换装。

(4)后方堆场与货运站之间的装卸和搬运。

2.跨运车的特点

(1)跨运车自码头前沿载运集装箱后,可直接运到场地上进行堆垛,不需要其他机械的协助,快速灵活。

(2)由于无须换装,故可节省换装所需的场地。

(3)堆放的高度和宽度有限,适合堆场很大的码头。

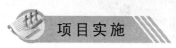

项目实施

## 5-1 集装箱码头箱务管理

集装箱箱务管理是集装箱运输系统中的重要一环,做好箱务管理工作,对提高集装箱运输质量和运输效率都具有重要意义。由于货主使用的绝大部分是船东箱,从船公司角度而言,为了开展集装箱运输,船公司通常需要购置或租赁大量的集装箱,以供货主装货。如以最简单的单船往返航线为例,一艘1000 TEU的船舶要配置三套集装箱,共3000 TEU;如为多船往返的航线,则需备箱量更多。为了加快集装箱的周转,提高集装箱的使用效率,减少集装箱在各港的滞留时间,从而降低集装箱的成本,通常船公司都在各主要地区、主要港口设有或委托箱务管理机构,统一实施对集装箱的调动、备用、发放、收回、保管、维修以及起租和退租等箱务管理业务。

集装箱码头是集装箱运输系统的集结点和枢纽站,通常有大量的集装箱在码头集中、暂存和转运。从船公司的箱务管理角度而言,集装箱码头是整个箱务管理系统中最重要的环节。集装箱码头箱务管理效率的高低,直接关系到船公司的利益性,关系到货主的方便性,同时也关系到集装箱码头本身的作业效率和企业声誉。正因为如此,通常集装箱码头都设有专职的箱管部门和岗位,加强对所有进出码头集装箱的箱务管理。

### 一、集装箱码头堆场管理

集装箱进入码头后,码头就要对集装箱负有保管责任,要及时跟踪和掌握集装箱在堆场的每一次搬移与动向,因此堆场管理与箱务管理密不可分。箱务管理的前提和基础就是堆场管理。堆场管理是集装箱码头生产的一个重要环节,堆场管理效率的高低,直接关系到码头的堆场利用率、翻箱率,同时也影响到装卸船作业效率和船期。

1.堆场的堆箱规则

堆场的堆箱规则主要取决于装卸工艺系统,目前我国绝大部分集装箱码头采用的是装

卸桥轮胎式龙门吊装卸工艺系统,与该工艺系统相应的是六列加一通道堆箱规则,即每个箱区的宽度为6列箱宽再加上一条集装箱卡车车道的宽度;堆高层数视龙门吊的作业高度而定,有堆三过四的,也有堆四过五或堆五过六的,国外有的集装箱码头最大堆高层数已达九层。目前我国沿海港口基本采用堆四过五的堆箱规则(图5-19)。

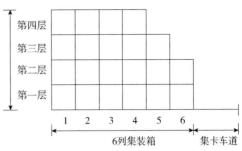

图5-19 集装箱码头堆场的堆箱规则

为了便于箱区的集装箱管理,码头通常还规定了堆场箱位的表示方法,堆场箱位的表示方法目前尚不统一,由各集装箱码头用字母、数字或字母与数字相结合来表示。例如用六位阿拉伯数字表示的堆场箱位,六位数字的头两位表示箱区,其中第一位数字表示对应的泊位,第二位数字表示从海侧开始的箱区排序;中间两位数字表示位,即沿用船箱位BAY的表示方法,分别以奇数表示20ft箱位,偶数表示40ft箱位;最后两位数字的前一个数字表示列,分别用数字1~6表示,最后一个数字表示层,从底层至第四层用1~4表示。例如210533,表示21箱区,05位,第3列,第3层箱位(图5-20)。

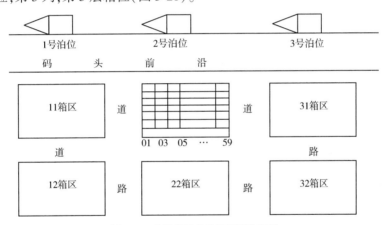

图5-20 集装箱码头堆场场箱位规则

2.堆场的分区

(1)按堆场的前后位置,可分为前方堆场和后方堆场。

(2)按进口和出口业务,可分为进口箱区和出口箱区。

(3)按不同的箱型可分为普通箱区、特种箱区、冷藏箱区和危险品箱区。

(4)按集装箱的空重,可分为空箱区和重箱区。

上述堆场分区一般应根据集装箱码头的堆场容量、作业方式和码头的集装箱容量综合加以应用。

3.出口箱的堆放

集装箱码头通常在装船前开始受理出口重箱进场作业,由于货主重箱进场的随机性与船舶稳性及吃水差既定性的矛盾,必须科学合理地安排出口重箱进场,力求提高堆场利用率,减少翻箱率,保证船舶规范要求和船期。

在安排出口重箱进场时,应满足以下基本要求:

（1）根据船舶计划的靠泊泊位和作业路线，安排进箱时要尽可能靠近船舶靠泊的泊位，避免各路作业的线路交叉、道路拥挤、机械过于集中等不利因素。

（2）根据船舶稳性、吃水差规范要求和沿线船舶靠港作业要求，将不同卸港、不同吨级、不同箱型和不同尺寸的集装箱分开堆放，以便装船作业时按配载图顺次发箱，减少堆场翻箱倒箱。

（3）集装箱码头生产任务繁忙，特别是多船装卸作业与大量进口箱的提箱作业同时进行时，更要从整个码头的作业效率出发统筹兼顾，箱区的安排分配要与船舶泊位、作业路线、作业量以及机械分配等各种因素结合起来，力求最佳的动态平衡。

4.进口箱的堆放

进口箱的堆放要兼顾船舶的卸船作业和货主的提箱作业。

（1）根据船舶计划的靠泊位置和作业路线选择合适的箱区，提高卸船作业效率。

（2）不同属性的箱子分开堆放。重箱与空箱分开堆放、不同尺寸箱子分开堆放、不同箱型分开堆放。应严格做到中转箱堆放于海关确认的中转箱区，冷藏箱堆放于冷藏箱区，特种箱堆放于特种箱区，危险品箱堆放于危险品箱区。此外，对大票箱尽量相对集中堆放，以便在货主提货时充分发挥堆场机械发箱作业效率，对空箱还应按不同持箱人堆放，以便空箱发放或调运。

5.集装箱在堆场的搬移

为了方便堆场作业，提高堆场利用率和机械作业效率，集装箱码头要对堆场上的集装箱进行必要的搬移。

（1）装船结束后退关箱的搬移。出口箱进入码头后，由于报关或船舶超载等原因，会有一些集装箱不能装船出运，造成退关。退关箱滞留在原来的出口箱区内，会影响其他船舶出口箱的进场，因此装船结束后必须将这些退关箱及时核实和处理，或相对集中堆放于原箱区内，或转移到其他箱区。

（2）进口箱集中提运前的搬移。如进口箱堆场安排欠妥或在卸船时无法兼顾，当集装箱码头受理台受理提箱作业后，应将进口箱作适当的搬移，以方便货主提箱，减少等待时间，同时又可充分发挥场堆机械的作业效率。

（3）进口箱提箱作业基本结束后的搬移。收货人在办妥进口清关手续后，通常会在相对集中的几天时间内到码头提运进口重箱，当这一提箱高峰过后，由于少数货主的原因不能及时提箱，使一些集装箱零星地分散在进口箱区中，必须及时进行搬移归并。

（4）空箱的搬移。主要是收货人拆箱后的还空箱，CFS条款拆箱后的空箱归入空箱区以及为满足发货人提箱而对空箱进行必要的搬移。

（5）装船需要的搬移。因船舶稳性、吃水差、卸港顺序等船舶装运的需要，同时为提高码头作业效率、保证班轮船期，而对一些不适合的集装箱进行必要的搬移。

## 二、集装箱码头箱务管理

### （一）空箱管理

1.空箱进场管理

空箱进入集装箱码头有两条途径，一是通过检查口进场，包括收货人拆箱后的还空箱和船公司出口调运的空箱；二是进口空箱卸船进场。空箱进场经过码头检查口时，集装箱卡车司机与检查口人员必须共同检验箱体，如实批注或不批注，双方在设备交接单上签字以划分港内外的责任。进口空箱卸船时,码头验箱员必须与外轮理货员共同检验箱体,如有异常,首先分清原残与工残,如为工残则填制设备交接单或残损报告,双方签字确认。空箱进场时,应按不同的箱型、尺寸分开堆放。同时,对拆箱后还空箱的,一般还要按不同持箱人分开堆放;对船公司调运的空箱,一般还要按船名航次堆放。

2.空箱出场管理

空箱出场也分通过检查口出场和装船出场两条途径,与空箱进场业务一样,空箱出场的交接双方也必须共同检验箱体,并在设备交接单签字确认。

对船公司装船调运的空箱,必须先取得船公司或船代的指令,并按指令的箱量、箱型、尺寸配载后装船发运。

对发货人出口装货而提运空箱,在提运空箱经过检查口时,双方应进行箱体检验和交接。

对船公司提空箱到场外堆场,必须有船公司或船代的指令(空箱提运联系单),然后组织发放空箱。对因检验、清洗、熏蒸、修理等原因的空箱提运,应根据船公司或船代的工作联系单和设备交接单发放空箱并进行箱体检验和交接。

(二)冷藏箱管理

冷藏箱因所装载货物的不同而设有指定的温度,在冷藏箱存放在集装箱码头的整个时间内,必须保证其指定温度要求,从而保证货物不受损坏。

1.出口冷藏箱管理

出口冷藏箱进入码头检查口时,检查口人员除认真检查箱体和冷冻机设备进行交接外,还要认真检查冷藏箱的温度,包括装箱单指定的温度、冷藏箱设定的温度和冷藏箱记录的温度,这三个温度应一致无误。冷藏箱应堆放于冷藏箱区,并由专人负责,在码头堆放期间应使冷冻机按规定温度处于正常工作状态。冷藏箱装船前应检查温度状况,在正常工作状态下切断电源,并卷好电源线和插头,然后按配载图装船出运。

2.进口冷藏箱管理

卸船前先检查冷藏箱制冷温度和箱体状况,如一切正常则切断电源,并卷好电源线和插头,进行卸船。冷藏箱进入冷藏箱区后,接通电源启动开关,使冷冻机按规定温度进入工作状态。冷藏箱出场前应检查温度状况后切断电源,并卷好电源线和插头,然后发箱装车。

(三)危险品箱管理

危险品是指国际危规中列明的危险货物,集装箱码头装卸危险品箱必须事先取得船公司或船代经海事局核准签发的船舶载运危险货物申报单(表5-1),码头根据申报单中列明的危险货物的不同类别实施装卸。同时对属于烈性危险货物的(如国际危规1类爆炸品、2类压缩气体和液化气体、7类放射性物品),通常采取直装直卸方法。

1.出口危险品箱的管理

出口危险品箱进入码头检查口时,集装箱卡车司机除递交装箱单、设备交接单外,还应递交经海事局核准签发的危险货物集装箱装箱证明书(表5-2),双方认真检验箱体和危标,做好交接手续。危险品箱应堆放于危险品专用箱区,并由专职人员管理。危险品箱区要有明显的警告标志,并有与其他箱区的隔离设施以及防护设备。对进入该箱区的危险品箱,还应按国际危规的隔离要求堆放,并做好有关记录。危险品箱装运时,装卸机械设备必须处于良好状态,并有适当的功率储备,然后按配载图或船方要求谨慎装船。

表 5-1

## 船舶运载危险货物申报单
### 船舶载运污染危害性货物申报单
### Declaration Form Hazardous Goods Carried By Ship
（包装/固体散装污染危害性货物）
（Packaged/Solid in Bulk）

| 船　名:南鸿×××<br>Ship's name: | 航　次:××××××××<br>Voyage No: | | 进港 ☐<br>Arrival | 出港 ☑<br>Departure | | 抵港时间:20××年××月××日<br>Time of Arrival: | |
|---|---|---|---|---|---|---|---|
| 国　籍:中国<br>Nationality: | 经营人:中海××公司<br>Manager: | | | | | 装货时间:20××年××月××日<br>Time of Loading: | |
| 货物正确运输名称<br>Proper Shipping Name of the Goods | 类别/性质<br>Class/Property | 危规编号<br>UN No. | 装运形式<br>Means of Transport | 件　数<br>Number of Packages | 总重量<br>Weight in Total | 卸货港<br>Port of Discharging | 装载位置<br>Location of Stowage | 备注<br>Remarks |
| 四氯化硅<br>SILILON TETRALHL ORIDE | 8类 | 1818 | 集装箱 | 2个罐柜 | 43.95吨 | 海口港 | 一舱底层<br>箱号：<br>TCVU8910958<br>TCVU8910957 | 主管机关签证栏<br>Remarks by the Administration |

兹声明根据船舶船舶装载污染危害性货物管理安全和防污染规定,本轮具备装载上述货物的适装条件,货物配装符合要求,货物资料齐全。申报内容正确无误。
I hereby declare that, in accordance with the provisions of the safe transportation of dangerous goods by ships and pollution prevention, the ship has met the requirements of fitness for carrying the above declared goods; Cargo stowage is properly planned according to the requirements; The documentation of the cargo is complete and the contents of the declaration are true and correct.

附送以下单证,资料:货物理化性质,货物积载图,舱单,船舶危险品适装证书,船舶适航证书
The following documents and information are submitted in addition.

作业泊位:海口港××号泊位
Berth:

始发港:香港
Port of Departure:

船舶/代理人(盖章):海南××船务有限公司
Ship/Agent(Seal):
日期:20××年××月××日
Date:

船长/申报人:张三
Master/declarer:
船长证书编号/申报人员培训备案编号: ××××××
Certificate No:10023(S)
紧急联系人姓名,电话,传真,电子邮箱:张三　×××××××
Emergency Contact Person's Name, Tel, Fax and E-mail:

此申报单一式三份,其中两份由申报人留持和分送港口作业部门,一份留主管机关存查。
This declaration should be made in tripartite, one is kept by the Administration for file, and two for the declarer and port operator respectively.

集装箱装运危险货物装箱证明书　　　　　　　　　　表 5-2

| 船名<br>Ship's Name | | 航次<br>Voyage No | | 目的港<br>Port of Destination | | |
|---|---|---|---|---|---|---|
| 集装箱编号<br>Container Serial No. | | | | | | |
| 箱内所装危险货物<br>Dangerous Goods Packed Therein | | | | | | |
| 品名<br>Proper Shipping Name | 联合国编号<br>UN NO. | 危险货物类别<br>IMDG Code Class | 包装<br>Packing | 件数<br>Package Quantity | 箱数<br>Total of Container | 总重<br>Total Weight |
| | | | | | | |
| | | | | | | |

2.进口危险品箱的管理

进口危险品箱管理与出口业务基本相似,所不同的是业务流程与其相反。需要强调的是,集装箱码头应根据本身实际情况制定严格的危险品箱管理制度,并设专人管理。

（四）特种箱管理

对于开顶箱、框架箱、平台箱、罐状箱、通风箱等特种箱必须堆放于特种箱区。对四超箱（超高、超长、超宽、超重）通常限于堆放一层高,并采用相应的特种箱操作工艺作业,如高架排装卸工艺、钢丝绳底角件吊装工艺、货物拆箱分体装卸工艺等。

【复习思考题】

一、填空

1.集装箱码头的泊位有（　　）式、（　　）式、（　　）式,其中最为常见的是（　　）式。
2.泊位设施主要有（　　）和（　　）。
3.最常见的集装箱码头装卸工艺是（　　）装卸工艺。
4.码头前方堆场主要用于堆放（　　）和（　　）。

二、问答

1.集装箱码头的布局由哪几部分组成?
2.集装箱码头冷藏箱管理规则有哪些?

# 项目六　集装箱码头生产组织

**知识要点**

集装箱码头生产组织概述。

**项目任务**

1. 控制室业务操作;
2. 船舶指挥员业务操作;
3. 检查口业务操作;
4. 货运站业务操作。

**项目准备**

1. 场地、工具准备:港口生产实境实训室、集装箱码头操作系统实训室、集装箱场站操作系统实训室;
2. 人员安排:学生按流程岗位分组(船舶控制员、堆场控制员、船舶指挥员、检查口单证员、货运站理货员、集卡司机等),演练集装箱码头生产组织流程;学生在集装箱码头完成控制室作业指令发送、检查口收发箱操作;学生在集装箱场站操作系统中完成拆装箱报表填制。

**相关理论知识**

## Ⅰ　集装箱码头生产组织概述

### 一、控制室业务

#### (一)控制室的作用

现代集装箱码头使用大型化、专业化的机械设备,采用先进的技术,实行大规模生产作业,这就需要有一个部门对集装箱码头生产全过程实行统一的管理和指挥,从而实现集装箱码头作业的高效率和连续性,这个部门就是控制室。同时,集装箱码头编制各项生产作业计划时,是根据货运资料预先编制的,而在实际作业中由于各种因素的影响,一些变化量是无法估计到的,这就需要在实施作业计划时,由控制室根据具体情况及时加以协调和平衡,从而保证生产作业计划的顺利完成。

集装箱码头控制室是执行生产作业计划的关键部门,它的主要作用就是依据生产作业计划,对码头的各项生产作业进行组织、指挥、监督、协调、平衡,充分发挥码头各生产要素的作用,在安全优质的基础上,使码头各项生产作业协调、连续、高效地进行。

**(二)控制室的职责**

(1)以昼夜生产作业计划为主要依据,统一安排和调动全码头劳动力、机械、泊位、堆场等生产要素,努力提高作业效率。

(2)组织实施各项作业计划,统一指挥全码头各项生产作业,并与港外有关单位协调,预先控制和及时消除影响码头正常生产作业的内外不利因素,确保船期。

(3)依据各项作业计划的进度和相互衔接要求,实时控制各项作业的变化,综合平衡和调整生产作业计划。

(4)对各项作业信息及时处理,并对完工后的作业信息做出确认。

## 二、船舶指挥员业务

**(一)船舶指挥员的意义**

船舶指挥员,也称单船指挥员,是集装箱码头船舶装卸生产现场的组织者和指挥者。集装箱码头是围绕船舶为中心开展生产活动的,码头各项生产作业的组织、实施和控制,最终将与船舶装卸作业直接联系。为了提高船舶装卸的质量和效率,从生产需要出发必须有一个以船舶作业为主要对象的有机的高效率的劳动组合,这个劳动组合既包括机械、设备、堆场及其劳动力的配置,也包括船舶装卸的工艺和操作流程,这一多要素的劳动组合需要一个组织者和指挥者,这就是船舶指挥员。

**(二)船舶指挥员应具备的基本素质**

船舶指挥员在集装箱码头船舶装卸现场作业中有很重要的地位,起着关键的作用,作为船舶指挥员应具有较全面的业务素质,才能胜任这一关键岗位的工作。

1.掌握码头的泊位情况

码头泊位是供船舶停靠和装卸作业的场所,码头岸线的长度、前沿水深、调头区域的长度和水深以及潮差、潮速、风力等水文气象数据的变化,对船舶的靠离泊和装卸作业都有影响或制约,船舶指挥员应掌握码头泊位的这些基本情况,才能将对船舶制约和不利影响的因素降到最小程度。

2.熟悉码头的装卸工艺

装卸工艺是按既定的目标将各种机械及人员进行合理配置,并按一定的操作流程进行装卸作业的人机组合。目前,我国绝大部分沿海港口采用集装箱装卸桥龙门吊装卸工艺。船舶指挥员应在熟悉该装卸工艺的基础上,力求使堆场作业效率略大于水平运输作业效率,而水平运输作业效率要略大于岸边装卸作业效率,从而保证最大限度地发挥主要机种即装卸桥的作业效率,保证船舶班期的准点率。

3.熟悉挂靠船舶的规范

不同船舶其规范也不相同,如船舶的长度、宽度、吃水、船舶箱容量及其分布、舱盖板的结构和形式、船舶的 $GM$ 值和吃水差要求等。为了使船舶能安全靠离泊和顺利装卸,船舶指挥员必须熟悉挂靠船舶的规范和基本特点,尽可能地满足船方的要求,避免因不熟悉船舶规范而出现码头作业的混乱等问题。

**4.掌握危险品箱和特种箱的装卸规范**

为了保证人和物的安全,国家对危险品箱的装卸运输有明确的规范,港口也有相应的规定,船舶指挥员必须熟悉这些法规和规定,并严格按照既定的要求指挥危险品箱的装卸船作业。同时,船舶指挥员还应了解国际危规对各类危险货物的分类分级、基本特性和防范措施的规定,了解作业船舶对危险货物装运的特殊要求,保证危险货物安全装卸。

开顶箱、框架箱、平台箱以及冷藏箱、罐状箱等特种箱,通常均有特殊的装卸规范,船舶指挥员应熟悉各种特种箱的装卸规范,尤其是超长、超宽、超高、超重箱(四超箱)的装卸规范,才能正常地指挥装卸作业,保证安全生产。

**5.了解口岸监管机构对国际货运的基本要求**

集装箱码头的主要作业对象是进出口集装箱,海关、出入境检验检疫局、海事局、边防等口岸监管机构均代表国家从不同角度对进出口集装箱实行监管。船舶指挥员应了解不同监管机构的不同监管要求,从而协调处理好与他们的工作关系,保证进出口集装箱的顺利装卸作业。

### (三)船舶指挥员的职能和责任

**1.船舶指挥员的职能**

目前我国沿海集装箱码头的生产已从劳动密集型转向资本、技术密集型,集装箱码头的各项生产业务活动都借助先进的计算机生产管理系统,对包括船舶作业在内的各项生产作业实行指挥和监控,保证生产作业有序化和高效化。船舶指挥员的主要职能,就是在码头控制室的领导下,将装卸船作业现场与控制室指挥紧密地连接起来,具体负责落实所承担船舶装卸的机械和劳动力的配置,按照装卸工艺操作流程要求,协调和平衡各装卸作业环节,合理有效地组织指挥现场装卸船作业,最大限度地提高装卸效率,缩短船舶在港时间,安全优质地完成所负责的船舶装卸作业计划。

**2.船舶指挥员的责任**

船舶指挥员的工作涉及泊位、船舶、集装箱、机械、劳动力等诸多生产要素,为了充分发挥各生产要素的作用,船舶指挥员应围绕船舶作业的核心任务担负起其责任。

(1)以船舶昼夜生产作业为主要依据,在控制室的指挥下,合理有效地组织船舶装卸作业,充分发挥装卸桥的能力,提高装卸效率,保证船期。

(2)指挥、检查、督促装卸桥安全生产,落实安全质量措施,及时发现和制止不安全因素,确保装卸桥安全高效生产。

(3)按装卸船的计划与要求,组织实施装卸船作业,在作业过程中,如有异常情况及时向控制室汇报,接受指令后及时调整现场作业。

(4)负责装卸船集装箱交接和验残,并督促外理做好装卸现场原始记录和残损登记。

(5)负责装卸作业后与船方核对装卸箱量并进行装卸船作业签证。

(6)负责作业签证、残损记录等单证资料的汇总交接。

## 三、检查口业务

### (一)检查口的含义

集装箱码头都设有检查口这一设施,在检查口布置集装箱卡车通道,所有进出集装箱码头的集装箱一般只有两条途径,一是在岸边通过船舶装卸进出,二是在检查口通过集装箱公路运输进出,进出集装箱码头的集装箱必须进行交接,以划分双方的交接责任。从集装箱卡车进出集装箱码头而言,检查口就是码头与运箱人进行集装箱交接的场所。此外,无论是空箱还是重箱,无论是进场还是出场,在集装箱交接过程中还必须进行相应的单证处理,并记录有关的作业信息,这些单证的处理和作业信息的记录也是由检查口承担。因此,所谓检查口就是集装箱卡车拖运集装箱进出集装箱码头的必经之处,是集装箱码头与拖箱人进行箱体交接、单证处理和信息记录的一个重要业务部门。

检查口一般设在码头后方,为方便管理分为进场检查口和出场检查口。检查口的集装箱卡车通道数量视码头规模而定,码头规模小的可设4~5条通道,规模大的有十几条通道。随着计算机信息技术的发展,国内外很多先进港口的检查口出现了无人化操作的趋势,尽管如此,检查口的功能和作用仍未有任何改变。

**(二)检查口的基本职责**

(1)检验集装箱箱体,进行集装箱交接。集装箱卡车司机拖箱进入或驶出集装箱码头,必须在检查口与业务人员共同检验集装箱箱体,并通过集装箱设备交接单来完成集装箱交接手续。

(2)审核集装箱单证,对出口箱实际重量进行称重。无论是提箱还是进箱,都由检查口负责装箱单、危准单、提箱凭证等单证的审核处理。对于出口重箱还应在检查口磅出出口箱的实际重量,以提供配载准确的数据。

(3)配合堆场作业,指定收箱或提箱堆场箱位。在使用计算机管理的码头,收箱进场或发箱出场的堆场箱位由计算机操作系统自动处理,未使用计算机管理的码头应由检查口业务人员以手工操作指定堆场箱位。

(4)处理进、出场集装箱的信息。在使用计算机管理的码头,每一只进场或出场的集装箱均由检查口业务人员在计算机上作出相应的记录,以供各部门实时查询和按需要打印报表,对尚未实行计算机化的码头,应由检查口人员手工完成记录工作。

**(三)智能闸口简介**

1.智能闸口系统组成

智能闸口包括了电子车牌识别、集装箱箱号识别、集装箱箱体验残、电子地磅、闸口人机交互系统等多个功能。

电子车牌通过发卡管理系统事先写入了该车辆的基本信息,如车辆ID、车牌号、车重等,并将RFID电子车牌安装在所有进出码头闸口的车辆上,此时车辆拥有了独一无二的身份证。在需要识别电子车牌的闸口安装识别系统,当安装有电子车牌的车辆进入识别区域,识别天线就能够捕获电子车牌内的相关信息,并实时发送至后台,帮助后台做进一步的处理。

集装箱箱号作为标识集装箱的ID符号,在集装箱运输过程中的各个环节都需要被记录。智能闸口通过基于神经网络算法的图像识别技术和先进的CCD图像采集技术,自动捕获进出港的集装箱箱号,并快速地进行自动识别,杜绝了因人工抄录引起的错误,减少了进港时间,提高了工作效率。

集装箱箱体残损检测是集装箱进入港区内不可避免的一项检验工作,主要防止运输企业和码头因箱体破损引起的纠纷。以往这项工作是由进港闸口工作人员人工记录,并需要攀爬较高的廊桥检查箱顶,存在危险性大、处理不准确的问题。智能闸口通过先进的逻辑控制系统和图片采集系统,将箱面影像呈现在计算机屏幕前,验残员只要在计算机前就可完成残损检测。

驾驶员将集卡车开至码头闸口后,需要等待电子车牌识别、集装箱号识别、验残等多个数据自动采集的过程,并把手头的预约单提交到闸口系统,以往这个工作由闸口工作人员录入,而使用人机交互系统后,预约单可自动扫描信息进入闸口系统,并将码头系统反馈的行车指南打印成小票发给司机。

这一系列的信息化措施使得集卡车通过闸口的速度由之前的 5 分钟减少到 30 秒,大大提高了闸口效率和港口的吞吐量;由于电子车牌为防拆卸电子标签,保证了一车一卡,所以无关和非法车辆无法进入港区。

2. 智能闸口工作流程

当车辆进入智能闸口工作区后,系统通过硬件触发(地感线圈、红外感应),捕获车辆电子车牌信息和集装箱图片,经过电子车牌系统识别和集装箱号识别系统之后,得到相应的车辆车牌号和集装箱箱号、箱型的数据资料,电子地磅系统自动获取重量。

对于进场车辆:司机在自助办单服务终端扫描二维码预约单据,系统判断预约资料是否齐全,如果资料齐备,系统根据堆场计划自动提供场地位置,打印进场小票,提示进场须知,系统控制闸口起落杆设备自动打开,车辆进场。

对于出场车辆:系统自动核对车牌号码、集装箱号等信息后控制闸口起落杆设备自动打开,车辆出场。

3. 系统实施效益

(1)提高港口的过车效率,降低闸口的车辆拥堵。

(2)为港口节省人力成本,以前每个通道需要一名工作人员办理单据,智能闸口建成后无需工作人员值守。

(3)减少了车辆进出港等待时间,为司机和运输公司节省了成本,从而减少了物流成本。

### 四、集装箱货运站业务

集装箱货运站(Container Freight Station,CFS)是集装箱运输系统的重要环节,起着承上启下的重要作用。在集装箱运输中,以 FCL 方式运输的,需要装箱和拆箱两个作业环节;以 LCL 方式运输的,在发货地需要把不同发货人的货物拼装入一个集装箱,在收货地把同一集装箱内不同收货人的货物拆箱分拨。集装箱货运站就是以装箱、拆箱和集拼、分拨为主要业务的运输服务机构,同时提供集装箱公路运输、箱务管理、洗箱修箱等其他集装箱运输的相关服务。

集装箱货运站按其地理位置可分为内陆货运站和港口货运站两类。内陆货运站通常设在内陆交通发达、货源充足的地区,配备必要的拆装箱机械、场所和堆存保管货物的仓库,成为集装箱公路运输的集散地。港口货运站一般设在港口地区,作为港口多元化服务的一个组成部分。港口货运站又可分为港内货运站和港外货运站两种。港内货运站也称码头货运站,其业务范围主要是为货主或内陆承运人提供装箱、拆箱服务。

## 项目实施

### 6-1 控制室业务操作

控制室是集装箱码头各项生产作业的指挥、控制中心,其主要业务有:

1. 船舶作业

(1)根据靠泊船舶的船期、船舶规范、装卸箱量,结合码头机械设备状况和堆场状况安排作业路数,并根据作业进度及时做出调整。

(2)对重点物资、重大件、特种货物以及重点舱制订具体操作方案,并根据实际作业情况,调整各类机械和劳动力的配置,确保装卸任务的完成和重点船的船期。

(3)依据配载图、装船顺序单、进口舱单、进口船图发送合理的装船、卸船作业指令。

(4)掌握装卸桥的作业效率,根据各作业路的实际情况,调整装卸桥包括司机的配置。

(5)负责复核实际装、卸箱量,核对无误后确认装、卸船作业结束。

(6)编制进出口单船小结和船舶离港报告。

2. 堆场作业

(1)根据堆场计划并结合船舶计划要求以及堆场实际情况,及时修改、补充堆场作业计划。

(2)掌握码头各类机械情况,根据装卸船作业和进箱提箱作业的实际情况,合理安排各类机械。

(3)掌握堆场作业状况,合理发送堆场作业指令。

(4)根据堆场各箱区机械的作业量和道路交通情况及时进行调整,确保道路的畅通和机械的充分利用。

(5)对进场、离场以及搬移的集装箱予以核对和确认。

### 6-2 船舶指挥员业务操作

一、进口卸船作业

1. 靠泊前准备

(1)掌握本航次船舶靠泊时间、靠泊泊位和尺码,提前了解靠泊位置附近装卸桥的行车和吊臂的起落状况,指挥装卸桥收起吊臂或停在船舶靠泊的安全尺码以外。

(2)根据船舶靠泊的泊位和尺码提前清档,做好靠泊安全距离标志,使船舶能清晰地看到指定的靠泊位置。同时指挥督促码头水手提前做好接船准备,并用高频对讲机与引水员或船方保持联系。

(3)对首次靠泊本码头的船舶,要让船方签收《码头安全靠泊须知》文件,以明确船、港双方的责任,保证船舶安全靠泊。

2. 卸船前准备

船舶靠泊后,船舶指挥员应立即与船方联系,加紧做好卸船前的准备工作。

(1)督促船方及时布置舷梯和安全网,开启船舶的封舱设备,以保证装卸作业的顺利进行。

(2)对尚未应用 EDI 传递进口集装箱资料的码头,船舶指挥员应在船舶靠泊后立即上船向大副索取随船船图、舱单等进口资料,并与预到资料进行核对,重点是核对本航次所卸的危险品箱和特种箱的种类、数量、尺寸,事前做好卸船准备。同时如船上装有过境集装箱,应在船图上注标其装载箱位,避免错卸。

3.卸船作业

在做好船舶作业前的各项准备工作的基础上,船舶指挥员在船舶靠泊后应尽快按作业计划组织实施卸船作业。为保证安全、高效、连续地作业,在船舶卸箱作业过程中船舶指挥员应抓住几个重点环节。

(1)重点舱作业

所谓重点舱是指其他作业线路已完工而该舱还有相当部分箱子尚未结束装卸,从而影响了整条船的完工时间。重点舱的形成有各种原因,例如作业船舶积载不合理,作业舱口结构特殊或箱量较多、特别是作业难度较大且箱量较多,码头机械设备不良或发生故障等。船舶指挥员应随时掌握重点舱的情况,调配性能良好的装卸机械和操作熟练的司机,并对该作业路的各类机械及司机作好布置,加强监管重点舱的作业进度,力求减少以至消除重点舱对船期的影响。

(2)特种箱作业

针对不同的特种箱,船舶指挥员必须掌握不同的安全规范和装卸规程,保证各类特种箱安全顺利地进行装卸作业。例如,对超过 ISO/TC104 总重规定的超重箱,特别是装有重大件的开顶箱、框架箱和平台箱,要掌握箱子的总重量、箱体状况和货物状况,针对不同情况选择吊具顶角件起吊、钢丝绳下角件起吊或货物与箱子分体起吊等不同方法,以确保作业安全;对冷藏箱应事前掌握其在船上的箱位分布,作业前检查箱体及其制冷设备是否良好,及时通知船方关闭电源;对于危险品箱作业应事前确认海事局核准签发的危险货物装卸批准文件,掌握本航次共有多少个危险品箱及其箱型、尺寸、船箱位以及危险货物的国际危规类别,作业前检查箱体及其危标状况,起吊时应督促司机轻起轻落,杜绝撞击、拖曳等违规操作,对于危险货物的装卸作业,必要时应申请海事局现场指导和监督。

(3)卸船验箱验残

在卸船作业中,由船舶指挥员负责港方与船方的箱体交接工作,以区分双方对集装箱设备的责任。因此船舶指挥员要督促码头验箱员加强责任心,做好卸船验箱验残工作,一旦发现箱残,应先区分原残还是工残,并及时与船方和外理联系,做好必要的残损记录和签证。

(4)卸船后的结束工作

卸船作业全部结束后,船舶指挥员应认真做好卸船后各项结束工作,包括认真复核该船每一BAY 是否有漏卸、错卸、多卸,与外理仔细复核卸箱的数量、箱型、尺寸,核对无误后会同大副作好卸船作业签证及其他作业登记;开船前指挥装卸桥收起吊臂移至安全位置,防止船舶离泊调头与装卸桥碰擦;做好各项作业签证、实卸箱清单、残损记录等单证资料的汇总、移交等工作。

二、出口装船作业

出口装船作业流程与进口卸船作业流程反向,船舶指挥员的工作内容大致相近,但也有一些不同的地方,船舶指挥员应引起足够的重视。

1. 装船作业前

装船前,船舶指挥员应及时将码头编制的配载图交船方大副审核,如大副有修改意见应以大副意见为准,经大副审核同意签字后,作为装船正式文件。

2. 装船作业中

在装船作业过程中,船舶指挥员监督工人严格按大副签字的配载图进行作业。在实际作业中,经常会发生因船方、货方或港方的临时原因需要调动箱子,此时船舶指挥员应坚持"不影响安全,不影响操作,不影响进度"的原则,并征得大副同意后实施调动。对已完成装船作业的舱位,在安全规范的前提下,及时布置工人进行集装箱绑扎,并检查绑扎是否符合规范,是否有漏绑或绑扎不良现象。

3. 装船结束后

装船作业全部结束后,船舶指挥员应认真与外理复核装箱的数量、尺寸、箱型,杜绝错装、漏装、多装,并会同大副做好装船作业签证。此外,船舶指挥员还应认真做好退关箱的核对和及时布置转箱区工作。

## 6-3 检查口业务操作

检查口业务按集装箱进出场可分为收箱和发箱两种,按贸易流向又分为出口业务和进口业务两种。

### 一、检查口的出口业务

1. 提运空箱

发货人根据贸易合同,在订舱托运和完成备货后,通常委托集装箱卡车司机凭船公司或船代签发的集装箱空箱放箱凭证到码头办理提空箱手续。集装箱卡车进入检查口时,司机向业务人员递交提空箱凭证和集装箱设备交接单,检查口业务人员审核单证后将提运集装箱的箱号、集装箱卡车车牌号等信息输入计算机,由计算机自动打印指定堆场箱位的发箱凭证交集装箱卡车司机,同时由计算机系统通知堆场机械司机所发空箱的箱号、堆场箱位和集装箱卡车车牌号。集装箱卡车司机根据发箱凭证到指定的堆场位置装箱,集装箱卡车装载空箱后驶经出场检查口,司机递交发箱凭证并与业务人员共同检验箱体,如无异常则双方无批注在集装箱设备交接单上签字确认,集装箱卡车司机拖运空箱驶离码头。如空箱有残损、不适合装货,由检查口业务人员取消该次作业,重新办理提空箱手续(图6-1)。

2. 重箱进场

发货人完成装箱、施封、填制集装箱装箱单后,在集港时间内可委托集装箱卡车司机拖运重箱进场。集装箱卡车司机在检查口向业务人员递交集装箱装箱单和集装箱设备交接单,检查口应审核单证是否一致,包括船名航次、箱号、箱型、尺寸、提单号等,并核对单证上的箱号与集装箱上的箱号是否一致,同时将集装箱的实际重量标注在集装箱装箱单上。检查口验箱员与集装箱卡车司机共同检验箱体和封志,如无异常,双方在集装箱设备交接单上无批注签字确认。如有异常,由检查口业务人员如实在集装箱设备交接单上批注,并由双方签字以明确责任。对冷藏箱还应检查箱子温度是否与装箱单注明的温度一致;对危险品箱

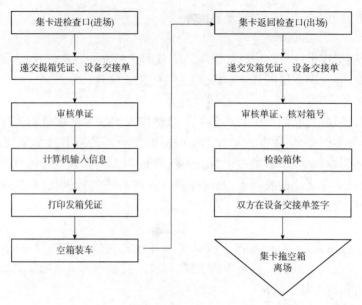

图 6-1 提运空箱流程

还应审核危险货物集装箱装箱证明书,并检查箱体四面的危标是否完好无损;对框架箱等装载重大件的集装箱,还应检查货物包装及其固定是否良好。上述工作完成后,业务人员收下单证,由计算机打印收箱凭证,并自动通知堆场机械司机据以收箱。集装箱卡车卸箱后经出场检查口递交收箱凭证后再驶离码头(图 6-2)。

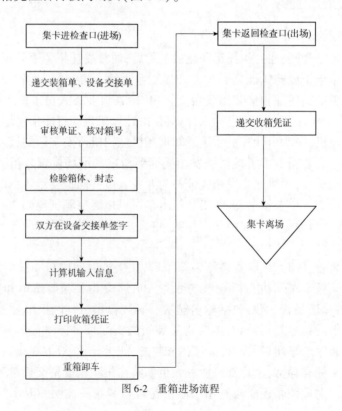

图 6-2 重箱进场流程

## 3.退关箱出场

退关箱是指由于货主的原因(例如变更贸易合同)或船方的原因(例如爆舱)造成不能正常装船出运而滞留在码头的集装箱。发货人如暂时不打算出口,在海关、船代、码头办妥退关手续后,委托集装箱卡车司机凭提箱凭证到码头提运退关箱,检查口业务人员审核提箱凭证和设备交接单后,按提运重箱业务程序操作。

## 二、检查口的进口业务

### 1.提运重箱

收货人办妥报关报验等进口手续后,通常委托集装箱卡车司机凭提货单到码头办理提运进口重箱手续。集装箱卡车司机在检查口向业务人员递交提箱凭证和集装箱设备交接单,检查口审核单证后,将箱号、集装箱卡车车牌号等信息输入计算机,由计算机打印发箱凭证交集装箱卡车司机,集装箱卡车载箱后驶经出场检查口,司机递交发箱凭证,检查口业务人员核对所载运集装箱的箱号,并与司机检验箱体和封志,共同在集装箱设备交接单上签字确认后,集装箱卡车拖运重箱驶离码头(图6-3)。

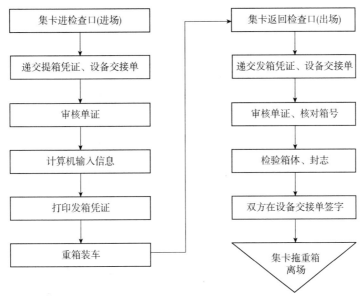

图6-3 提运重箱流程

### 2.回空箱进场

收货人完成拆箱后,还应负责将空箱按时返回指定的还箱点,如还箱点为码头,应由检查口办理回空箱进场手续。集装箱卡车司机在检查口向业务人员递交集装箱设备交接单,检查口将箱号、箱型、尺寸以及集装箱卡车车牌号等信息输入计算机,验箱员与集装箱卡车司机共同检验箱体,如箱体良好,双方在集装箱设备交接单上无批注签字确认。如箱体有损坏,由检查口人员在集装箱设备交接单上如实批注后双方签字确认。完成验箱及单证手续后,由计算机打印收箱凭证交司机,集装箱卡车驶到指定的堆场箱区卸箱后,经出场检查口递交收箱凭证,再驶离码头(图6-4)。

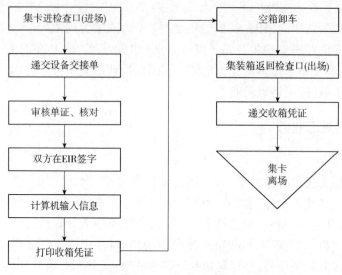

图 6-4　回空箱进场流程

### 三、集装箱的检验交接

1. 集装箱检验交接的必要性

目前国际集装箱运输绝大部分使用船东箱,船公司为开辟航线,必须购置或租用大量集装箱,购置箱成本很高。为了提高资金的使用效果,促进集装箱运输的顺利开展,作为箱主的船公司采用集装箱设备交接单,通过交接双方的箱体检验和集装箱设备交接单的签字确认,划分管箱人与用箱人的责任,从而保护了船公司的正当利益。另一方面,在国际集装箱运输中大多采用 FCL—FCL 条款,承运人在接收托运人的货物时,集装箱是密封的,承运人对箱内货物情况并不知悉,因此承运人对货物运输的责任,仅限于箱体外表状况良好、封志完整状态下接收货物和交付货物,因此箱体是否良好,也涉及承运人的责任。在实际业务中,通常由集装箱码头代表承运人在检查口与货主或内陆承运人进行集装箱检验与交接。

2. 集装箱的检验交接标准

(1) 箱体的四个角柱、六个面和八个角件等结构完好,要求无变形、无破洞、无裂痕、无割伤等箱损状况,对于箱体表面,一般要求凹损不超过 3cm,凸损不超过角件。

(2) 箱门及门杆、手柄、铰链、门封条等附件齐全完好,要求箱门能开启 270°,关闭后无漏水、无漏光。

(3) 箱号清晰,CSC 等铭牌完好无损,箱体表面无涂写、无污物,对装运过危险货物的集装箱,箱体四周的危标必须清除。

(4) 重箱封志完好无损。

(5) 空箱内部清洁、干燥、无异味。

(6) 危险品箱箱体四周的危标完整一致。

(7) 冷藏箱的冷冻机正常运转,其温度与集装箱装箱单要求的温度一致。

(8) 敞顶箱的油布完好,绳索系紧。

(9)平台箱、框架箱所装运的货物包装良好,加固可靠。

3.集装箱设备交接单(图6-5)的签证

(1)箱体检验符合交接标准的,由检查口业务人员与集装箱卡车司机无批注在集装箱设备交接单上共同签字,完成箱体交接。

| 用箱人/运箱人(CONTAINER USER/HAULIER) | | 提箱地点(PLACE OF DELIVERY) | |
| --- | --- | --- | --- |
| 江苏佳哈国际贸易公司(3701917854) | | 中国,上海港 | |
| 发往地点(DELIVERED TO) | | 返回/收箱地点(PLACE OF RETURN) | |
| 日本大阪 | | 中国,上海港 | |
| 航名/航次(VESSEL/VOYAGE NO.) | 集装箱号(CONTAINER) | 尺寸/类型(SIZE/TYPE) | 营运人(CNTR.ORTR.) |
| COSCO SAKURA,387E | COSU321451(1) | 21cbm,普通箱 | 中国外轮代理公司 上海分公司 |
| 提单号(B/L NO.) | 铅封号(SEAL NO.) | 免费期限(FREE TIME PERIOD) | 运载工具牌号(TRUCK WAGON.BARG NO.) |
| Cosco12345 | CTF13456 | 30-APRIL-2013 | |
| 出场目的/状态(PPS OF GATE-OUT/STATUS) | | 进场目的/状态(PPS OF GATE-IN/STAUS) | 出场日期(TIME-OUT) |
| 装货 | | | 19-APRIL-2013 |
| 出进场检查记录(INSPECTION AT THE TIME OF INTERCHANGE) | | | |
| 普通集装箱(GP CONTAINER) | 冷藏集装箱(RF CONTAINER) | 特种集装箱(SPECIAL CONTAINER) | 发电机(GEN SET) |
| □ 正常(SOUND)<br>□ 异常(DEFECTIVE) | □ 正常(SOUND)<br>□ 异常(DEFECTIVE) | □ 正常(SOUND)<br>□ 异常(DEFECTIVE) | □ 正常(SOUND)<br>□ 异常(DEFECTIVE) |

损坏记录及代号(DAMAGE & CODE)  BR 破损(BROKEN)  D 凹损(DENT)  M 丢失(MISSING)  DR 污箱(DIRTY)  DL 危标(DG LABEL)

左侧(LEFT SIDE)  右侧(RIGHT SIDE)  前部(FRONT)  集装箱内部(CONTAINER INSIDE)

顶部(TOP)  底部(FLOOR BASE)  箱门(REAR)

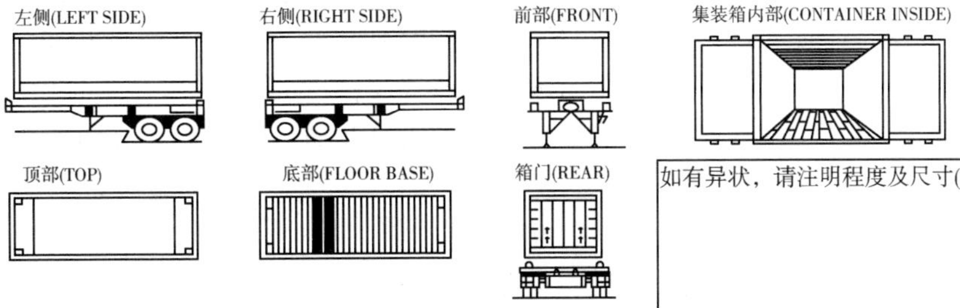

如有异状,请注明程度及尺寸(REMARK)

除列明者外,集装箱及集装箱设备交换时完好无损,铅封完整无误。
THE CONTAINER/ASSOCIATED EQUIPMENT INTERCHANGED IN SOUND
CONDITION AND SEAL INTACT UNLESS OTHERWISE STATED

用箱人/运箱人签署　　　　　　　　　　　　　　　码头堆场值班员签署
(CONTAINER USER/HAULIERS SIGNATURE)　　　(TERMINAL/DEPOT CLERKS SINGATURE)

图6-5 设备交接单样本

（2）箱体检验不符合交接标准的，由检查口业务人员如实在集装箱设备交接单上加以批注，注明箱体残损的类型、部位、程度，必要时可加文字说明，并与集装箱卡车司机共同在集装箱设备交接单上签字确认。对于进场出口重箱严重残损影响箱内货物的，检查口有权拒绝进场；对于出场提运空箱严重残损影响装货的，集装箱卡车司机有权调换空箱。

（3）在箱体检验交接中凡有残损的，检查口业务人员除在集装箱设备交接单上加批注外，还应将残损情况输入计算机备案。

## 6-4 码头货运站业务操作

### 一、拆箱提货业务

集装箱码头货运站的拆箱提货业务包括 CFS 交接条款的拆箱提货和 CY 交接条款的拆箱提货业务，其作业内容基本相同，主要有拆箱、库存、受理和提货等作业环节。所不同的是 CFS 交接条款是受承运人委托，代表承运人拆箱；CY 交接条款是受货主或内陆承运人委托，代表货主拆箱。

1.拆箱

CFS 交接条款由码头货运站拆箱的，或 CY 条款由于收货人无整箱提运能力或其他原因要求码头货运站拆箱的，由码头控制室根据拆箱计划，安排机械将要拆箱的进口重箱移入码头 CFS 拆箱区。拆箱前，码头 CFS 人员和外理人员应先共同核对箱号、检验箱体和封志，再由码头人员拆箱、外理人员理货。双方对拆箱的货物进行清点检验，如有货损、货差，由外理出具货物残损记录，以区分拆箱前后的责任。拆箱完成后，由外理编制理货清单，作为供收货人提货的依据。拆箱结束后，应及时将空箱清扫后移入码头指定的空箱箱区。

2.库存

拆箱的货物应及时入库，根据货物的票数、重量、尺寸、包装等特性，选定合适的仓库货位，进行合理堆码。为便于保管和发货，通常还按票制作桩脚牌，置于该票货物正面明显之处。桩脚牌上注明船名和航次、提单号、货名、件数、包装、重量、唛头和进库日期等信息，以便识别。货物入库后，应及时将货物信息输入计算机，保证每一票货物账货相符。对于危险货物、贵重货物应设有专门管理制度，保证货物安全无损。为了加强库存管理，一般 CFS 仓库还实行定期盘点制度，对超期堆存的无主货，按规定及时处理，以保证 CFS 仓库的有效周转。

3.受理

收货人或内陆承运人办妥进口报关报验手续后，凭提货单到码头受理台办理提货手续。受理台人员审核提货单无误、收取码头有关费用后，开具提货凭证交收货人或内陆承运人，并将提货作业计划输入计算机，码头 CFS 仓库作好发货准备。

4.提货

收货人或内陆承运人提货的方式主要为公路运输，此外还包括内河水运和铁路运输，因此集装箱码头受理提货申请后，根据提运方式的不同，分别编制车提、落驳和装火车的作业计划。对于车提作业的，码头 CFS 仓库应先审核收货人的提货凭证，并核对桩脚牌上的船名航次、提单号、货名、件数等内容是否一致，然后按件与收货人当面清点、验货交接。提货作业完成后,由仓库人员根据实际发情况货制作出门证交收货人,收货人凭出门证提运货物驶离码头。对于落驳作业的,仓库人员也应先核对落驳计划与桩脚牌注明的信息,然后按落驳计划发货出库,在船边由码头 CFS 人员与驳船船员当面清点、验货、装船。对于通过港内铁路运输的,仓库人员则根据装火车计划核对后依次发货出库,由码头 CFS 人员与铁路人员在车皮边当面清点、验货、装车。码头 CFS 提货作业结束后,仓库人员应及时将货物出库信息输入计算机,以保证货物与记录的一致性。

## 二、装箱出口业务

集装箱码头货运站的装箱出口业务,也包括 CFS 条款和 CY 条款两种情况,其作业内容主要有受理、入库、装箱和出运等内容。

1.受理

发货人根据所托运的船名航次的船期,完成备货和出口清关后,向码头受理台申请货物进库,受理台人员审核装货单并收取有关费用后,开具入库凭证交发货人,并将作业计划输入计算机,CFS 仓库作好入库准备。

2.入库

码头 CFS 仓库人员根据入库作业计划,作好货位安排准备。发货人将货物散件送仓库,仓库人员核对入库计划与入库凭证,双方当面清点、检验、交接货物,交接完成后由仓库人员按实际情况出具仓库收据交发货人。仓库人员根据货物的提单号、货名、种类、包装、件数、尺寸、重量等不同特性对货物进行合理堆码并作好桩脚牌。入库工作结束后,仓库人员应及时将货物信息输入计算机,做到货账一致。

3.装箱

集装箱码头货运站人员根据装箱计划核对桩脚牌,并根据货物的不同特性,选定合适的集装箱箱型和尺寸,按照装箱的技术规范合理装箱。装箱时由外理负责理货,双方对装箱的货物进行清点、检验,如有异常应由外理作好记录,以区分装箱前后的责任。装箱完成后,由码头人员如实填制集装箱装箱单,并在海关监管下施封。需要注意的是,对于 CFS 条款装箱的,应注意避免各票货物之间因物理化学性质相冲突造成货损。出库装箱完成后,仓库人员应及时将作业信息输入计算机,以保持仓库的货物与记录一致。

4.出运

装箱完成后,码头安排将重箱及时移入出口箱区,配载人员完成船舶配载后,按船期组织装船出运。

## 【复习思考题】

一、填空

1.集装箱码头作业生产的指挥部门是(    )。
2.集装箱码头和各相关方陆上箱货交接点是(    )。
3.集装箱货运站按其所处的地理位置不同,可分为(    )货运站、(    )货运站和(    )货运站三种。
4.CFS 的主要职能是(    )和箱务管理。

**二、判断**

1.集装箱货运站在整个集装箱运输系统中发挥了"承上启下"的重要作用。(　　)

2.内陆集装箱货运站作为某一地区的集装箱集散点,可有效提高该地区集装箱多式联运的效率。(　　)

3.设置于码头附近的CFS可作为集装箱码头的缓冲堆场。(　　)

4.一般将货物密度大于集装箱单位容重的货称为轻货。(　　)

5.采用叉车装箱工艺的前提是待装箱货物均已用托盘成组化。(　　)

6.当集装箱的横向只能放置一件成组货时,该货必须放在集装箱的中央。(　　)

**三、简答**

1.船舶指挥员的定义是什么?

2.检查口的职责是什么?

3.集装箱货运站有哪几种类型?

# 项目七　公路集装箱运输组织

**知识要点**

公路集装箱运输概述。

**项目任务**

公路集装箱运输组织和单证流转。

**项目准备**

1.场地、工具准备:设备交接单、公路运单;
2.人员安排:学生按流程岗位分组(发货人、收货人、货运站、港口、集卡司机等),演练公路运输集装箱流转组织。

**相关理论知识**

## Ⅰ　公路集装箱运输概述

### 一、公路集装箱运输概述

用专用汽车载运货物集装箱,称为公路集装箱运输。根据发收货人托收货物的数量、性质、状态以及使用集装箱的型号,集装箱货物运输可以分为整箱货和拼箱货运输两大类。

### 二、公路集装箱运输的意义

公路运输以其机动灵活、快速直达的优势,在集装箱多式联运中成为不可缺少的重要环节。所以,公路集装箱运输在集装箱内陆运输系统和海陆联运中,都占有重要的地位。

在国际多式联运中,汽车集装箱运输是一个重要的组成部分。它能将航空、铁路、海运有效地相连接,实现门到门运输。同时,还能把小批量的零星货物,通过汽车运输加以集中和组织,转为集装箱运输。目前,在一些工业发达国家中,汽车运输不仅承担了铁路、海运、航空接送业务,而且承担了中、短途的内陆集装箱运输。如在日本,200~400km 的集装箱运输,几乎都由汽车运输来承担;又如在美国,汽车集装箱运输发展到600km 以上的距离。

汽车运输在集装箱多式联运体系中的作用集中表现在以下几个方面:

(1)配合铁路部门承担铁路集装箱作业货运站与货主仓库(或货场)之间集装箱的集散运输。

(2)配合水运部门承担港口码头与货主仓库(或货场)之间集装箱的集散运输。

(3)承担一定运距范围内城市间公路干线的集装箱直达运输。

(4)承担港站与集装箱中转站,或集装箱中转站与货主仓库(或货场)之间的集装箱内陆延伸及中转运输。

### 三、公路集装箱运输的条件

#### (一)集装箱公路运输车辆

集装箱公路运输的车辆是根据集装箱的箱型、种类、规格尺寸和使用条件来确定的。一般分为货运汽车和拖挂车两种。货运汽车一般适用于小型集装箱,作短距离运送。拖挂车适用于大型集装箱,适合长途运输。它的技术性能较好,在一些工业发达国家采用拖挂车较多。

(1)集装箱的规格尺寸和额定总重量对车辆的要求。按照ISO/TCl04委员会的标准规定,集装箱的宽度均为8ft;高度有8ft、8.5ft、<8ft、9.5ft四种,以8.5ft为主;长度有40ft、30ft、20ft、10ft、45ft五种,主要是40ft和20ft两种。因此,配备车辆要以40ft和20ft车为主,半挂车的结构以骨架式和平板式为主,运输9.5ft高集装箱,则需采用鹅颈式半挂车。40ft集装箱的额定总重量为30.48t,20ft集装箱为24t。由于集装箱每次装载各类商品的单位容重不同,包装尺寸也不同,故货物装箱后集装箱的实际总重量是不相同的。如果集装箱车辆的吨位结构只按照集装箱的额定总重量来配置,必将由于重箱的实载率过低而出现亏吨现象。为了合理确定配置集装箱运输车辆的吨位结构,首先要对20ft和40ft集装箱的实际总重量进行统计分析,并将其划分成若干吨级档次,从中找出各档次之间的比例关系,以此作为配置车辆的依据。所谓合理配置车辆,是指在某段时期内的相对合理,因为集装箱实际总重量的吨级比例,是随进出口商品结构的变化而变化的。因此,要根据这种变化,对所配置车辆的吨位结构比例作必要的调整。

(2)集装箱运量和运距对车辆的要求。集装箱运量和运距是确定所需运输车辆的数量和结构形式的重要依据。当集装箱运量不大时,为提高车辆的利用率,宜采用平板式箱货两用型车辆。当集装箱运量较大,箱源比较集中时,宜采用骨架式集装箱专用车辆。合理运距与公路技术等级、企业经营管理水平和箱内货物的价值有关。中国接运国际集装箱公路合理运距为二级和三级公路200~300km,一级和高速公路300~500km。车辆的持续行驶里程一般都在400~600km。

#### (二)集装箱运输道路

道路技术条件对集装箱车辆的运输过程影响很大。路面的承重能力和桥涵的通过能力决定了车辆允许的装载重量和行驶速度。在选择集装箱车辆时,要考虑使用地区的道路桥涵的承载能力来确定车辆的总重量及其轴载重量值。运输20ft、40ft的集装箱,公路必须满足下列要求:

(1)车道宽度3m;

(2)路面最小宽度30m;

(3)最大坡度10%;

(4)停车视线最短距离25m;
(5)最低通行高度4m。

### (三)配备必备的装卸机械

虽然汽车集装箱运输的装卸作业主要在场、站或货主自己的库场上进行,不像码头、铁路货场那样进行大量的集装箱装卸工作,但为了适应某些货主以及汽车集装箱货场作业的要求,也需要配备一定数量的装卸集装箱的机械设备。这些装卸机械主要有:龙门吊、正面吊、叉车等。

### (四)做好公路集装箱营运管理

汽车集装箱的营运管理主要指两方面:一是货运组织工作;二是车辆的运行管理。货运组织工作包括集装箱运输的货源组织,集装箱的业务管理和装卸作业、运费结算、集装箱的保管、交付,以及与其他部门的衔接配合工作等。车辆运行管理是指集装箱业务量的分配、车辆运行计划制定、运输工作的日常管理、集装箱车辆在线路上的运行组织管理、集装箱的运输统计分析等。

## 四、公路集装箱运输中转站

### (一)公路中转站的主要功能

在国际集装箱多式联运链中,公路中转站作为港口码头、铁路货站向腹地延伸的后方基地和运输枢纽,对促进外贸运输的发展和缓解码头前沿、车站货场的压力等方面,都起着重要的作用,也是内陆腹地运输中的一个重要作业点。

目前,公路中转站的主要功能有以下五个方面:

(1)承担港口、车站和货主之间的集装箱中转运输和"门到门"运输,实现集装箱在内地的堆场(CY)交接方式,并为组织腹地内的干支线、长短途运输或水陆联运的衔接配合创造有利条件。

(2)办理拆装箱作业以及货物的仓储和向货主的接取送达,起到集装箱在内地的货运站作业功能。

(3)进行空、重集装箱的装卸、堆存和集装箱的检查、清洗、消毒、维修等作业,并可作为船公司箱管部门或外轮代理部门在腹地指定的还箱点,进行箱子的调度作业。

(4)对中转站的车辆、装卸机械进行检查、清洗、维修和停放。

(5)为货主代办报关、报检、理货及货运代理等业务。

### (二)公路中转站的选址及设置规模

正确选择集装箱公路中转站的站址,应体现其技术上可行,经济上合理,满足集装箱的合理运输需要,且投资合理,中转站建成投产后可达到较好的社会效益和较高的企业经济效益的目的。公路中转站站址选择的基本原则如下:

(1)站址应设在便于与港口码头或铁路车站联系的位置。

(2)站址要贴近生产地或消费地,如出口商品加工区、物资仓库区等。

(3)站址应选择在物流量大的交通枢纽或公路、铁路干线地区,以便于开展公铁水联运和公路直达运输。

（4）要避免增加运输环节和货物倒流，要尽可能缩短车辆空驶里程，车辆进出站要方便。

（5）站址选定地区的地质要满足要求，站区地基土的容许承载力要大于 $5t/m^3$，地下水的最高水位要在土的冻结深度以下，要避开断层、塌方、滑坡地带，要使开挖的土石方量最少。

（6）选择站址要能尽量利用城市供水、排水管道和供电线路，从而减少站外管线的工程量，但站区内及站外10m以内不能接近高压输电线路。

集装箱公路中转站的设置规模，主要依据中转站设计的年箱运量和年堆存量而定。

### （三）公路中转站的典型平面布置

公路集装箱中转站的总平面布置按一般设计程序是根据生产工艺流程和企业管理模式等情况，将全站划分成若干个区域，并在各区域内根据生产工艺流程来布置建筑物等设施。一般中转站总平面布置大体可划分为以下四个区域。

（1）堆存、拆装箱作业区，包括空重箱堆场、拆装箱作业场地、仓库等。

（2）修理、清洗作业区，包括车辆机械维修保养车间、修箱场地、洗箱场地、工具库、配件库等。

（3）辅助生产及管理区，包括办公楼、食堂、锅炉房、水泵房、变电室、加油站等。

（4）生活区，包括宿舍等生活福利设施。

在公路集装箱中转站的总平面布置中，集装箱堆场和拆装箱作业区域及仓库是全站生产性建筑物的重点，占地面积较大，因此在布置时应重点考虑。而集装箱堆场的布置形式，又是根据所选择的装卸工艺方案来确定的。

### （四）公路中转站的主要作业工艺

**1. 公路中转站的集装箱堆场装卸工艺**

在集装箱中转站内，集装箱和货物的装卸搬运工作量在中转站的全部作业量中占有很大比重。在集装箱装卸作业过程中，装卸作业的停歇时间，对运输车辆的生产率和成本影响很大，而且运距越短，影响程度越大。因此，正确地选择装卸工艺和装卸机械，合理地组织装卸作业，使车辆停歇时间缩短，耗费的装卸劳动量减少，运输装卸成本降低是中转站生产建设中要解决的关键问题。在选择中转站装卸工艺时应遵循以下原则：

（1）尽量减少操作次数。

（2）尽量避免迂回和垂直运动。

（3）做到工艺系统的各环节配合协调。

（4）充分发挥设备的生产能力，力求生产的连续性。

（5）选择新型、高效的设备，并有维修零配件的保证。

目前集装箱中转站堆场装卸作业典型工艺方案有以下六种：

（1）采用轮胎式龙门起重机的装卸工艺方案。由于目前国内公路中转站的规模都比较小，龙门起重机的价格又较昂贵，故很少采用。

（2）采用跨运车的装卸工艺方案。目前国内公路中转站很少采用。

（3）采用集装箱正面吊运机的装卸工艺方案，从国外和国内使用情况来看，该方案正呈上升趋势,是集装箱装卸机械更新换代的产品。

(4)采用集装箱叉车的装卸工艺方案,目前中国新建的公路中转站因叉车使用的机动灵活,购价较低而被广泛采用。

(5)采用汽车式起重机的装卸工艺方案,这种方案的堆场利用率比较低,工作效率也不高。因此,一般用于集装箱堆存量较少的中转站或作为辅助备用的装卸机械。

(6)底盘车工艺方案。该方案一般适用于规模不大的中转站。

结合中国已建成的若干中转站的实践经验和考虑集装箱发展的需要,推荐公路中转站装卸工艺可采用的方案如下:

(1)年堆存量为9000TEU以上的一级站,以轮胎式龙门起重机为主,集装箱叉车为辅。

(2)年堆存量为4000~9000TEU的二、三级中转站,宜以正面吊运机为主,集装箱叉车为辅。

(3)年堆存量为4000TEU以下的四级站,宜以叉车为主,汽车起重机为辅。

(4)处于起步阶段的中转站,采用汽车起重机或底盘车工艺。

2.公路中转站的拆装箱工艺

集装箱拆装箱工艺可分为机械式、人工式和输送带式三种。机械式装卸工艺是指采用小型低门架叉车、电瓶叉车直接通过搭板进入箱内作业。它要与托盘配合作业,箱内货物未采用托盘码垛时,可在叉车货叉上叉一个托盘作业。有些大件货物有叉槽的,可直接用货叉搬运。人工装卸工艺则完全采用人力作业或采用小型推车搬运堆码。输送式装卸工艺是采用输送带进行作业,掏箱时用人力将货物从箱内搬到箱外输送机上,通过输送带传送,再用人力分检堆码。装箱时工作流程与此相反。装卸工艺的选择,由货物的种类、批量、重量等因素决定。目前,我国公路中转站拆装箱的工艺多以人工装卸和小型低门架叉车为主。拆装箱场地的建造形式,有平地式和站台式两种。但无论哪种形式,其结构设计都应符合正常作业的要求,仓库要尽量靠近拆装箱堆场,减少机械作业时间,仓库大门的宽度和高度要满足装卸机械的工作要求,拆装箱堆场的长度和宽度要根据拆装箱作业线的设置要求而定。拆装箱堆场面积的确定取决于中转站的年拆装箱量、货物的仓储堆存期限、拆装箱作业的工艺方案和货物的分类。

拆装箱库面积可按下列计算公式确定:

$$A_{拆} = \frac{C_1 G S_1 g}{f} \quad m^2$$

式中:$C_1$——日平均拆装箱数量(TEU/天);

$G$——每箱货物的平均重量,一般取11~13t/TEU;

$S_1$——货物平均堆存期,一般取3~5天;

$g$——堆存每吨货物所需面积,一般取2~3$m^2$/t;

$f$——面积利用系数,一般取0.5~0.6。

## 五、集装箱货运站

集装箱货运站是处理拆装箱业务的场所。它办理出口货的交接、配箱积载后,将集装箱送往集装箱堆场,还接受集装箱堆场交来的进口货箱,并对其进行拆箱、理货、保管,最后交

给收货人。

集装箱货运站是国际集装箱运输及多式联运中极其重要的环节,通过集装箱货运站,可形成一个有机的深入内陆的运输网络,有效地进行集装箱货物的集合和疏运,实现集装箱的"门到门"运输。集装箱货运站主要是为了解决无法实现"门到门"运输的货物的保管和交接等问题而设置的。集装箱运输不可能全部都采用"门到门"运输的方式,这是因为:

(1)拼箱货物的大量存在。
(2)货主没有能力从事货物的装拆箱作业。
(3)货主的经营策略,可能认为在货运站进行装、拆箱作业更为有利。
(4)船公司和集装箱码头在计划安排上的需要,或者为了应付不寻常状况,从而放弃"门到门"运输等。

(一)货运站的种类

目前,集装箱货运站主要有以下三种类型:

(1)设在集装箱码头内的货运站。它是整个集装箱码头的有机组成部分。它所处的位置、实际工作和业务隶属关系与集装箱码头无法分割。其主要任务是承担收货、交货、拆箱和装箱作业,并对货物进行分类管理。

(2)设在集装箱码头附近的货运站。这种货运站设置在靠近集装箱码头的地区,处于集装箱码头的外面。它不是一个码头的组成部分,但在实际工作中与集装箱码头的联系十分密切,业务往来也很多,它承担的业务与上述货运站相同。

(3)集装箱内陆货运站(Container Inland Depot)。集装箱内陆货运站的主要特点是设置于运输经济腹地,深入内陆主要城市及外贸进出口货物较多的地方。主要承担将货物预先集中,进行装箱,装箱完毕后,再通过内陆运输将集装箱运至码头堆场,具有集装箱货运站和集装箱码头堆场的双重功能。它既接受货主交付拆装的整箱货与拼箱货,也负责办理空箱的发放和回收。

(二)集装箱货运站的主要任务

(1)集装箱货物的承运、验收、保管和交付。
(2)整箱货、拼箱货的装箱和拆箱作业。
(3)整箱货的中转。
(4)重箱和空箱的堆存和保管。
(5)货运单证的处理,运费、堆存费的结算。
(6)集装箱及集装箱车辆的维修、保养。
(7)其他。

可以发现,集装箱货运站的主要任务就是进行集装箱货物的装拆箱作业,负责集装箱货物的集中分散、堆存保管等作业。

(三)货运站的布置及规模

货运站最为显著的特点就在于它起到了货物的集散作用,这就决定了货运站设置的基本原则,即要尽量使它与铁路、公路等后方疏运网连接起来。

货运站场地面积的大小,主要根据货流结构、"门到门"运输的比重、大宗货的多少、货运站所使用的机械设备等情况来决定。一般说来,航线长、大宗货多,货运站就小;而航线短,小宗货多,货运站就相对大些。总之,货运站的布置,货运站的规模等等,不是一成不变的,它是随着诸如此类的因素的变化而变化的。

货运站一般设在港口、车站附近或内陆大城市交通方便的场所。货运站应设有仓库、堆场和便于车辆出入、疏运和操作的充分空地,并应有海关和检疫机构等办公地点以及必要的装卸设备。

**(四)集装箱内陆货运站**

集装箱运输的强大生命力及其与传统班轮运输的本质区别就在于它能开展"门到门"的多式联运。然而,集装箱运输所需的巨额投资以及规模经济的限制条件决定了集装箱船舶不可能像传统班轮那样挂靠众多的港口。显然,在这种情况下,集装箱运输要真正体现"门到门"的多式联运的优势,势必需要在内陆腹地以及集装箱港口周围的喂给港建立一定数量的集装箱内陆货运站或集装箱集散点。

集装箱内陆货运站是多式联运的一个极为重要、必不可少的中间环节。国际集装箱港口通过内陆货运站向内陆辐射的运输线(包括铁路运输线、公路运输线与航空运输线)将各个内陆货运站与港口组成一张覆盖港口、内陆腹地与附近喂给港的运输网。通过这张辐射状的运输网,托运人可以十分方便地将集装箱或货物交给位于附近的内陆货运站。反之,卸下船的集装箱通过这个运输网被有条不紊地疏散到分布在内陆腹地的内陆货运站,最终交付到收货人手中。从托运人托运货物或集装箱到收货人收到货物或集装箱,整个联运过程通过内陆货运站以及其他各种运输环节组成一个不可分割的有机整体,使集装箱"门到门"的多式联运优势得到充分的发挥。

1. 集装箱内陆货运站的具体职能

(1)内陆货运站是联系经济腹地的纽带和桥梁。货运站作为集装箱货物的集散点,起到了与内陆联系的纽带和桥梁的作用。我国内陆地区由于开展中外合资、合作,引进外资、引进先进技术和设备,使进出口贸易有了很大的发展,外贸进出口货物的种类和数量也越来越多,通过内陆货运站,可以迅速集中和疏运进出口货源,加强进出口货物在内陆地区的流转,并为集装箱运输提供稳定可靠的资源。

(2)内陆货运站可加强箱务管理,加快集装箱的周转。由于种种原因造成集装箱在内陆地区积压甚至流失,重箱卸完后空箱无人管,有的单位有空箱而无外贸货,只有将空箱运回港口;而有出口货源的单位又无空箱,影响外贸出口。通过集装箱内陆货运站,则可对发往内陆地区的集装箱进行跟踪、查询、实行有效管理和调节使用,不仅可解决空箱在内陆地区长期积压的问题,缩短集装箱在内陆的周转时间,而且还可提高空箱利用率和运输经济效益,促进集装箱运输的发展,为国际集装箱多式联运创造条件。

2. 集装箱内陆货运站的一般组成

从集装箱内陆货运站功能的需要来看,其组成要素应与集装箱码头相近,主要由以下几个部分组成:

(1)办理集装箱货物交接和其他手续的办公场所。
(2)接受、发放和堆存装拆箱货物及进行装拆箱作业的场所、仓库与相应的机械设备。
(3)集装箱堆场及堆场作业的机械设备。

(4)开展集装箱检验、修理、清洗等业务的堆场和条件。
(5)铁路运输装卸车作业的装卸线及装卸车的机械设备。
(6)拖挂车和汽车停车场及装卸汽车的场地和机械设备。
(7)能与港口码头、铁路车站等业务所涉及各货主、运输经营人等方便、快速、准确进行信息、数据、单证传输、交换的条件与设备。
(8)为海关派员及办理海关手续所需的各种条件及设施等。

3.集装箱内陆货运站的选址、数量与规模

集装箱内陆货运站的选址、数量与规模应根据集装箱的货源情况、交通条件等因素加以确定。一般地说,在货源比较集中的地区,内陆货运站的密度与规模相对应该大一些。内陆货运站的选址应设在交通方便的地方。所谓方便,应该既方便客户,也方便集装箱的集疏运。所以,内陆货运站一般应设在人口众多、商业发达、经济兴旺的地区,以便于集装箱在该地区集中与疏散到重要的铁路或公路干线的枢纽点上。

4.集装箱内陆货运站的经营人

集装箱内陆货运站的经营人是指对货运站进行投资建设、经营管理的机构。一般来说可以是海上运输的集装箱公司、铁路或公路运输经营人,也可以是开展集装箱多式联运的多式联运经营人、无船承运人和较有实力的货运代理人。从我国集装箱运输的发展来看,一些港口企业、地方主管机构也在其内陆腹地和本地采用独资和合作方式建立和经营内陆货站。

(五)集装箱内陆货运站操作实务

1.拆箱交货业务

(1)做好交货准备工作。集装箱货运站在船舶抵港前,应从船公司或船代处获得有关单证,包括提单副本、货物舱单、装箱单、货物残损的报告和特殊货物表等。在船舶进港时间、卸船和堆场计划确定后,货运站应与码头堆场联系,确定提取集装箱的时间,并制定拆箱交货计划,做好拆箱交货的准备工作。

(2)发出交货通知。货运站应根据拆箱交货计划,及时向各收货人发出交货日期的通知。

(3)从堆场领取载货的集装箱。与码头堆场联系后,货运站即可从堆场领取载货集装箱,并办理设备交接单手续。

(4)拆箱交货及还箱。从箱内取出货物,一般按装箱单记载顺序进行,取出的货物应按票堆存。拆箱后应将空箱尽快还给堆场,并办理设备交接单手续。货运站向收货人交付货物。交货时,应与收货人在交货记录上签字,如有异常,应在交货记录上注明。

(5)收取有关费用。交付货物时,货运站应查核所交付的货物在站期间是否发生保管、再次搬运等费用,如发生,则应在收取费用后交付货物。

(6)制作交货报告与未交货报告。集装箱货运站在交货工作结束后,应根据货物交付情况制作交货报告和未交货报告,并寄送给船公司或其他运输经营人,作为他们处理损害赔偿、催提等的依据。

2.出口装箱业务

(1)进行出口装箱的集货等前期准备工作。
(2)装箱。应根据货物的积载因数和集装箱的箱容系数,尽可能充分利用集装箱的容积,并确保箱内货物安全无损。

(3) 制作装箱单。货运站在进行货物装箱时,应制作集装箱装箱单,制单应准确无误。

(4) 重箱运至码头堆场。货运站在装箱完毕后,在海关监管下对集装箱加海关封志,并运至码头堆场。

3. 疏运及内陆堆场交货业务

集装箱货物由船上卸到码头堆场后,如需要继续运输(大多是联运货物),码头堆场应根据其流向,统一组织到各内陆港站的运输。由于各内陆港站距离港口较远,集装箱货物的疏运大多通过铁路,采用专列或整车形式运输。这些集装箱货物通过铁路专用线运达后,内陆港站的主要业务及要求有:

(1) 接受有关单证,做好接卸准备工作。

(2) 办理货物交接,组织卸车,并把货物运至堆场堆放。

(3) 在堆场交付货物。

以上业务内容及要求与码头堆场要求基本相同。

4. 对需要继续运输的货物统一组织,做进一步疏运工作

5. 回收空箱

集装箱内陆型货运站是集装箱运输系统中的重要组成部分,其集疏货物的功能是保证集装箱运输取得规模效益的基本条件之一,在集装箱货物多式联运中发挥着重要的作用。

# 项目实施

## 7-1 公路集装箱运输组织和单证流转

### 一、公路集装箱运输的货源组织

#### (一) 公路集装箱运输的货源特点

公路集装箱运输由于其货物的包装形态发生了质的变化,因此其货物的装卸、运输过程(即流程)也将发生变化。就其货物运输的流转程序来说,出口集装箱货物要么是先将分散的小批量货物预先汇集在内陆地区的几个仓库或货运站内,然后组成大批量货物以集装箱形式运到码头堆场,要么由工厂、仓库直接将货物整箱拖运到码头堆场。而进口集装箱货物如果是整箱运输的,将直接送往工厂或仓库掏箱,如果是拼箱运输的,将箱子送到堆场或货运站拆箱后再分送。这一种货物的运送方式同传统的运输运送方式有着很大的不同。首先它的运送路线简单、方便,一般都在固定的几个仓库或货运站、堆场,这对集装箱运输规模化、标准化创造了有利的条件;其次它的作业方式将更容易实现机械化和程序化,为开展集装箱码头堆场、货运站直至仓库之间拖挂车运输打下了良好的基础,这对提高集装箱公路运输效率有重要意义。

#### (二) 公路集装箱运输的货源组织

公路集装箱运输的货源组织包括两个方面,即公路集装箱运输货源组织的形式及其手段。

### 1. 公路集装箱运输货源组织的形式

公路集装箱运输货源组织的形式有计划调拨运输、合同运输以及临时托运三种：

(1) 计划调拨运输。计划调拨运输是由公路运输代理公司或配载中心统一受理本口岸进出口的集装箱货源，并由代理公司或配载中心根据各集装箱卡车公司(车队)的车型、运力以及基本的货源对口情况，统一调拨运输计划。它是我国目前集装箱货源组织的最基本形式。计划运输是保证集装箱公路运输正常发展的前提，也是保证企业效益的主要支柱。同时，计划运输对公路集装箱运输的运力调整和结构调整起着指导作用。

(2) 合同运输。合同运输是由船公司、货代或货主直接与集装箱卡车公司(车队)签订合同，确立某一段时间运箱量多少。它是公路集装箱运输的第二种货源组织形式，一般在计划调拨运输以外或有特殊要求的情况下采用。因长期的合同运输事实上也列入了计划运输之列，这对稳定货源、保证计划的完成同样具有积极的意义。

(3) 临时托运。临时托运可视为小批量的、无特殊要求的集装箱运输。它主要是一些短期的、临时的客户托运的集装箱，也是集装箱卡车公司(车队)组货的一个不可缺少的货源组织形式，一般说来它不影响计划运输和合同运输的完成。

### 2. 公路集装箱运输货源组织的手段

公路集装箱运输货源组织的手段表现为三个方面：

(1) 委托公路运输代理公司或配载中心组货

集装箱公路运输代理公司或配载中心一旦成立并发挥职能，其货源组织的能量是不可低估的。这不仅在于作为专业代理，与集装箱运输有关单位有密切的联系，业务熟谙，商务上也便于处理，更重要的是方便客户，有助于提高其知名度，反过来促进其业务量的增长。这是主要的货源渠道。

(2) 建立集装箱公路运输营业受理点

集装箱卡车公司(车队)在主要货主、码头、货运站设立营业受理点，有以下几个好处：能及时了解一些客户的急需或特殊需要；能更迅速地了解和掌握集装箱运输市场的动态信息；在公平、公开和公正的条件下适度竞争，有利于搞活集装箱运输市场。但是各集装箱卡车公司(车队)设立营业点必须行为规范，严格执行运价规定，并负责所产生的一切后果。

(3) 参加集装箱联办会议和走访货主

参加集装箱联办会议，有助于及时了解港区、货代和货主的货源情况，也是组货的一个好渠道。与此同时，要经常走访主要货主单位，与他们建立正常的业务联系，这是直接了解客户产销情况和集装箱运输需求变化的有效方式。要主动帮助客户解决运输疑难问题，与其确立稳定的业务关系。

## 二、公路集装箱运输货运流程

公路集装箱运输服务的对象不同则其业务内容及生产作业流程也稍有不同。

### (一) 港口进出口国际集装箱集疏运业务及其作业流程

1. 出口集装箱进港发送作业流程

(1) 接受托运人或其代理提出的集装箱出口托运申请。

(2)汇总托运申请,编制运输计划,并据此向货运代理和船公司联系提取空箱。

(3)将集装箱出口运输通知单和放箱单交集装箱码头或中转站,换取集装箱设备交接单、集装箱装箱单和铅封,并提取空箱。

(4)将空箱连同装箱单和铅封一起自集装箱码头堆场或中转站堆场运往托运人工厂、仓库或中转站(整箱货);自托运人工厂或仓库将拼箱货接运至中转站拆装箱库(拼箱货)。

(5)在货运代理、海关、商检等部门的监督下,把货物装箱加封后,将集装箱连同已填写、签署的装箱单送往集装箱码头,待船舶到港后准备装船。

(6)将装箱单和集装箱设备交接单提交集装箱码头,经核查后取得签发的集装箱交付收据。

2.进口集装箱出港送达作业流程

(1)接受货主或其代理提出的集装箱进口托运申请。

(2)汇总托运申请,编制运输计划,并据此向船公司和货运代理联系提箱。

(3)将集装箱进口运输通知单和提货单交集装箱码头,换取集装箱设备交接单,并在集装箱堆场提取重箱装车。

(4)整箱货集装箱运送至收货人工厂或仓库,拼箱货集装箱运回中转站集装箱作业区。

(5)拆箱后将空箱和设备交接单送回集装箱码头堆场或中转站集装箱堆场,集装箱经检查后取得签署的集装箱退回收据。

(6)将属于不同收货人的拼箱货在有关部门监督下,理货后分送有关收货人。

**(二)国内集装箱公铁联运上下站接取送达业务及其作业流程**

1.公铁联运集装箱上站发送作业流程

(1)接受托运人或其代理提出的货物托运申请。

(2)向铁路货运站提出联运申请和空箱要箱计划。

(3)待联运申请被答复后,领回铁路进货证和集装箱交接单,凭单提取空箱运至托运人工厂或仓库,或运回中转站堆场。

(4)将拼箱货自托运人工厂或仓库运至中转站,按铁路货运站配箱计划和积载要求装箱,并填写装箱单。

(5)按计划将重箱运送至铁路货运站,并按铁路有关规定办理集装箱交接。

(6)托运人按铁路运价交付运费,领回托运人报销联及铁路运单副本。

2.公铁联运集装箱下站送达作业流程

(1)接受收货人或其代理人提交的货物托运单、到货通知和领货凭证。

(2)将到货通知、领货凭证提交铁路货运站办理提箱手续,领取出门证及集装箱交接单。

(3)按计划到铁路货运站提取重箱,将重箱运至收货人仓库或中转站并办理交接手续。

(4)将拼箱货在中转站拆箱后通知货主提货,或送至收货人。

(5)将用毕的空箱送回铁路货运站,并办理集装箱交接手续。

(6)按规定向收货人收取运费和附加费。

**(三)公路干线集装箱直达运输业务及其作业流程**

(1)接受托运人或其代理提出的货物运输申请。

(2)审核托运单填写内容与货物实际情况是否相符,检查包装,过秤量方,粘贴标签、标志。

(3)按有关规定向托运人核收运杂费、附加费。

(4)按照零担运输作业程序核对装箱,当场进行铅封并编制装箱单。

(5)按班期将集装箱货物运送到对方站,凭铅封进行交接,明确相互责任。

(6)到站后将货物从集装箱内掏出,并以最快速度通知收货人在最短时间内将货物提走,以加速物资和仓库的周转。

### 三、公路运单

公路货物运单是公路货物运输及运输代理的合同凭证,是运输经营者接受货物并在运输期间负责保管和据以交付的凭据,也是记录车辆运行和行业统计的原始凭证。

**(一)运单应记载的主要内容(表7-1)**

**公路运单**　　　　　　　　　　　　　　表7-1

××省汽车货物运单

托运人(单位):　　　　　　　经办人:
电话:　　　地址:　　　　　　运单编号:

| 发货人 | | 地址 | | 电话 | | 装货地点 | | | 厂休日 | |
|---|---|---|---|---|---|---|---|---|---|---|
| 收货人 | | 地址 | | 电话 | | 卸货地点 | | | 厂休日 | |
| 付款人 | | 地址 | | 电话 | | 约定起运时间 | 月日 | 约定到达时间 | 月日 | 需要车种 |
| 货物名称及规格 | 包装形式 | 件数 | 体积 长×宽×高 (cm³) | 件重 (kg) | 重量 (t) | 保险、保价价格 | 货物等级 | 计费项目 | 计费重量 | 单价 |
| | | | | | | | 运费 | | | |
| | | | | | | | 装卸费 | | | |
| 货物名称及规格 | 包装形式 | 件数 | 体积 长×宽×高 (cm³) | 件重 (kg) | 重量 (t) | 保险、保价价格 | 货物等级 | 计费项目 | 计费重量 | 单价 |
| | | | | | | | | | | |
| | | | | | | | | | | |
| 合计 | | | | | | | 计费里程 | | | |
| 托运人注意事项 | | 付款人银行账号 | | 承运人记载事项 | | 承运人银行账号 | | | | |
| 注意事项 | 1.货物名称应填写具体品名,如货物品名过多不能在运单内逐一填写须另附物品清单。 2.保险或保价货物,在相应价格栏中填写货物声明价格。 | | | | | 托运人签章 年　月　日 | | 承运人签章 年　月　日 | | |

(1)运单的签发日期和地点。

(2)发货人的名称和地址。

(3)收货人的名称和地址。

(4)承运人的名称和地址。

(5)货物接管的地点、日期和指定的交货地点。

(6)一般常用的货物名称、包装方式,如属危险货物,还应注明通常认可的性能。

(7)货物件数、特性、标志、号码。

(8)货物毛重,或以其他方式表示的数量。

(9)与运输有关的费用(运输费用、附加费、关税以及从签订合同到交货期间发生的其他费用)。

(10)办理海关和其他手续所必需的通知。

此外,运单还应包括:是否允许转运的说明;发货人负责支付的费用;货物价值;发货人关于货物保险给予承运人的指示;交付承运人的单据清单;有关履行运输的期限等。

### (二)运单的性质及效力

在公路货运业务中,习惯认为运单的签发是运输合同的成立,因此,公路货运公约规定:"运单是运输合同,是承运人收到货物的初步证据和交货的凭证。"因此运单的意义体现于以下几点:

(1)运单是运输合同。

(2)运单是货物的收据、交货的凭证。

(3)运单是解决责任纠纷的依据。

(4)运单不是物权凭证,不能转让买卖。

公路货运公约第四条规定:"运输合同应以签发运单来确认,无运单、运单不正规或运单丢失不影响运输合同的成立或有效性,仍受本公约的规定约束。"运单签发有发货人、承运人签字的正本三份,这些签字可以是印刷的,或为运单签发国的法律允许,也可由发货人和承运人以盖章替代。第一份交付发货人,第二份应跟随货物同行,第三份则由承运人留存。

不管运单中包括任何相关条款,但凡该运输未遵照公路货运公约各项规定的,承运人应对由于处置货物的行为或不行为而遭受的所有费用、货物灭失或损害负责。

### (三)运单主体的注意事项

1.承运人在接受货物时的注意事项

(1)查验运单中有关货物件数、标志、号码的准确性。

(2)检查货物的外表状况及其包装。

(3)检查托运人是否正确填写货物运单。

2.托运人在办理托运时的注意事项

(1)一张运单托运的货物必须是属同一托运人,对拼装分卸的货物应将每一拼装或分卸情况在运单记事栏内注明。

(2)易腐、易碎、易溢漏的液体和危险货物同普通货物,以及性质相抵触、运输条件不同的货物,不得用同一张运单托运。

(3)一张托运单托运的货物,凡不具备同品名、同规格、同包装的,以及搬家货物,应提交物品清单。

(4)托运集装箱,应注明箱号和铅封印文号码;接运港、站的集装箱还要注明船名、航次或车站货、箱位,并提交装箱清单。

(5)轻泡货物及按体积折算重量的货物,要准确填写货物的数量、体积、折算标准、折算重量及其有关数据。

(6)托运人要求自理装卸车的,经承运人确认后,在运单内注明。

(7)托运人委托承运人代递有关证明文件、化验报告或单据等,须在托运人记事栏内注明名称和份数。

(8)托运有特殊要求的货物,在运单托运人记事栏内注明商定的运输条件和特约事项。

(9)托运人必须准确填写运单的各项内容,字迹要清楚,对所填写的内容及所提供的有关证明文件的真实性负责,并须签字盖章;托运人或承运人改动运单时,亦须签字盖章证明。

【复习思考题】

一、填空

1.集装箱牵引车按司机室的形式分为(　　)和(　　)。
2.集装箱牵引车拖带挂车的方式有(　　)、(　　)、(　　)三种。
3.公路车辆上固定集装箱常用的方法为(　　)。
4.按国际标准,40ft集装箱最大额定重量为(　　)。
5.集装箱的检查分为(　　)、(　　)、(　　)、(　　)和(　　)。
6.将货物密度大于集装箱单位容重的货物称为(　　)。

二、简答

1.集装箱公路运输有什么特征?
2.集装箱公路运输中转站有哪些功能?

# 项目八　铁路集装箱运输组织

**知识要点**

1.铁路集装箱运输概述；
2.铁路集装箱基本知识；
3.铁路运输责任界定；
4.铁路集装箱运输企业及其业务。

**项目任务**

1.铁路集装箱运输组织；
2.铁路运输保险办理。

**项目准备**

1.场地、工具准备：设备交接单、铁路运单；
2.人员安排：学生按流程岗位分组(发货人、收货人、铁路办理站站、港口、集卡司机等)，演练铁路运输集装箱流转组织。

**相关理论知识**

## Ⅰ　铁路集装箱运输概述

### 一、国外铁路集装箱运输的特点

1.运量不断增长

近几年来，西方发达国家的铁路集装箱运输基本保持了增长的势头。日本铁路基本上把全部适箱货物都纳入集装箱运输，货物总发送量中集装箱占33.3%；货物周转总量中集装箱占66.6%。美国铁路的集装箱运输仅次于煤炭，列第二位。同样在法国、德国等欧洲国家，集装箱运量都占有较大比重，一般可占到总货运量的15%~20%，并以6%~9%的速度增长。

2.设备不断更新

装载集装箱的铁路车辆从敞车、平车过渡到了骨架结构的集装箱专用平车。
美国铁路出现了两种全新结构的车辆：一种是铰接在一起，中间共用一个转向架。这种绞车组通常由5辆车组成，共使用6个转向架，这样车辆自重就减轻了很多，并且这种车适应性很广,可装载 20ft、40ft、45ft 的集装箱。另一种车辆是双层集装箱专用平车,这种车辆的出现可称之为集装箱装运的一次革命。首先它降低了车辆承载面的高度,以便装载两层集装箱;其次根据铰接车组的经验,把 5 辆双层集装箱车铰接在一起,大大降低了车辆的自重系数,并采用了高速转向架和先进的制动系统,从而减少了牵引燃料的消耗,降低了运输成本,大大提高了铁路通过能力。

3.组织方法不断改进

(1)建立集装箱运输通道,开行定期直达列车。集装箱直达列车的意义体现在货物的时间价值上。如从洛杉矶至芝加哥 3218km,双层集装箱列车需运行 52h,旅行速度达到 62km/h,与我国的特快旅客列车速度相近。又如,从日本东青森至隅田川的 3050 次列车,东青森发车时间为 18:00,到达隅田川的时间是次日早晨 5:27,还能赶上东京的早市,运行速度也超过了 60km/h。途中需要停靠八户和盛冈进行集装箱装卸作业,由于装卸作业就在到发线进行,一般只需 20~30min,这样就大大提高了集装箱列车的旅行速度,并能按运行图正点运行。

(2)国际多式联运和大陆桥运输。大陆桥运输往往包含于国际多式联运之中,而国际多式联运往往又是以集装箱为媒介。现在世界上很多发达国家已发展了以集装箱为中心的国际多式联运网络。国际多式联运,改善了不同运输方式之间的连接,提高了综合运输效益,简化了运输手续,降低了运输成本,是一种经济便捷的运输方式,受到国际客商的青睐。

## 二、加拿大铁路集装箱运输实例

1.铁路

加拿大铁路主要有太平洋铁路公司和国家铁路公司,线路总长度近 1.5 万 km。这两大铁路公司构成了从太平洋口岸的温哥华至大西洋口岸的蒙特利尔的加拿大大陆桥,横穿北美洲大陆。加拿大除了在本国建设铁路外,还将铁路延伸到了邻国美国,与美国的肯塔基州、密苏里州及华盛顿州等铁路枢纽衔接。加拿大铁路有温哥华、埃德蒙顿、卡尔加里、温尼伯、多伦多、蒙特利尔及魁北克等 13 个主要铁路枢纽。

2.铁路货场

加拿大铁路集装箱货场位置一般远离城市范围,距离城市约 10~40km,大部分预留远期发展的条件。货场均位于铁路干线上,与枢纽编组站间有便捷的通路,通向货场均有发达的公路运输网络,并与国道及高速公路相连。加拿大的城市一般有 2~3 个铁路集装箱货场。

3.港口集装箱铁路货场

加拿大港口集装箱铁路货场一般是铁路货场与港口相邻布置,便于集装箱的装卸作业。铁路货场的到发线与货物装卸线一般呈横列式布置,长度在 1000m 以上,基本上为贯通式布置。

在港口集装箱货场中,当集装箱船上的集装箱到达港口后,由铁路送达内陆的作业流程为:集装箱船上的集装箱—岸桥吊运集装箱—港内拖挂车将集装箱托运至货场—按铁路编组计划直接用轮胎式龙门吊(或正面吊)装上铁路车辆(或运至龙门吊范围内的堆箱场等待装车)—由港务局进行调车作业送至前方编组站向铁路公司进行交接—送至其他集装箱货场。

由铁路运达港口装船的集装箱的作业流程为:由铁路其他货场将集装箱运至港口前方编组站进行交接—港务局进行调车作业—编组站送至本站装卸线或到发线由轮胎式龙门吊(或正面吊)装上场内拖车直接装船(或运至发送堆放场存放)—按计划由集装箱船送至其他港口。

4.内陆集装箱铁路货场

内陆集装箱货场的到发线与货物装卸线一般也呈横列式布置。货物装卸线长度在1000m以上,大部分为贯通式布置,使集装箱专列有直接到装卸线的条件。集装箱货场内的地面为沥青混凝土硬化地面,道床为碎石道碴,在木轨枕之上铺设沥青混凝土,与硬化地面形成统一的整体,既清洁又便于装卸作业。

其作业方式是:经铁路发送的集装箱,由各物流企业将集装箱由集装箱拖挂车经公路运至集装箱货场—在入场处检查集装箱的状态并将有关数据输入手持微机—汽车将集装箱送至场内指定车辆或发送区堆放场—由正面吊直接装车或卸至发送作业区—组织集装箱专列由装卸线(或到发线)经环线直接发车发送至其他集装箱货场。

由铁路到达的集装箱专列一般直接接入装卸线,由到达机车担负装卸线的取送作业,由正面吊直接装上拖挂车送达货主。经铁路中转的集装箱由集装箱专列送达货场后,与货场集结的集装箱按编组计划重新组成集装箱专列送至到站。

加拿大铁路集装箱货场的装卸机械多数采用正面吊的工艺方案,个别货场仍采用轨道式或轮胎式龙门吊,但即将被作业灵活、投资少、作业效率高的正面吊所取代。集装箱的掏装箱作业均由设在货场周围的物流企业进行。

5.集装箱铁路货场与物流系统

加拿大太平洋铁路公司和国家铁路公司的集装箱货场与物流系统的关系具有一些共同点:第一,结点站本身不具有物流功能,也没有物流系统的设备、人员和业务活动;第二,结点站只办理集装箱的到发和中转业务,不办理掏装箱业务;第三,物流由货主或货代公司、配送中心等铁路系统外的专门从事物流业务的部门进行;第四,结点站周围建有物流企业的仓储设施。

在结点站开办集装箱运输业务后,逐渐吸引物流企业在结点站周围预留的发展用地上建设其仓储设施或配送中心,并进行掏装箱作业。国内集装箱的联运一般由铁路公司承运并组织多式联运,与货运公司订立合同解决汽车运输,提供门到门的服务;国际集装箱的联运一般由船运公司承运,并组织多式联运,铁路公司只负责铁路运输及结点站的装卸作业,货主在铁路结点站取送集装箱须出示船运公司和海关的有关文件或单据。

## 三、我国铁路集装箱运输的发展

"十五"期间,我国铁路的集装箱运输主要以改善货物运输质量、提高货物送达速度、积极开展多式联运、实现门到门运输、提高经济效益及竞争力为目标,依托"八纵八横"铁路主通道,加强集装箱场站建设,扩大集装箱的保有量,发展集装箱专用车辆,为铁路集装箱的运输发展提供保证。我国正在建立国际集装箱运输多式联运系统,沿海的集装箱换装基地已基本与铁路和高速公路连接。我国铁路货物的20%已由集装箱运输。

## （一）新亚欧大陆桥

1992年9月，我国开通新亚欧大陆桥的国际集装箱运输业务。1990年5月，国务院生产办、铁道部、铁路对外服务公司、交通部、外经贸部、国家科委、海关总署组成了新亚欧大陆桥试验运输组。1990年9月，乌鲁木齐—阿拉山口间的北疆铁路开通，并在阿拉山口建设可容纳15辆车皮的大型内调车场，全长126m，场内配备2台36t起重机，用于将集装箱换装上俄罗斯列车。该陆桥可运输40ft箱，从连云港到荷兰鹿特丹港全长10800km，运输时间为23~24日，在连云港装卸、换装铁路列车需2日，连云港到阿拉山口需7日，在中俄国境中转需2日，在中国境内共需11.5日。提货单的签发由铁路对外服务公司、中远、中外运、中外代办理。连云港作为新亚欧大陆桥东方桥头堡，连云港集装箱公司、中海集装箱运输公司已承担起全部国际集装箱运输的过境转运任务，进入稳定正常、大批运输国际集装箱货物的新阶段。

新亚欧大陆桥较西伯利亚第一大陆桥近3000公里，比海运距离缩短上万公里。自开通运营以来，过境国际集装箱运量已近10万TEU（国际标准集装箱），已有十多个国家和地区利用其开展运输。据测算，若每日对开一列货车，新亚欧大陆桥一年可过境7.3万TEU，直接的和间接的经济效益每年可达5000多万美元。目前，我国已把连云港集装箱运输列入《中国21世纪议程》，连云港已成为集装箱枢纽港、区域性国际交通中心。随着陆桥的运营、WTO贸易的扩大，这条国际通道集装箱运输将更加红火、前景看好。

## （二）重视结点站和集装箱"门到门"全程运输办理站的建设

《全国铁路集装箱结点站总体规划方案》是鉴于我国铁路集装箱运输发展比较滞后而作出的，主要目的是为加快铁路集装箱运输发展，提高铁路的市场竞争力，优化运输资源配置。根据规划，到2010年铁路集装箱运输为1100万TEU。为此，铁道部在全国范围内建设北京、天津、广州、上海、成都、昆明、重庆、乌鲁木齐、兰州、哈尔滨、西安、郑州、武汉、沈阳、青岛等18个铁路集装箱结点站的总体布局规划，并同时加快全国集装箱管理信息系统的统筹规划和研制开发工作。

为便于托运人能在自己的仓库直接将货物装箱，并将箱内货物直接送到收货人仓库，从2001年起，在全国的集装箱办理站间实行了集装箱"门到门"全程运输。托运人只要将所需装运的集装箱种类及装箱地点和对方收货地点的邮政编码号报到集装箱"门到门"全程运输办理站，就可计算出铁路和公路运输的总费用，并由集装箱"门到门"办理站办理接取送达业务。铁路集装箱全程运输服务网络的铁路局及其下属的办理站有：

哈尔滨局：滨江西、齐齐哈尔、佳木斯、牡丹江；

沈阳局：沈阳东、长春东、金州；

北京局：广安门、大红门、北京东、天津南、南仓、石家庄、太原东；

呼和浩特局：呼和浩特、包头东；

郑州局：郑州东、洛阳东、西安西、汉西；

济南局：济南、铜山；

上海局：上海西、北郊、无锡南、常州南、南京西、蚌埠、合肥、南星桥、金华、宁波北、福州东、厦门北；

南昌局:南昌南、景德镇东;
广州局:大朗、广州南、石围塘、三眼桥、佛山东、深圳北、长沙北;
柳州局:柳州东、南宁、湛江;
成都局:成都东、绵阳、重庆东、重庆南、贵阳东、昆明东;
兰州局:兰州北、银川;
乌鲁木齐局:乌北。

### (三)集装箱追踪查询系统

为了及时掌握集装箱在铁路运输途中的运行情况,近年来,铁道部不断开发了计算机TMIS系统,在集装箱的发站进入计算机集装箱追踪查询系统,根据集装箱箱号就可以查出所装出的集装箱是否到达到站或在哪个区段运行。

### (四)铁路集装箱运输系统的建立

**1.铁路与港口合作共同建立的铁路集装箱办理站**

"港站"是铁路与港口合作共同建立的铁路集装箱办理站,是海运和铁路联合运输的连接点和中转站,为集装箱多式联运打下基础。铁路局与港务局联手,建立铁路集装箱办理站,实现了路港业务"一个窗口,一票结算",为实现海铁联运一体化经营,减少运输环节,缩小运输周期,降低运输费用,推进海上口岸国际集装箱吞吐量,有着显著的社会效益和经济效益。

**2.集装箱"五定班列"运输**

为了适应集装箱运输市场的需要,从1998年4月2日起,铁路开行了定点、定线、定车次、定时间、定运价的集装箱运输"五定班列"。由于其时效性和安全性的特点,受到广大货主的欢迎。目前,仅上海地区的"五定班列"可发往成都、重庆、昆明、贵阳、广州、北京、乌鲁木齐、哈尔滨、沈阳等地区。由于国际集装箱运输对时效性的要求比较高,特别是海铁多式联运"大通关"的国际集装箱对提单有关条款兑现的时效性要求更高,各铁路分局明确规定对开行"定点、定线、定车次、定时间、定运价"的集装箱运输"五定班列"在挂运车辆时,优先挂运国际集装箱。新开的、比较典型的"五定班列"有:

(1)新疆乌鲁木齐至天津港的"五定"全集装箱班列,已经开始运行。班列由乌鲁木齐北站开出,终点为塘沽、塘沽南、新港站和天津港站,实现了真正的陆、铁、海联运和门到门运输服务。它的开通解决了新疆远离港口的运输困难,大大缩短了新疆与天津港的距离,同时发挥了集装箱和铁路运输的综合优势,每年为天津港提供近万个TEU的固定货源。

(2)昆明至黄埔至深圳的集装箱运输班列开通。它标志着中国远洋运输(集团)总公司旗下的中国远洋物流公司和昆明铁路局联手构建西南物流大通道,为云南省外贸货物出滇开辟了一条便捷的出海通道。该专列由昆明东站始发至广州黄埔站,再经下元到达深圳的平湖南站,每周开行多班。实行定点、定线、定时、定价、定车次的运输方式,集中了运输价格、运输时效、适运货物范围广、一次托运、一票到底、一次付费、全程服务的"一条龙"的集装箱运输和铁路运输的综合优势。中远物流公司与铁道部门先后联合开通了多条全集装箱"五定班列"。

(3)大连港正式包租大连至长春的内贸集装箱班列。这是大连港打造内陆铁路集疏运网络的重大举措。大连港目前已拥有大连—沈阳、大连—哈尔滨、大连—延吉、大连—长春、大连—长春南集装箱班列,初步构建了以大连港为转运中心,以铁路集装箱班列为主干线的铁路集疏运网络,服务网点基本覆盖了东北地区的主要城市。

(4)深圳、成都铁路货运"五定"班列开通。此铁路集装箱运输将扩大海铁联运货运市场,已成为四川省进出口物资和珠江三角洲入川物资的快速通道。实施海铁联运,构筑深蓉间快速、便捷、高效的物流大通道,是实施西部大开发的战略需要。成都是西南地区的经济中心城市,深圳需要加强与成都以及西南地区的经济合作,拓展深圳经济发展的腹地;同时海铁联运也有利于深圳建设物流中心城市,使深圳成为西南、中南地区的出海口,增强经济的集聚和辐射功能。由于现在深圳和香港两地港口业务合作十分密切,深蓉海铁大通道的打通,有利于巩固香港航运中心的地位,保持香港的繁荣稳定。

**(五)我国铁路集装箱运输存在的问题**

(1)我国是大陆型的国家,陆上运输还得以铁路运输为主。我国集装箱运输突出的问题就是铁路运输能力紧张,铁路车辆的载重量利用不充分。

(2)我国铁路集装箱办理站少,而且分散。开办集装箱办理站应符合货运作业集中化的原则,以便集中箱流,开行直达列车,提高集装箱运输效益。直达列车在途作业时,不进编组场,也不进货场,装卸作业就在到发线进行,以缩短列车在站停留时间。

(3)我国铁路集装箱运载工具落后。我国集装箱专用车的设计还要适应高速运行的要求,转向架、制动系统和锁闭系统都要改进。根据我国目前情况,开行固定车底的集装箱直达列车还有一定困难,途中装卸作业要在到发线进行。为保证作业安全和提高作业效率,宜使用集装箱专用平车,装运集装箱采用水平装卸机械(叉车、正面吊运机)进行装卸作业,为压缩装卸作业时间,甚至可以把堆放场建成普通货物站台,减少装卸机械的垂直起落行程,提高装卸速度。

(4)我国需多开通集装箱运输通道,开行集装箱直达列车。我国开通的集装箱直达列车非常少。应在集装箱流量大、去向稳定的经济发展区之间建立这种集装箱运输通道,如北京—广州、北京—上海、北京—哈尔滨、连云港—阿拉山口等。

(5)多式联运起步晚、运量少。其实联运在我国也不是全新的概念,早在中华人民共和国成立初期,我国就开展了以铁路为主的一条龙运输,但作为具有现代化的国际集装箱的多式联运方式还是近几年才开始的。集装箱是开展联运的最好媒介,联运又是提高综合运输系统整体效益的基本措施。这里包括国际多式联运,也包括国内各种联运方式,如海铁联运、公铁联运、远洋—铁路—内河的联运等等。

# II 铁路集装箱基本知识

## 一、铁路货运常识

**1.铁路货物运输的种类分为整车、零担和集装箱**

一批货物的重量、体积或形状需要以一辆以上货车运输的,应按整车托运;不够整车运输条件的,按零担托运;符合集装箱运输条件的可以按集装箱托运。按零担托运的货物,一件体积不得小于$0.02m^3$(一件重量在10kg以上除外),每批不得超过300件。

## 2.铁路货物运输常用车辆名称、代号及用途

(1)敞车(C),可装运不怕湿的货物,如装货后苫盖篷布也可装运怕湿货物。
(2)棚车(P),用于装运贵重怕湿货物。
(3)平车(N),主要用于装运集装箱、钢轨、汽车、拖拉机、军用物资及长大、笨重货物。
(4)冷藏车(B),主要用于装运易腐货物。
(5)家畜车(J),用于装运牛、猪等家畜。
(6)罐车(G),专门用于装载液体状态的货物。

## 二、托运货物的基本要求

(1)托运人因一批托运的货物品名过多,不能在运单(表8-1)内逐一填记,或托运搬家货物,以及同一包装内有两种以上货物,须提出物品清单一式三份。

铁 路 运 单　　　　　　　　　　　　表 8-1

| 托运人填写 | | | | 承运人填写 | | | |
|---|---|---|---|---|---|---|---|
| 发站 | | 到站(局) | | 车种车号 | | 货车标重 | |
| 到站所属省(市)自治区 | | | | 施封号码 | | | |
| 托运人 | 名称 | | | 经由 | | 铁路火车篷布号码 | |
| | 住址 | | 电话 | | | | |
| 收货人 | 名称 | | | 运价里程 | | 集装箱号码 | |
| | 住址 | | 电话 | | | | |
| 合计 | | | | | | | |
| 托运人记载事项 | | | | 承运人记载事项 | | | |
| 注:本单不作为收款凭证。托运人签约须知见背面 | 托运人签字或者盖章　　　　　　　　　　　　　　　　　　　　　　　　　　　　　　　　　　　年　月　日 | | | 到站交付日期戳 | 发站承运日期戳 | | |

(2)托运人对其在货物运单和物品清单内所填记事项的真实性应负完全责任,匿报、错报货物品名、重量时还应按照规定支付违约金。

(3)托运人托运易腐货物,应在货物运单"货物名称"栏内填记货物名称,并注明其顺号及热状态,同时在"托运人记载事项"栏内注明易腐货物容许运输期限。托运需检疫运输的易腐货物时,应按国家有关规定提出检疫证明。

(4)托运人托运危险货物时,须出具《铁路危险货物托运人资质证书》、经办人身份证和铁路危险货物运输业务培训合格证书。

托运危险货物时,应在货物运单"货物名称"栏内填写危险货物品名索引表内列载的品名和编号,并在运单的右上角,用红色戳记标明类项。托运危险货物品名索引表未列载的危险货物时,托运人在托运前向发站提出经县级以上主管部门审查同意的危险货物运输技术说明书,发站按有关规定申请报批手续。

托运人托运易燃、易爆、有毒、有腐蚀性、有放射性等危险物品,应当按照国家有关危险物品运输的规定,对危险物品妥善包装,作出危险物标志和标签并将有关危险物品的名称、性质和防范措施的书面材料提交承运人。

(5)托运人托运零担货物,应在每件货物上标明清晰明显的标记,标记应用坚韧材料制作。在每件货物两端各粘贴或钉固一个,包装不适宜粘贴或钉固时,可使用拴挂的办法。托运行李、搬家货物除使用布质、木质、金属等坚韧材料的货签或书写标记外,还应在货物包装内部放置标记(货签)。托运人应根据货物性质,按照国家标准,在货物包装上做好包装储运图示标志,货件上与本批货物无关的运输标记和包装储运图示标志,托运人必须撤除或抹销。

(6)货物运输包装:托运人应根据货物的性质、重量、运输种类、运输距离、气候以及货车装载等条件,使用符合运输要求,便于装卸和保证货物安全的运输包装。有国家包装标准或铁道部包装标准(行业包装标准)的按国家标准或铁道部标准(行业标准)进行包装。

(7)托运人必须派人押运的货物:活动物,需要浇水运输的鲜活植物,生火加温运输的货物、挂运的机车和轨道起重机以及规定应派押运人的货物,托运人必须派人压运。压运人数,除特定者外,每批不应超过2人。

### 三、托运手续

(1)托运人办理货物运输,应在运单中向承运人准确表明收货人的名称或者姓名,货物的名称、性质、重量、数量和到站名称,并对其真实性负责。

(2)托运人应按照货物运输合同约定的时间和要求,向承运人交付托运的货物,并向承运人交付规定的运输费用。

(3)货物运输需要办理审批、检验等手续的,托运人应将办理完有关手续必需的文件提交承运人。

(4)托运人在托运货物时,不得在普通货物中夹带危险货物。

(5)在运输途中需要特殊对待的货物,托运人须派人押运。

(6)托运人持货物运单向承运人托运货物时,应遵守铁路货物运输的有关规定。

(7)领货凭证(表8-2)与铁路运单是同时签发的。托运人应及时将领货凭证寄交收货人,凭此联系到站领取货物。

## 领 货 凭 证    表 8-2

车种　　　　　　　　车号

货票第　　　号

运到日期　　　日

|  |  |  |
|---|---|---|
|  |  |  |
|  |  |  |
| 托运人签字或者盖章 | | |
| 发站承运人日期戳 | | |

### 四、托运人付款

(1) 零担、集装箱货物进货完毕经发站验收后,必须在当天缴付运杂费。整车货物应在发站承运货物的当日交付运杂费。对 18 点以后承运的货物,可以在次日支付。超过期限,每天核收 1% 的迟交金。

(2) 因托运人责任造成运杂费不能按时进账时,承运人按规定核收迟交金。

### 五、铁路集装箱的分类

(1) 按箱型分为:1t 箱、5t 箱、10t 箱、20ft 箱、40ft 箱。

(2) 按箱主分为:铁路集装箱和自备集装箱。铁路集装箱是铁道部所属的集装箱,自备集装箱是托运人配置或租用的集装箱。用于国内铁路运输的自备集装箱,应符合《自备集装箱编号和标记涂刷规定》;用于国际间进出口运输的国际集装箱,应根据国际有关条约和协议的规定,经有关机构鉴定或认可,在箱体上做相应的标记。不符合规定的,不能按集装箱办理运输。

(3) 按类型分为:通用集装箱和专用集装箱。

# Ⅲ 铁路运输责任界定

## 一、铁路运输的责任期间

按《中华人民共和国铁路法》有关条文精神,铁路应当按照与托运人签订的运输合同约定的期限或铁道部规定的期限,将货物运送到站,逾期运到的,铁路运输企业应当支付违约金。因此,托运货物,应该计算铁路规定的期限,如该期限无法满足托运人需要(如超过托运人与收货人约定的交货期限),则要改变托运方式,如铁路包裹、快运或航空,以免造成不必要的损失。铁路规定的货物运到期限从承运人承运货物的次日起,按下列规定计算:

(1) 货物发送期间为 1 日。

(2) 货物运输期间:每 250 运价公里或其未满为 1 日;按快运办理的整车货物每 500 运

价公里或其未满为 1 日。
(3)特殊作业时间:
①需要中途加冰的货物,每加冰一次,另加 1 日。
②运价里程超过 250km 的零担货物和 1t、5t 型集装箱货物,另加 2 日;超过 1000km 加 3 日。
③一件货物重量超过 2t、体积超过 3m³ 或长度超过 9m 的零担货物及零担危险货物另加 2 日。
④整车分卸货物,每增加一个分卸站,另加 1 日。
⑤准、米轨间直通运输的整车货物,另加 1 日。
货物实际运到日数的计算:起算时间从承运人承运货物的次日(指定装车日期的,为指定装车日的次日)起算。终止时间,到站由承运人组织卸车的货物,到卸车完了时止;由收货人组织卸车的货物,到货车调到卸车地点或货车交接地点时止。货物运到期限,起码天数为 3 日。

## 二、除外责任

由于种种原因,货物在运输途中造成的滞留时间,应从实际运到日数中扣除,原因大致有:
(1)因不可抗力的原因(如地震、水灾等)引起的。
(2)由于托运人责任致使货物在途中发生换装、整理所产生的。
(3)因托运人或收货人要求运输变更所产生的。
(4)运输活动物,由于途中上水所产生的。
(5)其他非承运人责任发生的。

## 三、对某些货物的运输限制

国务院和省(市)、自治区政府,对某些品名的货物的铁路运输作了一定的规定,限制其在一定区域内流通运输,或是某些品名的货物需凭一定级别政府和地方指定机构出具证明,才准运输。因此,托运人要明确所托运货物是否属于这些限制范围,如果是属于这些限制运输的货物,应按国务院或地方政府的规定,由上级部门统一归口向铁路提出或按规定办理有关证明文件。

对物资运输限制,国务院在《关于物资运输限制暂行办法》中作了明确规定,具体项目有:珍贵文物图书出口运输,鸦片、海洛因、吗啡等运输,罂粟壳运输,麻醉药品国内运输,麻醉药品出入口限制,金属矿砂等运输,五金、电料建筑器材运输,杂铜运输,废钢运输,炸药运输,粮食运输,木材运输,内蒙古自治区物资运输等。

## 四、铁路运输当事人的权利和义务

铁道部根据 1982 年 7 月 1 日起实施的《中华人民共和国经济合同法》的有关规定,制订了《铁路货物运输合同实施细则》。根据铁路货物运输合同,托运人应承担的义务是按合同约定的时间和有关要求(如进行货物包装、缴付有关证明文件、提供装车备品和加固材料和派押运人等),向承运人交付托运的货物,并向承运人交付规定的运输费用。托运人有权要求承运人在指定期限和到站,将货物完整、无损地交给收货人;货物发生货损货差、承运人多收运输费用或运输违约,托运人有权要求赔偿或退款。

承运人应承担的义务是将承运的货物按照合同规定的期限,将货物完好、按期运抵到站交收货人。承运人有权向托运人或收货人收取运输费用;由于托运人或收货人责任,给铁路或第三者造成财产损失,承运人有权要求托运人或收货人赔偿;承运人对无法交付货物和运输阻碍,有权按章处理。

收货人的义务是在货物免费暂存期限内将货物搬出车站,缴清托运人未交或少交的一切运输费用,按铁路规定处理其他未尽事实。因承运人责任发生货损货差或运输违约,有权要求赔偿和退款。

# Ⅳ 铁路集装箱运输企业及其业务

## 一、中铁集装箱运输有限责任公司(CRCTC)简介

中铁集装箱运输有限责任公司(CRCTC)是我国主要的铁路集装箱运输企业。中铁集装箱运输有限责任公司(CRCTC)的前身是中铁集装箱运输中心(CRCT)。该中心于1995年脱离铁路总体管理体制,作为铁道部的直属机构而正式成立。

中铁集装箱运输有限责任公司已于2003年12月28日正式挂牌成立,该公司是通过整合铁路集装箱运输资源而成立的国有大型集装箱运输企业。由于铁路集装箱运输体制的改革,将更加有利于适应市场需要和服务于运输市场。公司开展国际集装箱运输业务、(国内)集装箱全程运输服务业务、特种集装箱运输业务、国际货运代理等业务,已在铁路运输的主要干线上投入和开行铁路双层集装箱运输班列,以此提供更大的运力保证和更好的运输服务。

中铁集装箱运输有限责任公司是中华人民共和国铁道部直属的全国性铁路集装箱运输企业,自主经营,独立核算,是国内铁路集装箱运输唯一具有承运人资格的企业法人。中铁集装箱运输有限责任公司与全国14个铁路局、50个铁路分局、617个站段的集装箱机构构成中国铁路的集装箱运输系统,进行全国性集装箱、零担、篷布的运输、经营、管理工作。

## 二、中铁集装箱运输有限责任公司(CRCTC)业务

1.资产与运量

中铁集装箱运输有限责任公司总资产26.4亿元人民币,拥有各类普通及专用集装箱14.67万TEU,其中20、40ft干货箱6.44万个,20、40ft冷藏集装箱62个,40ft发电箱3个,20ft罐式箱100个。2003年的集装箱运量为316万TEU,完成70亿人民币的营业额和9863万人民币的利润。

### 2. 集装箱货场

中铁集装箱运输有限责任公司系统在国内拥有集装箱货场529个,可为国内外客户提供集装箱国内、国际、过境运输和集装箱租赁、拼箱、运输代理、门到门运输、技术咨询等服务。

### 3. 港口集装箱办理站

铁路与港务局合作,在全国12个主要港口建立了铁路集装箱港站。国际集装箱抵港后,可一次办理港口、海关、铁路全部手续,直接装车运输,减少了中间环节,简化了办理手续,缩短了运输时间,降低了运输费用。

### 4. 集装箱班列

中铁集装箱运输有限责任公司开行的集装箱班列,采取定点、定线、定车次、定时间、定价格的方式,实行一次受理、一次收费、一票到底的包干运输。班列服务周到、手续便捷、运送及时、安全可靠、价格优惠,客户可通过临时订车位、短期包车位、长期包车包列等形式与集装箱中心建立业务联系。在集装箱托运手续上,客户可选择车站办理、电话委托以及上门办理等方式;在运输方式上,客户可选择站到站或"门到门"两种运输形式;在运输费用上,可以按量给予优惠,对于长期包车、包列的客户,实行特别优惠价。客户可通过电话、传真、互联网等方式查询集装箱运输信息。

### 5. 中铁集装箱有限责任公司系统开行的集装箱班列

(1)哈尔滨↔大连

(2)北京→满洲里→莫斯科

(3)北京→广州

(4)天津→北京↔成都

(5)天津→北京→成都

(6)西安↔郑州↔青岛

(7)武昌→上海

(8)郑州↔上海

(9)郑州↔广州

(10)武汉→成都

(11)徐州→重庆

(12)青岛、中云→阿拉山口

(13)平湖↔广州↔昆明

(14)柳州→贵阳→重庆→成都

(15)成都→徐州

(16)成都→广州

(17)贵阳→湛江

(18)石嘴山→天津

(19)上海→南京

(20)德惠↔鲅鱼圈(冷藏集装箱专列)

## 6. 经营新亚欧大陆桥运输

中铁集装箱运输有限责任公司系统经营的新亚欧大陆桥集装箱运输,为拓展亚欧两大洲之间的经济贸易交往提供了便捷的条件,客户可组织货物从连云港、青岛、天津、上海、深圳等口岸上桥运输,过境中国运抵中亚及欧洲等地。此外,还可为客户提供全程武装押运的危险品集装箱专列运输服务。

## 7. 专用箱运输

中铁集装箱运输有限责任公司拥有40、20ft机械冷藏集装箱62个,40ft发电箱3台,悬挂式发电机8台。除可为客户提供冷藏集装箱运输服务外,还可为进出口及过境的机械冷藏集装箱运输配备发电箱或发电机,保证客户的冷藏集装箱在运输途中的电力供应。中铁集装箱运输有限责任公司拥有20ft罐式集装箱,可为客户提供液体货物的运输服务,同时还可为客户提供进出口及过境的自备罐式集装箱的运输服务。

## 8. 集装箱租赁

中铁集装箱运输有限责任公司对国内外客户开展集装箱租赁业务。其业务特点是,客户可在国内任何一个20ft集装箱办理站办理租箱或还箱手续,免除了客户在国内集装箱调空运输的环节,大大节约了运输时间和运输费用。

## 9. 国际集装箱拼箱

中铁集装箱运输有限责任公司在西安、郑州、江岸、成都、重庆、兰州、乌鲁木齐等七个城市,办理运往美国、英国、日本、新加坡等21个国家49个城市的国际集装箱进出口拼箱运输业务。每个办理点运往这49个城市的货物,由该公司负责集中运往青岛拼箱、中转运输,确保货物安全、快捷、准时地运抵目的地。

## 10. 国际货代

中铁集装箱运输有限责任公司下属的中铁国际货运代理有限责任公司是经原外经贸部批准,在国家工商局登记注册的国际货运代理企业,下设有哈尔滨、沈阳、大连、天津、济南、武汉、成都、上海等8个分公司,在全国各大城市建立了业务网络,为国内外客户提供国际集装箱进出口和过境运输代理服务。

## 11. 信息系统

为提高集装箱运输服务水平,中铁集装箱运输有限责任公司加快建设集装箱信息管理CIS系统。目前,CIS系统共联通了167个站,有136个站可联网报数。CIS系统全面建成后,可实现集装箱号码制的全程信息跟踪管理,满足集装箱运输管理和客户信息查询的需要。另外,在Internet网上申请了域名,制作了网页,客户可通过网络查询集装箱的到发、预报信息和五定班列时刻、集装箱运价等信息。

## 12. 铁路冷藏集装箱

中铁集装箱运输有限责任公司是中国铁路唯一拥有铁路冷藏集装箱的企业。可向需要冷藏保鲜运输的客户提供各种服务。现有铁路10t固定冷板冷藏集装箱和20ft、40ft国际标准机械冷藏集装箱。适合装运各种冻畜、禽产品、水产品、水果、蔬菜及奶制品类等需冷藏运输的货物。冷藏集装箱运输可根据客户需求,提供单箱、成组或整列运输,"门到门"、公铁联运等服务,并承办国际联运业务,运价低廉,全程服务,方便灵活。

## 项目实施

## 8-1 铁路集装箱运输组织

### 一、铁路集装箱运输基本条件

(1) 集装箱在集装箱办理站间办理运输,自备集装箱还可在经铁路局批准的专用线发送或接收。

(2) 铁路集装箱和自备集装箱不能按一批办理托运。使用承运人提供的回空自备集装箱装运货物,按铁路集装箱办理。

(3) 下列货物不能使用通用集装箱装运:

① 易于污染和腐蚀箱体的货物,如水泥、炭黑、化肥、盐、油脂、生毛皮、牲骨、没有衬垫的油漆等。

② 易于损坏箱体的货物,如生铁块、废钢铁、无包装的铸件和金属块等。

③ 鲜活货物(经铁路局确定,在一定季节和一定区域内不易腐烂的货物除外)。

④ 危险货物(另有规定的除外)。

(4) 托运的集装箱每箱总重不得超过该集装箱的标记总重。在对集装箱总重有限制规定的办理站间运输时,不得超过限制的总重。

(5) 集装箱不办理军事运输。

### 二、托运、承运和交付

(1) 托运人托运集装箱,应按批提出货物运单一份。每批必须是同一箱型,至少一箱,最多不得超过铁路一辆货车所能装运的箱数,且集装箱总重之和不得超过货车的容许载重量。使用自备集装箱或要求在专用线卸车的,应在"托运人记载事项"栏内记明"使用×吨自备箱"或"在××专用线卸车"。

(2) 托运人应使用箱体状态良好的集装箱。使用铁路集装箱时,承运人应提供箱体状态良好的集装箱。托运人在使用前必须检查箱体状态,发现箱体状态不良时,应要求更换,承运人应及时给予更换。

(3) 集装箱的装箱由托运人负责。装箱时应码放稳固,装载均匀,充分利用箱内容积,不撞砸箱体。集装箱内单件货物的重量超过100kg时,应在货物运单"托运人记载事项"栏内注明。

(4) 集装箱由托运人进行施封。施封时左右箱门把锁舌和把手须入座,在右侧箱门把手锁件施封孔施封锁(环)一个。使用施封环施封时,应用10号或12号铁线将箱门把手锁件拧固并剪断燕尾。5t 以上集装箱必须使用施封锁施封。托运的空集装箱不施封。特殊类型集装箱的施封方法另行规定。

(5) 托运人施封后,应在货物运单上逐箱填记集装箱箱号(自备集装箱应有箱主代号)和相应的施封号码。货物运单内填记不下时,填记在货物运单背面。已填记的施封号码不得随意更改,必须更改时,托运人应在更改处盖章证明。运托人接收集装箱时,应核对集装箱箱号和施封号码。

(6)托运人应在集装箱门把手上拴挂一个货签(1t集装箱在箱顶吊环上加挂一个),货签上货物名称栏免填。拴挂前应撤除集装箱上残留的旧货签。

(7)集装箱箱体上除铁道部另有规定的外,禁止张贴或涂写任何标记和标志。

(8)承运人对托运人确定的货物重量和货物品名应进行抽查。发现集装箱总重超过集装箱标记总重时,应按规定核收违约金。发站发现时,在托运人对集装箱减载后运输。需要开箱检查货物时,在发站应通知托运人到场;在到站应通知收货人到场;无法约见托运人或收货人时,应会同驻站公安检查。托运人有违约责任时,应按规定向托运人或收货人核收违约金和因检查产生的作业费用。可继续运输的,车站应会同托运人或驻站公安补封,编制货运记录。

(9)到站应在车站货场(托运人要求在专用线卸车的在专用线)向货物运单内所记载的收货人交付集装箱。因车站货场能力限制,经铁路局批准并有当地政府的明文规定,对超过免费留置期的集装箱,承运人可委托指定单位代为保管,即移地保管。个人自用物品和搬家货物不得移地保管。

(10)集装箱的掏箱由收货人负责。掏空后应清扫干净,撤除货签,关闭箱门。有污染的须洗刷干净。车站对交回的空箱应进行检查,发现收货人未清扫或未洗刷的,应在收货人清扫或洗刷干净后接收,或让收货人责任委托清扫人员清扫洗刷。

(11)收货人领取托运人自备集装箱时,自备集装箱与货物应一并领取。10t以下自备集装箱需要回送时,收货人应在车站交付集装箱的当时填写特价运输证明书,记明箱号,经承运人签证,30日内办理托运,向原发站回送。承运人凭特价运输证明书核收回空运费。

承运人可以利用回送的自备集装箱(国际集装箱另有规定)装运货物至回送的到站,免收回空运费。

(12)承运人对托运的零星小件零担货物可拼箱运输,按零担货物承运,并核收集装箱使用费。

### 三、进出站和留置时间

(1)托运人或收货人从车站搬出铁路集装箱时,须出示车站认可的证明。搬出的铁路集装箱应按时送回车站,并保证完好。

(2)从车站搬出铁路集装箱时,承运人根据货物运单填写铁路集装箱出站单两联。甲联留车站存查;乙联随箱同行,作为出门凭证,并在集装箱送回车站时,交还承运人。承运人收妥集装箱并结清费用后,在还箱收据上加盖车站戳记和经办人章,交给托运人或收货人。

(3)托运人或收货人使用铁路集装箱超过下列免费留置期限,自超过之日起核收集装箱延期使用费:

①发送的集装箱:站内装箱时,应于承运人指定的进货日期当日装完;站外装箱时,应于承运人指定的日期领取空箱,按指定的进货日期进站。

②到达的集装箱应于承运人发出催领通知的次日(不能实行催领通知的为卸车次日)起算,2日内领取集装箱。站内掏箱时,应于领取的当日内掏完;站外掏箱时,应于领取的次日

内将该空箱或装有指定当日进站货物的该重箱送回。

(4) 集装箱在车站存放超过下列免费暂存期限，自超过之日起核收货物暂存费。

①发送或回送的集装箱应于承运人指定的进站日期当日进站完毕。

②到达的集装箱应于承运人发出催领通知的次日(不能实行催领通知的为卸车次日)起算，2日内领取集装箱，并于领取的当日内掏完或将集装箱搬出车站。

(5) 车站站长可以延长集装箱在站内免费留置期限，当铁路局按规定缩短免费暂存期限时，集装箱的免费留置期限也作相应缩短。

### 四、承运人与托运人、收货人的交接

(1) 承运人与托运人或收货人在车站货场交接集装箱时，重箱凭箱号、封印和箱体外状交接，空箱凭箱号和箱体外状交接。箱号、施封号码与货物运单记载一致，施封有效，箱体没有发生危及货物安全的变形或损坏时，箱内货物由托运人负责。

(2) 在专用线装车或卸车的集装箱，按下列规定办理交接。

①托运人组织装车并由收货人组织卸车的集装箱，由车站与托运人或收货人商定交接办法。

②承运人组织装车并由收货人组织卸车的集装箱，到站应派员至卸车地点会同收货人卸车，并按上述规定办理交接。

③托运人组织装车并由承运人组织卸车的集装箱，发站应派员至装车地点按上述规定办理交接，并会同托运人装车。在专用铁道装车或卸车的集装箱，车站与专用铁道所有人商定交接方法。

(3) 发站在接收托运的重箱时，检查发现箱号或封印内容与货物运单记载不符，未按规定关闭箱门、拧固和施封，以及箱体损坏的，应由托运人修缮后接收。

收货人在接收集装箱时，应按货物运单核对箱号，检查施封状态、封印内容和箱体外状。发现不符或有异状时，应在接收当时向车站提出。

到站向收货人交付重箱时，对封印脱落、失效、站名或号码不符、箱体损坏危及货物安全的集装箱应向收货人出具货运记录，并按记录点交货物。

(4) 在交接中发现铁路集装箱损坏，涉及托运人或收货人责任时，由托运人或收货人在"集装箱破损记录"上签认。发现自备集装箱丢失或损坏时，承运人应编制货运记录。

(5) 铁路集装箱由于托运人或收货人责任造成丢失、损坏及无法洗刷的污染时，应由托运人或收货人负责赔偿。自备集装箱由于承运人责任造成上述后果时，应由承运人负责赔偿。赔偿额按实际发生的费用计算。

### 五、铁路集装箱运输的费收

1. 铁路集装箱运输"一口价"的定义

为适应市场需要，铁道部于1999年9月在全国各集装箱办理站间实行了"一口价运输：托运人在发站一次付费就包含了从进火车站卸卡车—装火车—经铁路运输—到站卸火车—装卡车全过程的所有费用，收货人不必再支付费用。"

集装箱运输"一口价"是指集装箱自进发站货场至出到站货场铁路运输全过程各项价格的总和,包括门到门运输取空箱、还空箱的站内装卸作业,专用线取送车作业,港站作业的费用和经铁道部确认的集资货场、转场货场费用。"一口价"以国家、铁道部批准公布的运输费目为依据,各地自行制定的费目概不承认。

2. 铁路集装箱运输"一口价"的收费方式

铁路实行集装箱运输"一口价"后,原来的铁路集装箱运价率表、装卸费用及其他国家和铁道部规定的各项费用对外不再适用,只是作为铁路计算"一口价"和内部清算的依据。托运人在发站托运时,一次起票,一次收费;托运人在到站提箱和送回空箱时,一次起票,一次收费;托运人在到站提箱和送回空箱时,只要不出现货主原因的延期取货等问题,不再交纳任何费用,铁路运输各环节不管。发生什么费用,均由集装箱中心负责铁路内部清算。

3. 铁路集装箱运输"一口价"的意义

(1)实行"一口价"是铁路运输改革的需要。随着我国市场经济的不断发展,铁路运输必将全面走向市场,铁路运输全面实行"一口价"收费方式,是铁路运输进入市场,提高竞争能力的非常重要的一个方面。但由于铁路运输的整车、零担价号多运量大,铁路要想对所有运输方式都实现"一口价",推行起来非常困难。集装箱运输的运价结构相对简单,"一口价"容易推行,在运输价格改革中先把集装箱运输推行"一口价"作为突破口,为铁路全面"一口价"摸索经验,待集装箱运输"一口价"改革成功后,再考虑全面推行时就比较顺利了。所以说,集装箱运输"一口价"具有铁路运输运价改革的典范作用。

(2)实施"一口价"是拓展运输市场的需要。随着铁路运输市场的改革开放,铁、公、水不同运输方式的竞争日趋激烈,特别是铁路集装箱运输货源大量流失、市场份额萎缩,与铁路在国民经济中所占的地位极不相称。在诸多因素中,运输价格不规范、不透明,总体运输费用偏高是最关键的原因。铁路运费规定费目较多,计算复杂,再加上乱收、多收环节,谁也说不清整个过程到底是多少钱,令货主望而却步。实行"一口价"后,中间无论有多少环节,与货主无关,铁路只是一个价格、一次收费,在规范收费行为的基础上,增加了价格的透明度。推行"一口价"后使货主对价格放心满意,愿意将货交铁路运输,从而能大量吸引货源,扩大铁路集装箱运量。

4. 铁路集装箱运输"一口价"的管理

铁路实行集装箱运输"一口价"后,向社会公布,接受货主监督。同时建立集装箱运输一口价的监督检查制度,制定奖励办法,若发生价外收费现象,货主有权拒付、举报,经查实,对责任者进行严肃处理,对屡有发生、问题严重的,取消其办理站资格。

5. 集装箱中心负责"一口价"清算

由于集装箱中心已经建立起较为完善的集装箱运输代办费清算系统,同时集装箱信息CIS系统建设取得了较大进展,为利用计算机系统进行清算奠定了基础。所以由集装箱中心负责"一口价"推行及清算,一是可以及时、准确地向发到站清算有关费用;二是通过建立和完善中心清算系统,推动计算机新技术和统计、分析等功能尽快到位,加快科技管理建设;三是进而加强中心系统整体经营工作,拓展运输市场。

## 8-2 铁路运输保险办理

国内水路、铁路货物运输保险是以水路、铁路运输过程中各种物资为保险标的的保险。

## 一、保险范围

凡公有或个人所有的一切合法运输财产,都可投保该项保险。

## 二、保险责任

分为基本险和综合险两种。

(1)基本险。因火灾、爆炸、雷电、冰雹、暴风、暴雨、洪水、地震、海啸、地陷、崖崩、滑坡、泥石流造成的损失;由于运输工具发生碰撞、搁浅、触礁、倾覆、沉没、出轨或隧道、码头坍塌造成的损失;在装货卸货或转载时,因遭受不属于包装质量不善或装卸人员违反操作规程所造成的损失;按国家规定或一般惯例应分摊的共同海损的费用。

(2)综合险。因受震动、碰撞、挤压而造成的破碎、折断、开裂或包装破裂致使货物散失的损失;液体货物因受震动、碰撞或挤压致使所用容器损坏而渗漏的损失或用液体保藏的货物因液体渗漏而造成保藏货物腐烂变质的损失;遭受盗窃或整件提货不着的损失;符合安全运输规定而遭受雨淋所致的损失。

## 三、保险有关事项

(1)保险金额:一般是以一次运输物资的价值计算。具体有两种:即可按货价、发货票及调拨单上价格计算;也可按货价加运杂费计算。

(2)保险期限:以整个运输过程为准,由起运日期到目的地为终止期(不受时期限制),即:以保险货物运离起运地发货人最后一个仓库或储存处所时起至目的地收货人的仓库或储存处所终止。

(3)保险费:根据投保人选择的基本险或综合险,运输工具货物种类及运程等计收保险费。

## 四、保险手续

参加这种保险可到保险公司或保险代理处直接办理手续,常年发货的单位也可同保险公司签订预约合同。一般投保时,投保人要在"投保单"上注明被保险人、运输工具启运日期、起讫及中转地名称、标记、保险货物名称、包装单位及数量、保险金额、投保险别、投保日期。

## 五、变更及索赔事宜

在改变运输工具、运输线路、保险货物、增减保额等情况下,可书面向保险公司提出申请批改。被保险人申请索赔时,须提供保险凭证、运单(货票)、提货单、发货票。货运记录、普通记录、交接验收记录、鉴定书及收货单位的入库记录、检验报告,损失清单,救护货物直接费用单位。保险公司根据保险责任范围赔付。

## 【复习思考题】

### 一、填空
1. 集装箱铁路定期直达班车起源于( )国。
2. 集装箱在铁路专用列车上的固定是利用四个( )进行固定。
3. 集装箱定期直达班车编组一般以( )辆专用车为一列。
4. 铁路集装箱办理站有( )和( )两种。
5. 铁路向收货人交付重箱时,如铅封完整,对( )的责任即告终止。
6. 铁路集装箱办理站通常以( )作为装卸线上的基本装卸机械。

### 二、判断
1. 铁路集装箱在发放空箱时,双方要明确交接责任。( )
2. 铁路运输集装箱号码必须与运单一致。( )
3. 铁路集装箱办理站只接受已加封的集装箱。( )
4. 铁路集装箱内货物的重量由发货人申报。( )
5. 铁路集装箱在铁路货场内造成的损失,由铁路负责。( )
6. 铁路集装箱办理站不接受拼箱货的托运。( )
7. 集装箱定期直达列车就是集装箱专用列车。( )

### 三、简答
铁路集装箱运输货源组织形式有哪些?

# 项目九　集装箱多式联运组织

**知识要点**

1. 集装箱多式联运概述；
2. 多式联运经营人；
3. 多式联运单证；
4. 陆桥运输业务。

**项目任务**

集装箱多式联运业务操作。

**项目准备**

1. 场地、工具准备：货物学实训室；
2. 人员安排：学生按流程岗位分组（发货人、收货人、多式联运经营人、船公司、港口、海关等），演练集装箱货物多式联运流转组织，制定多式联运线路，确定多式联运运费。

**相关理论知识**

## Ⅰ　集装箱多式联运概述

### 一、多式联运的由来

多式联运可以追溯到 20 世纪初。当时由于船队规模的迅速发展，国际班轮航线相继开辟，为海运与陆运的连接提供了方便。例如远东的货主将货物装上班轮，运往美国西海岸港口再装上铁路直达列车，直接到达美国中部或东部交货。这种联运的方式利用了海运班轮运输和铁路直达运输的优点，与过去巴拿马运河单一海运方式相比，缩短了运输距离，也节省了运输时间和运输成本。然而这种海陆联运还不是真正的多式联运，而只是一种分段联运，在全程联运中没有一个经营人对全程运输负责，而是海运与陆运的分段协作，各自签发自己的运输单据，并对自己的运输区段负责。

二战后西方各国尤其是美国经济迅速恢复，并很快进入一个快速的经济增长期，产业界的机械化和大规模化生产的革新很快涉及运输业。出现了油品运输、散货运输的大型化、专业化生产。特别是 20 世纪 50 年代中叶被誉为第三次运输革命的集装箱运输，其高效率、高质量、高效益的优越性越来越被世界各国认可，从而在短短的 10 年间从集装箱运输的发展地美国走向全世界,掀起了一个国际化的集装箱运输热潮。从历史上来看,尽管在集装箱运输以前也有极少数的多式联运,即由一个总的经营人签发全程联运提单并对全程运输负责,但由于件杂货运输装卸效率低下,货损货差以及被偷盗概率大,加上多式联运运距远、时间长、不确定因素多,经营多式联运的风险极大。因此,在集装箱运输产业产生以前多式联运很难也很少开展。

集装箱运输的产生并在全世界迅速发展,为现代多式联运的发展打下良好的基础。20世纪60年代末,美国率先开展了多式联运,取得了显著的经济效果,受到货主的欢迎。随后,发达国家在集装箱运输技术臻于完善的情况下,针对货主市场的需要,纷纷开展了以集装箱运输为基础的多式联运。目前,发达国家在集装箱运输中,多式联运已占有较大比例,例如美国进出口量占80%的西海岸,多式联运的比例已达50%以上。广大发展中国家在开展集装箱运输的同时也认识到多式联运的优越性和发展趋势,纷纷进行多式联运的尝试,例如我国随着集装箱运输的快速发展,在1997年颁布了第一部多式联运的法规《国际集装箱多式联运管理规则》,为我国的多式联运提供了良好的发展基础。

## 二、国际多式联运的定义和基本特征

### (一)国际多式联运的定义

多式联运是运输组织技术的发展和革新,也是集装箱运输的高级组织形式。与分段联运相比,多式联运不仅仅是不同运输工具进行的联合运输,更重要的是在全程运输中只有一份运输合同,由多式联运经营人作为合同承运人统一组织全程运输,负责将货物从接货地运往交货地。因此,多式联运在本质上不同于分段联运,它是一种体现整体性的高效率的联运组织形式。

1980年通过的《联合国国际货物多式联运公约》对多式联运的定义明确强调了多式联运的整体性:"国际多式联运是指按照多式联运合同,以至少两种不同的运输方式,由多式联运经营人将货物从一国境内接管货物的地点运至另一国境内指定交付货物的地点。"

### (二)国际多式联运的基本特征

1. 必须订立多式联运合同

在多式联运中,多式联运经营人必须与托运人订立多式联运合同。所谓多式联运合同,是指多式联运经营人凭其收取全程运费,使用两种或两种以上不同运输工具,负责组织完成货物全程运输的合同。在分段联运中,托运人必须与不同运输区段承运人分别订立合同,而在多式联运中,无论实际运输有几个区段,也无论有几种不同运输方式,均只需订立一份合同——多式联运合同。托运人只与多式联运经营人有业务和法律上的关系,至于各区段实际承运人,托运人不与他们发生任何业务和法律上的关系。

2. 必须由多式联运经营人对全程运输负责

按照多式联运合同,多式联运经营人必须对从接货地至交货地的全程运输负责,货物在全程运输中的任何实际运输区段的灭失损害以及延误交付,均由多式联运经营人以本人身份直接负责赔偿,尽管多式联运经营人可向事故实际区段承运人追偿,但这丝毫不能改变多式联运经营人作为多式联运合同当事人的身份。

### 3. 必须是两种或两种以上不同运输方式组成的连贯运输

多式联运是至少两种不同运输方式的连贯运输，如海—铁、海—公、海—空联运等。因此判断一个联运是否为多式联运，不同运输方式的组成是一个重要因素。例如，目前许多船公司开展的海—海联运，由契约承运人签发全程联运提单，对全程运输负责，通过一程船、二程船的接力形式，将货物从起运港运至最终目的地，但这种联运只是使用一种运输方式的海—海联运，不属于多式联运的范畴。

### 4. 必须是国际间的货物运输

国际多式联运所承运的货物必须是从一国境内接管货物的地点运至另一国境内指定交付货物的地点，是一种国际间的货物运输。

### 5. 必须签发多式联运单据

多式联运经营人作为多式联运的总负责人，在接管货物后必须签发多式联运单据，从发货地直至收货地，一单到底，发货人凭多式联运单据向银行结汇，收货人凭多式联运单据向多式联运经营人或其代理人提取货物。因此，多式联运单据一经签发，就表明多式联运经营人已收到托运人的货物并对货物的全程运输开始负有责任。多式联运单据的签发，同时也证明了多式联运合同，即托运人和多式联运经营人是在多式联运合同下进行货物的交接和多式联运单据签发的。此外，多式联运单据一经签发，多式联运经营人应保证将货物运至另一国指定交付地，并将货物交付指明的收货人或多式联运单据的持有人。

### 6. 必须是单一的运费率

海运、铁路、公路以及航空各种单一运输方式的成本不同，因而其运费率也不同，在多式联运中，尽管组成多式联运的各运输区段运费率不同，但托运人与多式联运经营人订立的多式联运合同中的运费率是单一的，即以一种运费率结算从接货地至交货地的全程运输费用，从而大大简化和方便了货物运费计算。

## 三、多式联运的优越性

多式联运的优越性主要体现在方便货主和提高货运质量，这也是多式联运产生后在世界各国普遍开展的根本原因。

### 1. 手续简便

在多式联运方式下，无论货物运输距离有多远，无论使用几种不同运输方式，也无论全程运输途中经过多少次不同运输方式之间的转换，从发货地直至交货地所有一切运输事宜，都由多式联运经营人负责办理，而货主只要一次托运，一次付费，一次投保，便可凭多式联运单据向银行结汇，收货人可凭多式联运单据向多式联运经营人或其代理人提取货物，与传统的分段联运相比，这种简便的手续极大地方便了货主。

### 2. 安全可靠

多式联运是在集装箱运输基础上发展起来的一种现代化运输组织方式。目前多式联运绝大多数以集装箱运输为主体，货物虽然经过长途运输和多次装卸转运，但都不需要掏箱倒载和换装，从接货地直至交货地，货物一直被密封在坚固的集装箱内，从而使得货损、货差、被盗大大减少。同时，由于有多式联运经营人对全程运输负责，可减少全程运输中的中间环节和等待时间，从而可提高全程货运的速度。因此多式联运能够安全可靠地完成全程运输。

### 3. 提早结汇

传统海运必须凭已装船提单才能向银行结汇,而在多式联运方式下,发货人将货物交多式联运经营人或其代理人后,通常可凭其签发的多式联运单据结汇,这对从内地发货的货主来说,可以提早结汇时间,加快资金周转,提高资金使用效果。

### 4. 统一理赔

在分段联运方式下,由于各区段承运人只对本区段运输负责,因此一旦发生货损货差,货主必须向参加联运的一个或几个承运人索赔。而在多式联运方式下,无论货损货差发生在哪一运输区段,甚至是无法确认事故区段的隐藏损害,均由多式联运经营人负责统一理赔,并直接向货主进行赔偿。

### 5. 实现合理化综合运输

从整个运输体系看,分段联运的各区段承运人实际上是各自为政、自成体系的,它们没有对全程运输统一管理的意图,也没有对全程运输负责的责任。在多式联运方式下,由于多式联运经营人负责对全程联运的经营,并对全程运输负责,凭借其多式联运业务能力、技术能力和在世界各地的业务网点以及多式联运经营人与广大货主的切实联系和对各种运输方式的熟悉,多式联运经营人可以在一定时空范围内,将海运、铁路、公路和航空等各种不同运输方式有机地连接起来,选择最佳的运输线路,综合利用各种运输方式的优点,形成既分工又协作的有机整体,从而实现合理化综合运输,充分体现社会化大生产特点,获得规模经济效益和良好的社会效益。

## 四、多式联运的发展趋势

多式联运作为一种先进的现代运输组织方式,在世界范围内发展十分迅速。综观当今世界多式联运的发展,呈现以下趋势:

### 1. 多式联运经营人向多元化方向发展

作为多式联运经营人,其前身大多是大型国际货运代理或船公司,为了扩大服务范围,提高服务质量,已开始从单一的货运代理或海运业务向多元化方向发展。例如,一些货代企业除传统的货运代理业务外,还以贸易商的身份从事国际贸易业务,以无船承运人身份承接运输业务和多式联运业务,成为多种业务的联合体。又如,一些船公司在传统的海运业务的基础上,不断向陆上业务拓展,参与代理业、陆运服务业的经营,并组织多式联运,呈现了多元化发展的趋势。

### 2. 多式联运的业务范围不断扩大

为了开展多式联运的需要,多式联运经营人不断把业务向海外扩张,在世界各地物资集散地建立分支机构或代理网点,扩充并完善其服务网络,为货主提供更大的服务空间。在当今全球经济一体化的形式下,尤其是跨国公司在世界范围内资源优化配置的需求下,多式联运已从发达国家向发展中国家渗透,其业务范围呈现不断扩大的趋势。

### 3. 多式联运向现代物流领域拓展

运输是现代物流结构体系中不可缺少的一个重要环节,以集装箱运输为基础的多式联运,在现代物流中已越来越呈现其独特的优势,一方面现代物流离不开多式联运的支撑,另外许多多式联运经营人已充分认识到现代物流在当今世界经济中的重要性,纷纷加入或经

营现代物流业。例如,作为当今多式联运经营人主体的船公司中,世界排名前20位的大型船公司如马士基、长荣、中国远洋海运等,都已进军物流业,成为现代物流的一支重要力量。

### 五、多式联运的类型

根据《联合国国际货物多运式联运公约》的定义,从运输方式的组成看,多式联运必须是两种或两种以上不同运输方式组成的连贯运输。按这种方法分类,理论上多式联运有海—铁、海—空、海—公、铁—公、铁—空、公—空、海—铁—海、公—海—空等多种类型,但由于当今国际运输中海运占绝大多数的比例,因此目前多式联运主要有海—铁、海—空以及江—海等类型。

**1. 海—铁多式联运**

海—铁(包括海—铁—海)多式联运,是当今多式联运的主要类型,特别是利用大陆桥开展海—铁或海—铁—海多式联运。所谓大陆桥(Land Bridge)是指大陆两端的港口之间,不通过跨洋过运河的海运,而是通过横贯大陆的铁路,把货物从一端港口运至另一端港口,人们形象地把这种跨越大陆两端连接海运的铁路,称为大陆桥。利用大陆桥进行海—铁—海多式联运,比单一海运可缩短运输距离,节省运输时间和运输成本。例如从日本至鹿特丹利用西伯利亚大陆桥的海—铁多式联运,比经苏伊士运河的全程海运缩短距离约7000km,节省时间和运费20%左右,经济效益十分显著。当今世界主要有三座大陆桥,即位于欧亚大陆的第一欧亚大陆桥(即西伯利亚大陆桥)、第二欧亚大陆桥(即新亚欧大陆桥)和位于北美大陆的北美大陆桥(主要为美国大陆桥)。

**2. 海—空多式联运**

海—空多式联运结合海运运量大、成本低和空运速度快、时间要求紧的特点,能对不同运量和不同运输时间要求的货物进行有机结合。20世纪60年代,将远东船运至美国西海岸的货物,再通过航空运至美国内陆地区或美国东海岸,从而出现了海空联运。当然,这种联运组织形式是以海运为主,只是最终交货运输区段由空运承担。随着世界商品技术含量的不断提高,并向轻、小、精、薄方向发展以及跨国公司对及时运输的需求,发达国家已出现采用大型飞机进行国际标准集装箱(空陆水联运集装箱)的海—空多式联运方式。随着世界范围内物流业的兴起,一些大型国际配送中心根据资料预测用户的货物需求量,通过运输成本低廉的海运事先取得货物,然后根据用户的订单采取空运,可在24小时内完成交货。国际海空联运线主要有:

(1)远东—欧洲:远东与欧洲间的航线有以温哥华、西雅图、洛杉矶为中转地,也有以香港、曼谷、海参崴为中转地,此外还有以旧金山、新加坡为中转地。

(2)远东—中南美:远东至中南美的海空联运发展较快,因为此处港口和内陆运输不稳定,所以对海空运输的需求很大。该联运线以迈阿密、洛杉矶、温哥华为中转地。

(3)远东—中近东、非洲、澳洲:这是以香港、曼谷为中转地至中近东、非洲的运输服务。在特殊情况下,还有经马赛至非洲、经曼谷至印度、经香港至澳洲等联运线,但这些线路货量较小。

**3. 江—海多式联运**

江—海多式联运把海运和内河运输连接起来,既可充分发挥海运量大、成本低的优点,又可发挥内河运输价廉、灵活的优点，能方便地把货物运至内河水系的广大地区。目前世界范围最典型的江—海联运是利用欧洲国际内河水道莱茵河，在数千公里的沿岸，一些重要的工商业中心都通水路，建设了设备设施先进的高效率的内河集装箱码头，开辟了各内陆工商业中心到鹿特丹、安特卫普等海港频繁的定班船，一方面保证了运输时间，另一方面大大缩短了货物在海港的滞留时间，方便而又高效。我国也利用长江、珠江开展了不同形式的江—海联运，取得了明显的经济效益。

## Ⅱ 多式联运经营人

### 一、多式联运经营人的定义与应具备的条件

#### （一）多式联运经营人的定义

多式联运是一项极其复杂的国际间货物运输的系统工程，涉及面广，环境复杂，必须有一个总负责人按照多式联运合同，进行全程运输的组织、安排、衔接和协调等管理工作，这个总负责人就是多式联运经营人。已通过的《联合国国际货物多式联运公约》对多式联运经营人所下的定义是："多式联运经营人是指其本人或通过其代表订立多式联运合同的任何人，他是事主，而不是发货人的代理人或代表，或参加多式联运承运人的代理人或代表，并且负有履行合同的责任。"

从上述定义可以看出，多式联运经营人是订立多式联运合同并负有履行合同责任的人。由于多式联运是在国际间使用多种不同运输工具共同完成，不可能有一个多式联运经营人拥有全部运输工具，承担全部运输，因此在订立合同后，多式联运经营人往往把部分运输区段或全部运输区段的运输任务委托各区段实际承运人去完成，自己并不参加某区段实际的运输或不参加任何区段的实际运输。这种多式联运经营人与各区段实际承运人订立的运输合同，不能改变多式联运经营人在多式联运合同中当事人的身份，各区段承运人只对多式联运经营人负责，而多式联运经营人必须对多式联运合同负责。

#### （二）多式联运经营人应具备的条件

当多式联运经营人从发货人那里接管货物时起，其对多式联运合同的责任即开始，他必须按照合同，把货物从一国境内的接货地安全、完好、及时地运至另一国境内指定的交货地，如果货物在全程运输过程任何区段发生的过失、损害或延误交付，多式联运经营人均以本人身份直接向货主进行赔偿，即使货物的灭失、损害是某区段实际承运人灭失所致。因此，作为多式联运主体的多式联运经营人，应具备以下一些必要条件：

1. 订立多式联运合同

多式联运经营人必须与托运人订立多式联运合同，并据以收取全程运费并负责履行合同。根据多式联运的定义，在合同中应至少使用两种不同运输工具连贯地完成国际间的货物运输。

2. 接货后即签发多式联运单据

多式联运经营人或其代表从发货人手中接管货物时，即签发多式联运单据，并对所接管的货物开始负有责任。

3. 按合同规定将货物交指定的收货人或多式联运单据持有人

多式联运经营人应承担合同规定的与运输和其他服务有关的责任，如组织不同运输工具的运输和转运、办理过境国的海关手续，货物在运输全程中的保管、照料等，并保证将货物交多式联运单据指定的收货人或多式联运单据的持有人。

4. 有足够的赔偿能力

对多式联运全程运输中所发生的货物过失、损害或延误交付，多式联运经营人应首先负责对货主进行直接赔偿。因此多式联运经营人必须有足够的赔偿能力。当然如果货损事故为实际区段承运人的过失所致，多式联运经营人在直接赔偿后拥有向其追偿的权利。

5. 有相应的技术能力

多式联运经营人应具备经营多式联运所需的相应的技术能力，包括多式联运必需的业务网点和专业技术人员，并保证自己签发的多式联运单据的流通性，作为有价证券在经济上有令人信服的担保程度。

## 二、多式联运经营人的赔偿责任

### （一）多式联运经营人的赔偿责任制

根据《联合国国际货物多式联运公约》规定："多式联运经营人对货物的责任期限自接管货物之时起至交付货物时止。"由于多式联运经营人对责任期限内的货物的灭失、损坏和延迟交付所引起的损失负有赔偿责任，因此必须首先明确多式联运经营人赔偿的责任制。目前，多式联运经营人的责任制主要有三种形式：

1. 网状责任制

所谓网状责任制，是指多式联运经营人对全程运输的货物责任，如果能确定货运事故区段的，则按该区段适用法律法规，由多式联运经营人负责向货主直接赔偿；如果对隐藏损害等不能确定货运事故区段的，则推定发生在海运区段，按海运区段的适用法律法规，由多式联运经营人负责向货主直接赔偿。

2. 统一责任制

所谓统一责任制是指多式联运经营人在全程运输中使用统一的赔偿标准向货主负责。也就是说，多式联运经营人在全程运输中无论货运事故发生在哪一区段，也无论事故是明显的还是隐藏的，都按统一的标准负责向货主赔偿。统一责任制的最大优点是理赔手续十分简便，只要有货损，都按一个标准进行赔偿。

3. 经修正后的统一责任制

《联合国国际货物多式联运公约》所规定的多式联运经营人的责任制为经修正后的统一责任制，即在统一责任制的基础上作了一些修正。所谓经修正后的统一责任制，是指多式联运经营人在全程运输中对货损事故按统一赔偿标准负责向货主赔偿，但同时又规定，如果该统一赔偿标准低于实际货运事故发生区段的适用法律法规所规定的赔偿标准时，按该区段高于统一赔偿标准的标准，由多式联运经营人负责向货主赔偿。

### （二）多式联运经营人的赔偿标准

目前国际货运公约中，对多式联运经营人赔偿责任限制所采用的标准不尽相同，各运输区段国际货运公约以及国际多式联运公约所规定的赔偿标准(即责任限额)见表9-1。

《维斯比规则》、《汉堡规则》以及《联合国国际货物多式联运公约》均规定了两种责任限额,这是因为这三个国际公约的通过均在出现集装箱运输以后,而在集装箱运输方式下,如果仍以每件或每单位计算责任限额,可能会对货主造成很大不利,特别是在未列出箱内货物件数的情况下,集装箱内所有的货物只视为一件,采用两种责任限额并择大赔偿,有利于在集装箱运输方式下保护货主的利益。

部分国际公约关于责任限额的规定(单位:SDR)　　表9-1

| 公约名称 | 每件或每单位责任限额 | 毛重每kg责任限额 | 备注 |
| --- | --- | --- | --- |
| 海牙规则 | 161 | | |
| 维斯比规则 | 680 | 2.04 | |
| 汉堡规则 | 835 | 2.50 | |
| 国际公路货运公约 | | 8.33 | |
| 国际铁路货运公约 | | 16.67 | |
| 华沙公约 | | 17.00 | |
| 联合国国际货物多式联运公约 | 920 | 2.75/8.33 | 多式联运不包括海上或内河运输时适用8.33SDR的责任限额 |

# Ⅲ 多式联运单证

## 一、多式联运单据的定义与主要内容

### (一)多式联运单据的定义

在多式联运方式下,多式联运经营人在接管货物时,应由本人或其代理人签发多式联运单据。在多式联运中,虽然一票货物由多种不同运输方式、多个实际区段承运人共同完成运输,但从接货地至交货地仅使用一张货运单证——多式联运单据。

1997年10月1日我国实施的《国际集装箱多式联运管理规则》对多式联运单据的定义是:多式联运单据是指证明多式联运合同以及证明多式联运经营人接管货物并负责按合同条款交付货物的单据。从上述定义可知,多式联运单据与海运提单作用相似:

(1)是多式联运合同的证明;

(2)是多式联运经营人收到货物的收据;

(3)是收货人据以提货的物权凭证。

### (二)多式联运单据的主要内容

多式联运单据是发货人、多式联运经营人、收货人等当事人货物交接的凭证,多式联运单据的内容应准确、完整,其主要内容有:

(1)货物的名称、种类、件数、重量、尺寸、包装等;

(2) 多式联运经营人的名称和主要经营场所；
(3) 发货人、收货人的名称；
(4) 多式联运经营人接管货物的地点、日期；
(5) 多式联运经营人交付货物的地点和约定的时间或期限；
(6) 表示多式联运单据为可转让或不可转让的声明；
(7) 多式联运经营人或其授权的人的签字；
(8) 有关运费支付的说明；
(9) 有关运输方式和运输线路的说明；
(10) 在不违反多式联运单据签发国法律的前提下，双方同意列入的其他事项。

多式联运单据一般都列入上述内容，但如果缺少其中一项或几项，只要所缺少的内容不影响货物运输和当事人的利益，多式联运单据仍具法律效力。

## 二、多式联运单据的签发

多式联运经营人在接收货物后即签发多式联运单据，并应发货人的要求签发可转让或不可转让多式联运单据。

在签发可转让的多式联运单据时：
(1) 应列明按指示交付或向持有多式联运单据的人交付；
(2) 如列明按指示交付，须经背书后才能转让；
(3) 如列明向多式联运单据持有人交付，无需背书即可转让；
(4) 如签发一套数份正本多式联运单据，应注明正本的份数；
(5) 对于签发的任何副本多式联运单据，应在每一份副本上注明"副本不可转让"字样。

在签发不可转让多式联运单据时，应在单据的收货人一栏内载明收货人的具体名称，并注明"不可转让"字样。货物抵达目的地后，多式联运经营人只能向多式联运单据中载明的收货人交付货物。

如果签发数份多式联运单据，多式联运经营人只要按其中一份正本交付货物后，便完成向收货人交货的义务，其余各份正本自动失效。

## 三、多式联运单据的保留

如果多式联运经营人或其代表在接收货物时，对于货物的品种、数量、包装、重量等内容有合理的怀疑，而又无合适方法进行核对或检查时，多式联运经营人或其代表可在多式联运单据作出批注，注明不符的地方、怀疑的根据等。反之，如果多式联运经营人或其代表在接收货物时未在多式联运单据上作出任何批注，则应视为他所接收的货物外表状况良好，并应在同样状态下将货物交付收货人。

# Ⅳ 陆桥运输业务

## 一、陆桥运输概述

陆桥运输是指利用横贯大陆的铁路(有时也包括公路)，将海与海连接起来，运用"海—

陆—海"的运输链接,进行多式联运。

从经济意义上说,陆桥运输可以缩短运输时间。在一端或两端为海运的情况下,中间链接一段铁路运输,利用火车速度大大高于船舶的优势,可以减少货物运输时间。在现代经济条件下,人们对货物运输的时间要求愈来愈高,迅速运达的货物,可以及时满足需求,从而增加了货物的使用价值。同时,由于运输时间的缩短,货物占用资金的时间就缩短,企业资金周转速度加快,资金成本降低,相应的效益也得到提升。所以,虽然采用陆桥运输,中间铁路与公路一段的运输费用会高于水路运输,但运输时间的缩短能成功地抵消这种费用的增加,使整体运输费用下降。

陆桥运输在发展过程中,从地域上,逐渐形成了"北美陆桥运输"和"欧亚陆桥运输"两大板块;从运输结构上,则形成了大陆桥运输、小陆桥运输与微陆桥运输等不同分类。

## 二、北美陆桥运输

北美陆桥运输可分为北美大陆桥运输、北美小陆桥(Mini-land Bridge)运输和微陆桥(Micro-bridge)运输三种结构。

1.北美大陆桥运输

北美大陆桥运输指从日本东向,利用海路运输到北美西海岸,再经由横贯北美大陆的铁路线,陆运到北美东海岸,再经海路运输到欧洲的"海—陆—海"运输结构。北美大陆桥是世界上历史最悠久、影响最大、服务范围最广的陆桥运输线。据统计,这种陆桥运输方式比采用全程水运方式通常要快1~2周。

北美大陆桥包括美国大陆桥运输和加拿大大陆桥运输。美国大陆桥有两条运输线路:一条是从西部太平洋沿岸至东部大西洋沿岸的铁路和公路运输线路;另一条是从西部太平洋沿岸至东南部墨西哥湾沿岸的铁路和公路运输线。美国大陆桥于1971年底由经营远东—欧洲航线的船公司和铁路承运人联合开办"海陆海"多式联运线路,后来美国几家班轮公司也投入营运。加拿大大陆桥与美国大陆桥相似,由船公司把货物海运至温哥华,经铁路运到蒙特利尔或哈利法克斯,再与大西洋海运相接。

随着美国和加拿大大陆桥运输的成功营运,北美其他地区也开展了大陆桥运输。墨西哥大陆桥(Mexican Land Bridge)就是其中之一。该大陆桥横跨特万特佩克地峡,连接太平洋沿岸的萨利纳克鲁斯港和墨西哥湾沿岸的夸察夸尔科斯港。

北美大陆桥运输对巴拿马运河的冲击很大,由于陆桥运输可以避开巴拿马运河宽度的限制,许多海运承运人开始建造超巴拿马型集装箱船,增加单艘集装箱船的载运箱量,放弃使用巴拿马运河,使集装箱国际海上运输的效率更为提高。

2.北美小陆桥运输

北美小陆桥运输是指日本经美国太平洋沿岸各港的海铁联运,它与大陆桥运输的区别是运输终点为美国东海岸,而不再下海。采用这样的运输方式,使海运和陆运结合起来,从而达到了运输迅速、降低运输成本的目的。北美小陆桥运输大大缩短了日本、远东到美国、加拿大东部地区与中部地区的运输距离,节省了运输时间。实践证明,从远东、日本经北美陆桥到美国东岸的海陆联运,比采用全水路的集装箱船的直达运输,可节省10天左右的运输时间。北美小陆桥运送的主要是日本经北美太平洋沿岸到大西洋沿岸和墨西哥湾地区港口的集装箱货物。当然也承运从欧洲到美西及海湾地区各港的大西洋航线的转运货物。

小陆桥运输刺激美国铁路发展了双层集装箱列车与超长列车,以提高运输效率,降低运输成本。据报道,美国总统轮船公司的双层集装箱列车,每标准箱成本比单层列车节省1/3。

3.微陆桥运输

微陆桥运输是利用陆桥铁路的部分区段进行运输,与小陆桥运输的主要区别仅在于内陆交货,不通过整条陆桥,所以又称为"半陆桥运输"。北美微陆桥运输是指经北美东、西海岸及墨西哥湾沿岸港口,到美国、加拿大内陆地区的联运服务。

微陆桥运输是在小陆桥运输发展的基础上产生的,微陆桥运输将集装箱直达列车与集装箱班轮航线紧密结合,使内陆货物直接运至出海口,从而达到运输距离最短、运输速度最快和运输费用最省的目的。美国的微陆桥运输,对避免迂回和绕道运输,使集装箱运输路线更加合理起到了重要作用。在开展微陆桥运输前,从远东到美国中部和东部城市的货物,均由远东装船直接运到美国东部口岸,然后转换内陆运输运至目的地;去美国南部内陆城市的货物,均由远东装船运至墨西哥,然后再转换内陆运输运至目的地,造成不合理的运输流向,延长了运输时间,增加了运输费用。而采用微陆桥运输后,远东的集装箱货物通过班轮航线,运至太平洋口岸,然后换装铁路集装箱直达列车,直接运至美国内陆城市,大幅节省了运输的时间和费用。

### 三、欧亚陆桥运输

欧亚大陆桥是在北美陆桥运输发展的同一时期发展起来的,有西伯利亚大陆桥和新欧亚大陆桥两条。

1.西伯利亚大陆桥

西伯利亚大陆桥是指使用国际标准集装箱,将货物由远东海运到俄罗斯东部港口,再经跨越欧亚大陆的西伯利亚铁路,运至波罗的海沿岸港口,如爱沙尼亚的塔林或拉脱维亚的里加,再采用铁路、公路或海运,运到欧洲各地的国际多式联运的运输线路。

西伯利亚大陆桥于1971年由原全苏对外贸易运输公司正式确立。使用这条陆桥运输线的主要是日本、中国和欧洲各国的货运代理公司。其中,日本出口欧洲杂货的1/3,欧洲出口亚洲杂货的1/5是经这条陆桥运输的。可见它在沟通亚欧大陆,促进国际贸易中所处的重要地位。

西伯利亚大陆桥运输包括海—铁—铁、海—铁—海、海—铁—公和海—公—空等四种运输方式。由俄罗斯的过境运输总公司担当总经营人,它拥有签发货物过境许可证的权利,并签发统一的全程联运提单,承担全程运输责任。参加联运的各运输区段,采用"互为托、承运"的接力方式完成全程联运任务。可以说,西伯利亚大陆桥是较为典型的一条国际多式联运线路。西伯利亚大陆桥是目前世界上最长的一条陆桥运输线,它大大缩短了从日本、远东、东南亚及大洋洲到欧洲的距离,并因此而节省了运输时间。从远东经俄罗斯太平洋沿岸港口去欧洲的陆桥运输线全长13000km,而相应的全程水路运输距离(经苏伊士运河)约为20000km。从日本横滨到欧洲鹿特丹,采用陆桥运输可使运输距离缩短1/3,运输时间节省1/2,运输费用节省20%~30%,因而对货主有很大的吸引力。

## 2. 新欧亚大陆桥

西伯利亚大陆桥曾经发展得很快,但它也存在一些致命的缺点,如港口装卸能力不足、铁路集装箱车辆不足、箱流严重不平衡以及严寒气候的影响等,在一定程度上阻碍了它的发展。尤其是随着我国兰新铁路与中哈边境的土西铁路的接轨,形成了一条新的"欧亚大陆桥",为远东至欧洲的国际集装箱多式联运提供了一条新的便捷路线。

我国政府早在20世纪80年代就考虑建立一条新的"丝绸之路",以促进沿途经济的发展与繁荣。经过充分调查、科学研究、论证比较,制定了切实可行的方案,并从多方面创造条件,包括修建了连云港国际集装箱专用码头,强化了陇海线、兰新线的通过能力,建成了阿拉山口国境换装站,提高了大陆桥的整体运输和过境中转换装能力,在过境箱源的组织上进行了多方面的调查分析,为开辟新欧亚大陆桥运输打下了良好的基础。1992年12月1日,首趟过境集装箱专列从连云港口岸开出,标志着新欧亚大陆桥全线贯通。这条新欧亚大陆桥东起中国连云港,西至荷兰鹿特丹,是实现海—陆—海联运的国际大通道。

新欧亚大陆桥辐射欧亚大陆30多个国家和地区,总面积达5071万平方公里,居住人口占世界总人口的75%左右,预示了非常良好的经济潜力。在新欧亚大陆桥贯通后,许多国家和地区纷纷制定了相应的措施和对策,以期利用这条国际走廊加速经济发展。据有关方面估计,北欧冰岛地区每年有170万吨冰冻鱼通过鹿特丹、里加港运往日本、韩国;哈萨克斯坦的棉花、皮毛、矿产也通过连云港中转到日本、韩国;土库曼斯坦的天然气从土库曼斯坦铺设管道到连云港,在连云港加工后,运往日本、韩国。这势必带动连云港市的加工业、仓储业、运输业以及旅游服务业的迅速发展。还有东来的回空国际集装箱,回程时可以将新疆、甘肃各大工业区的适箱货物,从连云港再运往日本、韩国和东南亚地区。这些都将大大带动沿桥经济带的迅猛发展。

与西伯利亚大陆桥对比,新欧亚大陆桥显示出多方面的优势。首先,新欧亚大陆桥地理位置和气候条件优越,整个陆桥避开了高寒地区,港口无封冻期,自然条件好,吞吐能力大,可以常年作业。其次,运输距离短,新欧亚大陆桥比西伯利亚大陆桥缩短运距1040km,比海上运输节省运费20%~25%,时间也有不同程度的缩短。此外,新欧亚大陆桥经过的地区和国家比西伯利亚大陆桥人口密集,经济发展程度好,货源对流更为平衡。另外,中国政治的稳定、经济的持续健康增长以及西部开发等正确政策的制定与有力运作,为新欧亚大陆桥运输的发展奠定了良好的基础。

近年来,我国铁路部门强化了铁路通过能力,以先进技术装备了国境站和港口站,使运输和换装作业能力大为加强,而且加大了组织工作改革的力度,推出了一系列新举措,为大陆桥运输增加了新的活力。1997年4月1日开行了由江苏连云港至新疆阿拉山口的8104次"五定"班列,为合理组织大陆桥过境集装箱运输奠定了基础。集装箱"五定"班列实行了定点、定线、定车次、定时间和定运价,为客户提供了更方便、更优惠的运输条件。每列车编组38辆集装箱专用车,共可装运76 TEU,全线运行123小时,与过去未实行"五定"时相比,大陆桥过境运输时间缩短了近10天。同时,由于集装箱专列是定时、定点运行,也解决了信息跟踪与反馈的问题,便于客户及时查询,受到各方面的好评。1997年10月1日起贯彻执行的《国际集装箱多式联运管理规则》为开展大陆桥运输提供了法律依据。新欧亚大陆桥在中国与欧洲间集装箱铁路运输方面发挥了越来越大的作用,从而促进了中国与欧洲间国际

贸易的发展。

3. 第三条亚欧大陆桥

被称作第三条亚欧大陆桥的渝新欧国际铁路于2012年8月31日正式开通运营,为我国西部地区产品开辟了一条经铁路进入欧洲市场的黄金通道。

渝新欧铁路从重庆西站始发,经西安、兰州、乌鲁木齐,从边境口岸新疆阿拉山口进入哈萨克斯坦,再经俄罗斯、白俄罗斯、波兰到达德国的杜伊斯堡,全程11179公里。

与20世纪60年代开通的俄罗斯西伯利亚大铁路及我国连云港到荷兰阿姆斯特丹这两条亚欧大陆桥相比,渝新欧铁路实行一站通关的运营模式,大大压缩了运输成本。新开通的这条铁路与传统的水路运输相比,时间从过去的40天左右缩短到16天。

渝新欧铁路改写了中国西部地区的外贸企业出口欧洲的货运方式,使西部地区的货物可以用火车运到欧洲,而无需先运到东南沿海地区再通过海运到欧洲。这条国际铁路大通道也因此被媒体称之为中欧"新丝绸之路",架起了一座欧亚大陆桥。

### 四、我国出口到美国的多式联运业务

目前,美国是我国第一大贸易国,从我国运往美国内地的集装箱货物很大一部分采用海—铁联运或多式联运方式。

1. OCP运输

OCP的全称是"Overland Common Point",译为内陆公共点,以落基山脉为界,其以东地区均定为OCP范围,该地区约占全美三分之二的面积。所谓OCP运输,是指远东通过海运至美西港口,再转运铁路将货物运至OCP地区目的地交货的一种海—铁分段联运方式。与过巴拿马运河、绕加勒比海至美东港口再通过陆运方式运至美国东部或中部地区交货相比,OCP运输可缩短运输距离、节省运输时间和运输成本,是一种较为合理的运输方式。

采用OCP条款时必须满足以下条件:

(1)货物最终目的地必须属于OCP地区范围内,这是签订运输条款的前提。

(2)货物必须经由美国西海岸港口中转。因此在签订贸易合同时,有关货物的目的港应规定为美国西海岸港口,即为CFR或CIF美国西海岸港口条件。

(3)在提单备注栏内及货物唛头上应注明最终目的地OCP某某城市。

从远东至美国内陆公共点的集装箱货物运输,在使用OCP运输方式时应注意下列几点:

(1)OCP运输下的货物,卖方承担的责任、费用终止于美国西海岸港口。货物卸船后,由收货人委托中间商持正本提单向船公司提货,并负责运抵收货人指定的地点。

(2)OCP运输下的集装箱货物,在买卖合同和信用证上应加注"OCP运输"字样,在签发提单时,其签发要求应与买卖合同、信用证要求相符。

OCP运输不是真正的多式联运,尽管全程运输使用海、铁两种运输方式,但海、铁运输区段各自签单、各自计收运费、各自划分运输责任,因此不符合多式联运一张单证、一次计费、同一责任的要求。

2. MLB运输

MLB的英文全名是"Miniland Bridge",意为小陆桥运输。所谓MLB运输,是指远东海运至美西港口再转运铁路将货物运至美东或加勒比海沿海地区交货的一种海—铁多式联运方式。

MLB 运输的前身为大陆桥运输,所不同的是,大陆桥运输是把美国横贯东西的铁路作为"桥梁",组成海—铁—海多式联运,而小陆桥运输仅为海—铁多式联运。按照国际多式联运的要求,其适用的贸易术语应为 FCA、CPT 或 CIP,目前我国出口企业仍沿用 FOB、CFR、CIP 贸易术语,但要注意使用这三个海运贸易术语时,应按照 FCA、CPT、CIP 关于买卖双方的责任、费用及其风险责任划分的要求来执行。同时,在贸易合同、信用证以及多式联运单据中注明"MLB"字样。

3. IPI 运输

IPI 运输的英文全名是"Interior Point Intermodal",意为内陆公共点多式联运。所谓 IPI 运输,是指远东海运至美西港口,再转运铁路将货物运至 OCP 地区指定目的地交货的一种海—铁多式联运。IPI 运输与 MLB 运输都是海—铁多式联运,其主要区别是交货地有所不同;IPI 运输和 OCP 运输的运输线路和交货地相同,其主要区别是 IPI 运输是海—铁多式联运,而 OCP 运输是海—铁分段联运。同样,对我国出口企业来说采用 IPI 运输时也应尽量选用 FCA、CPT 或 CIP 贸易术语,并在贸易合同、信用证和多式联运单据上注明"IPI"字样。

# 项目实施

## 9-1 集装箱多式联运业务操作

### 一、多式联运运费

#### (一) 多式联运运费的基本结构

多式联运已突破传统海运"港—港"的范围,而向两岸延伸,因此多式联运运费的基本结构,除包括海运段外,还包括一端内陆或两端内陆的运费。如图 9-1 所示。

图 9-1　多式联运运费结构

$A$——内陆运输费。主要是公路运费、铁路运费或内河运费,包括拖运费、仓储费、转运费、服务费等;

$B$——码头装卸包干费。集装箱班轮通常与挂靠港订立集装箱装卸包干费协议;

$C$——海运费。包括基本运费和附加运费;

$D$——码头装卸包干费,同 $B$;

$E$——内陆运输费,同 $A$。

#### (二) 公路运费

公路运费 = 基本运费 + 附加运费

其中,基本运费是指公路运输中的拖运费,按箱型、箱尺寸和运距计算;附加运费是指在公路运输中发生的其他费用,如车辆延滞费、上下车费、人工延滞费、辅助装卸费以及其他附加费等。

公路运费的计算方式主要有计程运费、计时包车运费、包箱运费和短程运费。

### (三) 铁路运费

$$铁路运费 = 基本运费 + 附加运费$$

其中，基本运费是指铁路运输中的拖运费，按箱型、箱尺寸和运距计算；附加运费是指办理铁路运输而发生的有关附加费用，如送取费、暂存费、换装费、代理费以及新路费、集装箱建设基金等。

### (四) 海运运费

$$海运运费 = 基本运费 + 附加运费$$

基本运费是指任何一种货物运输收取的最基本的运费，是海运运费的主要组成部分，包括船舶的折旧或租金、燃油费、修理费、港口使用费、管理费和职工工资等；附加运费是指在海运过程中货物的特殊处理费用，如转船费、起重费、选港费、更改目的港费等，此外还包括受国际经济和国际贸易影响所产生的成本费用，如油价上涨、被迫绕航、汇率变动、港口拥挤等。

在集装箱海运中，为简化运费计算，班轮公司通常采用包箱费率的计算方法，并公布不同航线的运价。

### (五) 码头装卸包干费

在件杂货运输方式下，码头装卸费是按件以体积或重量计收的，在集装箱运输方式下，如仍以这种方法计收，一是计费十分繁杂，二是在整箱运输的方式下承运人对箱内货物种类不详，故世界各国港口大多采用集装箱装卸包干形式，按箱计收装卸包干费。

1. 装卸包干的作业内容

(1) 进口作业：拆除一般加固→卸船→水平运输至堆场→重箱堆存→重箱装车→空箱卸车，空箱堆存。

(2) 出口作业：空箱装车→重箱卸车→重箱堆存→水平运输至船边→装船→进行一般加固。

2. 装卸包干费的规定

我国最新的《港口收费计费办法》规定港口作业包干费实行市场调节价，某港口集装箱装卸包干费的规定见表9-2。

外贸进出口集装箱装卸包干费率表（单位：元） 表9-2

| 箱 型 | 20 英尺 | 40 英尺 |
| --- | --- | --- |
| 装载一般货物的集装箱 | 425.50 | 638.30 |
| 空箱 | 294.10 | 441.10 |
| 装载一级危险货物的集装箱 | 467.90 | 702.00 |
| 冷藏重箱 | 467.90 | 702.00 |
| 冷藏空箱 | 324.10 | 486.10 |

### (六) 多式联运运费的计费方式

按照《联合国国际货物多式联运公约》的规定，多式联运应采用单一运费率，由多式联运经营人向货主一次计收。在实际操作中计费可以分段累加计收，也可根据分段累加的总费用换算出单一运费率,因此目前多式联运运费计收方式主要有单一运费制和分段运费制两种。

1. 按单一运费制计算运费

单一运费制是指集装箱从托运到交付,所有运输区段均按照一个相同的运费率计算全程运费。在西伯利亚大陆桥(SLB)运输中采用的就是这种计费方式。原苏联从1986年起修订了原来的7级费率,采用了不分货种的以箱为计费单位的FAK统一费率。陆桥运输的运费比班轮公会的海运运费低20%~30%。

2. 按分段运费制计算运费

分段运费制是按照组成多式联运的各运输区段,分别计算海运、陆运(铁路、汽车)、空运及港站等各项费用,然后合计为多式联运的全程运费,由多式联运经营人向货主一次计收。各运输区段的费用,再由多式联运经营人与各区段的实际承运人分别结算。目前大部分多式联运的全程运费均采用这种计费方式,例如欧洲到澳大利亚的国际集装箱多式联运、日本到欧洲内陆或北美内陆的国际集装箱多式联运等。

## 二、多式联运的一般业务流程

多式联运是一种现代化的综合运输,涉及面广,环节众多,环境繁杂,因此其业务流程也十分繁杂,下面简要介绍多式联运的一般业务流程。

### (一)订立多式联运合同

多式联运必须订立合同,合同是规范托承双方权利、义务以及解决争议的基本法律文件。多式联运合同主要内容有:托运人、收货人、多式联运经营人、货物的名称、包装、件数、重量、尺寸等情况、接货的地点和时间、交货的地点和约定的时间、不同运输方式的组成和运输线路、货物交接方式以及托承双方的责任和义务、解决争议的途径和方法等。

### (二)编制多式联运计划

多式联运计划总的要求是:

1. 合理性

要求运输线路短、各区段运输工具安全可靠、运输时间能保证、不同运输方式之间良好衔接,从而保证货物从一国境内接货地安全及时地运到另一国境内的交货地。

2. 经济性

在保证货运质量的前提下,尽可能节省总成本费用,以提高经济效益。

3. 不可变性

在计划中应充分考虑各种因素,留有必要的余地,除不可抗力外,计划一般不能随意改变。

在完成多式联运计划编制后,多式联运经营人还应及时将计划发给沿线各环节的代理人,使之提前做好接货、运输、转关或交货等准备工作。

### (三)接货装运

按照多式联运合同,在约定的时间、地点,由多式联运经营人或其代理人从发货人手中接管货物,并按合同要求装上第一程运输工具发运。按托承双方议定的交接方式,凡在DOOR或CY交接的,由发货人负责装箱计数施封和办理出口清关手续,在箱体外表状况良好、封志完整状态下,将货物整箱交多式联运经营人或其代理人;凡在CFS交接的,由发货人

负责办理出口清关手续,将货物散件交多式联运经营人或其代理人,由后者负责拼箱计数施封后装运发送。

### (四)签发多式联运单据

多式联运经营人接管货物,在运费预付情况下收取全程运费后,即签发多式联运单据,表明多式联运经营人对全程联运负有责任的开始。对多式联运合同当事人来说,多式联运单据是多式联运经营人收到货物的证据,是合同的证明,也是货物的物权凭证,多式联运经营人向多式联运单据指明的收货人或被指示的收货人交付货物,收货人凭多式联运单据提取货物。在货物装运发送后,多式联运经营人还应将多式联运单据副本以及一程运输的有关运输单证及时寄往第一程的目的地(港)的代理人,以便做好接货、转关和转运的准备。

### (五)运输保险

由于多式联运运距长、环节多、风险大,为避免可能发生的货运事故,多式联运经营人可以向保险公司投保。尽管多式联运经营人有责任限额保护条款,但因多式联运经营人的疏忽、过失、侵权,其将丧失责任限额保护的权利,承担很大的赔偿金额的风险,为避免较大的损失,多式联运经营人通常向保险公司投保货物责任险和集装箱险,以防范巨额赔偿风险。

### (六)转关手续

多式联运若在全程运输中经由第三国,应由多式联运经营人或其代理人负责办理过境转关手续。对于"国际集装箱海关公约"缔约国之间,转关手续已相当简化,通常只提交相应的转关文件,如过境货物申报单、多式联运单据、过境国运输区段单证等,并提交必要的担保和费用,过境国海关可不开箱检查,只作记录而予以放行。

### (七)全程运输的协调管理

#### 1.不同运输方式之间的转运

国际多式联运是以至少两种不同运输方式组成的连贯运输,不同运输方式之间的转运衔接,是保证运输连贯性、及时性的关键。由于运输工具不同、装卸设备设施不同、转运点的选择不同以及各国的规定和标准不同,因此多式联运经营人或其代理人事前应有充分的了解,以便根据各种不同具体情况和要求实现快速顺利的转运。

#### 2.各运输区段的单证传递

多式联运经营人作为全程运输的总负责人,通常要与各运输区段实际承运人订立分运输合同,在运输区段发送地以托运人的身份托运货物,在运输区段的目的地又以收货人的身份提取货物。为了保证各运输区段货物运输的顺利进行,多式联运经营人或其代理人在托运货物后要将有关运输单证及时寄给区段目的地代理人。同时,如该实际运输区段不是最后一程运输,多式联运经营人的代理人在做好接货准备的同时,还要做好下一程运输的托运准备。

#### 3.货物的跟踪

为了保证货物在多式联运全程运输中的安全,多式联运经营人要及时跟踪货物的运输状况,例如通过电报、电传、EDI等手段在各结点的代理人之间传递货物信息,必要时还可通过 GPS 进行实时控制。

### (八)交付货物

按多式联运合同规定,货物到达指定交货地后,由多式联运经营人或其代理人将货物交多式联运单据指明的收货人或按指示交指定的收货人,即告完成全程运输任务。交货地代理人应在货物到达前向收货人发出到货通知,以便收货人及时做好提货准备。

对于 FCL 交货的,例如 CY 条款,货物卸船、收货人办妥进口清关手续后,委托集装箱码头整箱交货;如 DOOR 条款的,则由多式联运经营人或其代理人公路运输至收货人的工厂或仓库交货,交接双方以箱体外表状况良好、封志完整为条件。对于 LCL 交货的,交货地为合同指定的集装箱货运站,由集装箱货运站代表多式联运经营人拆箱、分票、堆存于仓库,收货人办妥进口清关手续后,以散件方式提运。

## 【复习思考题】

**一、填空**

1. 国际多式联运必须是(　　)种或(　　)种以上不同的运输方式。
2. 多式联运经营人的责任期间从(　　)起至(　　)止。
3. 多式联运经营人普遍使用的赔偿责任制是(　　)。
4. 多式联运经营人在赔偿时从按件赔偿和按毛重每公斤赔偿这两种责任赔偿中选择较(　　)的进行赔偿。
5. 国际多式联运经营人赔偿责任制分为(　　)、(　　)、(　　)三种。

**二、判断**

1. 多式联运提单属于已装船提单。(　　)
2. 在国际多式联运中,托运人只与多式联运经营人有业务和法律上的关系。(　　)
3. 多式联运提单均为不可转让提单。(　　)
4. 多式联运经营人是发货人的代理人。(　　)
5. 国际多式联运经营人可以在码头上接收货物。(　　)
6. 国际多式联运提货时,必须向多式联运经营人或其代理人交回全套正本海运提单。(　　)
7. 货物装船后,多式联运经营人方可签发多式联运单据。(　　)
8. 国际多式联运经营人通常向保险公司投保货物运输责任险和集装箱险。(　　)
9. 实行单一运费率是国际多式联运的特征之一。(　　)
10. OCP 运输是多式联运。(　　)

**三、名词解释**

多式联运单据
多式联运经营人

**四、问答**

1. 多式联运单据有哪些性质?
2. 国际多式联运的特征有哪些?
3. 请简述 OCP 运输、MLB 运输、IPI 运输各自的特点与不同点。

**五、翻译**

国际多式联运　多式联运单据　多式联运经营人

# 项目十　集装箱智慧港口前瞻

**知识要点**

1. 智慧港口概述；
2. 自动化码头发展概况；
3. 青岛港集装箱自动化码头实例。

**项目任务**

1. 理解智慧港口的内涵；
2. 了解自动化码头发展现状。

**相关理论知识**

## Ⅰ　智慧港口概述

### 一、现代港口的含义

现代港口是具有水陆联运设备和条件，供船舶安全进出和停泊的运输国际物流全程运输与国际贸易的服务中心和服务基地。现代港口具有如下功能：

第一，港口是海运和陆运的交接点。

港口既是水路运输也是陆路运输的终端，在港口，货物在船舶与车辆之间进行换装。由于港口运营活动包含货物装卸、分拣、存储、交易、结算等，这些活动要求港口具备足够活动空间及技术支撑。

第二，港口是工业活动基地。

港口本身是从事工业的重要场所。工业，尤其是对运输有较大依赖的制造业离不开高效的港口。港口设施和工业用地的布局可以有机结合起来，以便尽量提高运输、储存和加工效率。临港工业所需的原材料可以通过船舶运输直接运抵企业，无需中转。原材料加工后的产品可以直接通过码头出口。在日本，这样的港口称为"工业港"，不仅为有关工业服务，而且为整个国家或所在地区带来经济效益。

第三，港口成为综合物流的中心。

现代物流强调在货物流通环节中做多功能整合，即从运输、装卸、仓储、配送、流通加工、信息服务等各环节进行全方位服务，而港口正具有从事这种服务的区位优势。港口处于各种运输方式的交汇点，也是货物及信息的集散地，因此是从事现代物流服务的最佳场所。

第四，港口是城市发展增长点。

如果工业和物流在港口得到发展,经济活动在以港口为中心的地区得到加强,越来越多的人汇聚在那里,就会形成新的城区。如果这个城区消费增加和生产活动频繁,港口的吞吐量也会增加,这就是港口和城市相辅相成,互动发展的规律。

## 二、智慧港口的内涵

2008年11月,IBM在美国纽约发布的《智慧地球:下一代领导人议程》主题报告中首次提出"智慧地球"概念,随后又进一步提出"智慧城市"概念。

智慧城市是物联网、云计算等新一代信息技术的应用,感测、分析、整合城市运行核心系统的各项关键信息,从而对包括民生、环保、公共安全、城市服务、工商业活动在内的各种需求做出智能响应。其实质是利用先进的信息技术,实现城市智慧式管理和运行,进而为城市中的人创造更美好的生活,促进城市的和谐、可持续成长。维也纳大学提出智慧城市评价体系的六个指标,即智慧的经济、智慧的运输业、智慧的环境、智慧的居民、智慧的生活和智慧的管理等六个方面。智慧交通是智慧城市的重要组成部分,智慧港口是智慧交通的核心节点之一。

智慧港口是以信息物理系统(Cyber-Physical Systems)为结构框架,通过高新技术的创新应用,使物流供给方和需求方共同融入集疏运一体化系统;极大提升港口及其相关物流园区对信息的综合处理能力和对相关资源的优化配置能力;智能监管、智能服务、自动装卸成为其主要呈现形式,并能为现代物流业提供高安全、高效率和高品质服务的一类新型港口。

信息物理系统(Cyber-Physical Systems)是一个综合计算、网络和物理环境的多维复杂系统,通过3C(Computing,Communication,Control)技术的有机融合与深度协作,实现大型工程系统的实时感知、动态控制和信息服务。信息物理系统实现计算、通信与物理系统的一体化设计,可使系统更加可靠、高效、实时协同,具有重要而广泛的应用前景。

智慧港口包含了由货主、海上运输服务代理公司、公路运输、铁路运输、物流园区、金融机构等相关国内外贸易、物流参与方的相互之间的智能商务交往;还有海关、检验检疫、税收、海事局、边防等政府部门的智能监管;以及船公司、码头等物流企业的智能化管理和相关物流企业的自主装卸作业等。

从业务功能上说智慧港口同传统港口没什么区别,智慧港口和传统港口的最主要区别是:智能港口通过高新技术的应用,使智能政务、智能商务、智能管理与自主装卸成为其主要呈现形式,通过引导参与方的共同融入,使港口具备广泛联系与互动,透彻感知,持续创新,自主进化的生态特征。

## 三、智慧港口的主要特征

### 1.全面感知

全面感知是所有深层次智能化应用的基础,智能监测的结果是现场数据的全面数字化,包括现场物联网、远程传输网络以及数据集成管理(筛选、质量控制、标准化和数据整合)。

例如,危险品货物在运输作业过程中位置、温度等信息通过传感器实时感知,并通过移动互联网传输到云数据中心,并被加工成规范数据存储,用于分析、预警危险品货物的运输(图10-1)。

图10-1 全面感知

**2. 智能决策**

智能决策是在基础决策信息感知收集的基础上,明确决策目标及约束条件,对复杂计划、调度等决策问题快速做出高效决策。通过智能决策系统的应用能够实现港口快速、高效决策(图10-2)。

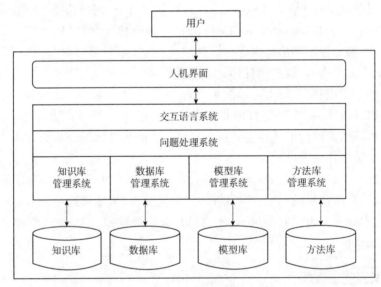

图10-2 智能决策

**3. 自助装卸**

自主装卸是在智能决策基础上,设备自主识别确定装卸对象、作业目标,并安全、高效、自动完成作业任务。

#### 4.全程参与

全程参与,即是通过云计算、移动互联网技术的应用,使港口相关方可以随时随地利用多种终端设备,全面融入统一云平台。通过广泛联系,深入交互,使港口综合信息平台能最大限度优化整合多方需求与供给,使各方需求得到即时响应。

例如,通过全程参与,货主可以随时随地通过智能手机掌握货物运到哪里,状态如何,什么时候可以通关,什么时候能装船,装载在船舶什么位置,什么时候能送到客户手上等。

#### 5.持续创新

港口可持续创新是通过港口相关方的广泛参与和深入交互,通过港口管理者与智能信息系统的人机交互,智能信息系统的自主学习,使得港口具备持续创新和自我完善的功能,是智慧港口最主要特征之一。

智慧港口创新模式就包括以用户创新、开放创新、协同创新为主的大众创新以及以自学习、自组织、人机交互为主的系统创新。

那么智慧港口的智慧特征需要有哪些技术作为支撑呢?

### 四、智慧港口的主要技术支撑

#### 1.物联网

物联网(Internet of Things),指的是将各种信息传感设备,如射频识别(RFID)装置、红外感应器、全球定位系统、激光扫描器等装置与互联网结合起来而形成的一个巨大网络。物联网技术应用目的是让所有的物品都与网络连接在一起,系统可以自动的、实时的对物体进行识别、定位、追踪、监控并触发相应事件(图10-3)。

图10-3 物联网技术在港口的具体应用——货物电子标签

#### 2.云计算

云计算(Cloud Computing),是一种基于互联网的计算方式,通过这种方式,共享的软硬件资源和信息可以按需求提供给计算机和其他设备。

在港口应用案例:基于港口云计算中心的海关商检等政府监管系统、船货代系统、集疏运一体化系统、码头业务系统、物流仓储系统(图10-4)。

#### 3.移动互联网技术

移动互联网(Mobile Internet,简称MI),是一种通过智能移动终端,采用移动无线通信方式获取业务和服务的新兴业态,包含终端、软件和应用三个层面。

移动互联网在港口的应用,主要利用移动互联网共享、互动、链接的特性,实现港口相关方跨平台、即时的便捷服务模式(图10-5)。

图 10-4  基于港口云计算中心的各个系统

图 10-5  港口移动智能终端应用

**4. 大数据技术**

大数据（Big Data），或称巨量数据、海量数据、大资料，指的是所涉及的数据量规模巨大到无法通过人工，在合理时间内整理成为人类所能解读的信息。必须借由计算机对数据进行统计、比对、解析方能得出客观结果。随着信息科学的发展，大数据技术的应用越来越重要。2012 年，全世界每天产生 2.5 艾（$2.5 \times 10^{18}$）字节的数据，通过计算机对海量数据处理的技术日渐成熟。

在港口领域，可以利用统计、分析预测、数据挖掘等手段实现对进出境货物、人员等监控与管理，打击走私，帮助分析检验检疫侧重点。通过对进出港口货物海量信息的分析还有助于开拓港口的货源以及船公司、货主等相关方的商务研判等（图 10-6）。

图 10-6  港口大数据应用——智能监管、智能商务

**5. 人工智能技术**

人工智能（Artificial Intelligence，AI）也称为机器智能，是计算机科学的一个分支，主要

研究应用人工方法和技术,模仿、延伸和扩展人的智能,实现机器智能。人工智能应用领域广泛,涉及问题求解、机器学习、专家系统、模式识别、机器人学等领域。

人工智能技术在港口应用广泛,例如将人工智能技术应用到港口的生产计划与调度过程中,可实现码头智能泊位调度,智能场地策划,智能设备调度等,码头生产组织的智能化应用,可以实现最小化船舶在港时间,最小化堆场翻箱操作,最小化集装箱运输成本等(图10-7)。

图10-7 港口应用——智能计划与调度

6.系统仿真技术

系统仿真科学是一门研究系统建模与仿真理论、方法、技术及应用的综合性边缘科学技术。复杂系统建模是它的重要组成部分和前沿新领域。仿真科学经过60多年发展,在工农业生产、国民经济和国防建设各个领域产生重大影响和效益。凡是有科学研究、工程设计和人—机训练的地方都离不开它的支持,特别是面对一些重大的、复杂的棘手问题研究,采用传统理论研究和实验研究方法往往不能奏效,势必转而应用模型研究手段(建模与仿真方法),从而为决策者、设计师和工程技术人员提供灵活、适用、有效的技术平台和研究环境,以检验他们关键性见解、创新性观点和所做决策或方案的合理性、正确性和可行性。

7.设备智能诊断与评估

设备智能诊断与评估就是通过实时采集设备运行过程中的状态信息参数,对设备的状态进行监测,判断其是否正常,当出现异常时分析其产生的原因、部位和严重程度,并预报其发展趋势。

8.装卸机器视觉与自主控制

装卸机器视觉是通过非接触的传感器自动地接收和处理一个真实物体的图像,获得装卸所需信息;自主控制则实现在此基础上的信息处理、决策和自动装卸控制。

9.港口绿色能源系统

港口绿色能源系统主要是引导港口运营的各个环节实现零排放、零污染和能源的高效、综合利用。

## 五、智慧港口的发展前瞻

知识经济迅猛发展使得信息资源日益成为推动经济发展至关重要的生产要素。智慧港口正是物联网、移动互联网、云计算、人工智能等高新技术完美融合的载体。在新一轮信息技术变革的背景下,即将到来的智慧港口不仅是世界港口发展方向,更将引领新一代工业4.0的发展潮流。

智慧港口中代表性的典型建设案例即是智慧型集装箱码头。码头自动化的本质在于通过控制系统和信息技术的使用,减少工作流程中的人为干预。实际上,自动化引发的"机器换人"已经成为全产业转型升级发展的时代潮流,港口行业也概莫能外。推动集装箱码头迈向自动化的主要因素包括:

1.劳动力成本不断攀升,劳动力日益稀缺

在劳动力成本非常低的地区,实现码头自动化的经济效益可能是不可持续的。在欧洲、北美、日本以及澳大利亚等地区,高昂的劳动力成本毫无疑问是推动码头自动化的关键因素之一,从劳动力成本方面考虑,自动化是一种必然的趋势。

2.全球供应链可预见性的要求

自动化的整个出发点不仅仅在于节约劳动力成本,还在于实现集装箱装卸的可调度性,进而实现全球供应链的可预见性。

从长期来看,可预见性会提高生产效率。比如,员工会有状态起伏,起重机驾驶员可能会生病,他们此时的状态很可能会导致效率低下,但是,一个全自动化的码头通常能够稳定地保持峰值生产效率。

自动化流程可以剔除群体执行和人工流程的自然变动性,从而保证供应链的可预见性和可靠性。假定自动化码头每个小时都可以坚持不懈地操作35次,日复一日,但是由人控制的码头第一个小时可以操作40次,然后第六个小时却只能操作30次。每个小时装卸35只集装箱的自动化设备有利于计划的执行,根据固定的效率就可以计算出船只停留在港口的时间,可以实现吞吐量的持续性、稳定性以及可规划性。

3.安全性的要求

传统的码头上,即使安全系数非常高,但是这并不等于没有风险。在处理超大型集装箱船的时候,设备处理工作的复杂性和工作强度也随之增加,通过人工操作来维持这种高水平的生产效率的同时,安全隐患往往也会增加。而在自动化码头上,很多风险和危害都被消除了。

4.提高码头设备利用率的要求。

在码头硬件设施水平不断提高的同时,软件设施水平或者说是码头控制系统也应该有所提高来面对各种挑战。集装箱码头的自动化在经历了漫长的发展阶段之后已经变得相当成熟,在一些码头,设备的自动化已经相当可靠,因此,只要风险管理得当,实现自动化没有实质性的技术风险。

## Ⅱ 自动化码头发展概况

### 一、集装箱自动化码头发展现状

世界自动化码头已有30多年历史,早期自动化码头集中分布在人力成本较高的发达地区。从20世纪80年代中期开始,自动化技术的进步使得欧洲和日本的港口率先规划尝试建设自动化集装箱码头。就全球范围来看,世界上第一个自动化集装箱码头在1993年荷兰鹿特丹港的ECT码头投入运行,接着是英国伦敦港、日本川崎港、新加坡港、德国汉堡港等相继建成全自动化或半自动化(仅堆场自动化)的集装箱码头。但受全球经济波动和财政政策的影响,自动化集装箱码头发展曾一度陷入了停滞状态。目前全球建成和在建的自动化集装箱码头共有34个,其中欧洲地区10个,亚洲地区17个,美洲地区4个,澳洲地区3个。自动化码头的技术先进性优势不断显现,目前已经发展到第四代(表10-1)。

(1)第一代:以1993年投入运营的鹿特丹港ECT码头为代表,AGV运行速度为3m/s,采用内燃机液压驱动,AGV线路为固定圆形路线;岸桥为单小车结构,每个堆场只有一台轨道吊。

(2)第二代:以2002年投入运营的德国汉堡港CTA码头为代表,特点是岸桥是双小车结构,水平运输采用的AGV为灵活路线运行,堆场每一个堆区内的两台轨道吊为穿越式布置,码头的路径规划设计和设备调度采用了计算机模拟技术。AGV利用异频雷达导航,相对于固定路线运行,AGV的效率更高,但是调度更复杂。AGV起初采用内燃机液压驱动,后来采用柴油发电机供电的电力驱动,2009年逐步升级为动力电池供电的电力驱动以便减少排放。

(3)第三代:以2010年投入运营的荷兰鹿特丹港Euromax码头为代表,隶属于和记黄埔港口集团,与第二代相比,堆场每一个堆区内的轨道吊为接力式对称布置。岸桥装卸效率每小时40个标准箱。AGV采用柴油发电机电力驱动。

(4)第四代:自2014年以来的厦门远海,青岛港,洋山四期。

我国的自动化集装箱码头建设发展目前处于起步阶段,2014年,厦门远海码头对14号泊位及15号部分泊位开始进行改造,建成国内第一个全自动化集装箱码头,于2016年3月正式商业运营。青岛前湾自动化码头2017年5月开港(先期建成2个泊位),是"亚洲首个真正意义上的"全自动化码头。上港洋山四期自动化码头2014年底开工建设,预计2017年底建成投产,建成后将是我国最大的自动化码头。不同地区自动化集装箱码头根据当地特点和码头需求采用不同装卸工艺和设备配置等。

**全球自动化码头情况一览表**　　　　　表10-1

| 序号 | 码头名称 | 所在地区 | 建成/拟建成年份 | 自动化程度 |
|---|---|---|---|---|
| 欧洲 | | | | |
| 1 | ECT码头 | 荷兰鹿特丹 | 1993 | 全自动化 |
| 2 | Thamesport码头 | 英国伦敦 | 1996 | 半自动化 |
| 3 | CTA码头 | 德国汉堡 | 2002 | 全自动化 |
| 4 | Euromax码头 | 荷兰鹿特丹 | 2010 | 全自动化 |
| 5 | 安特卫普门户码头 | 比利时 安特卫普 | 2010 | 半自动化 |
| 6 | TTI码头 | 西班牙 阿尔赫西拉斯 | 2010 | 半自动化 |
| 7 | BEST码头 | 西班牙 巴塞罗那 | 2013 | 半自动化 |
| 8 | 伦敦门户码头 | 英国伦敦 | 2013 | 全自动化 |
| 9 | APMT MVII码头 | 荷兰鹿特丹 | 2014 | 全自动化 |
| 10 | RWG码头 | 荷兰鹿特丹 | 2014 | 全自动化 |

续上表

| 序号 | 码头名称 | 所在地区 | 建成/拟建成年份 | 自动化程度 |
|---|---|---|---|---|
| 美洲 | | | | |
| 11 | 弗吉尼亚 VIG 码头 | 美国弗吉尼亚 | 2007 | 半自动化 |
| 12 | Globle 码头 | 美国纽约 | 2014 | 半自动化 |
| 13 | 长滩中港码头 | 美国长滩 | 2016 | 全自动化 |
| 14 | TraPac 码头 | 美国洛杉矶 | 2016 | 全自动化 |
| 澳洲 | | | | |
| 15 | 布里斯班 | 澳大利亚布里斯班 | 2013 | 半自动化 |
| 16 | SICTL 码头 | 澳大利亚布里斯班 | 2013 | 半自动化 |
| 17 | Patrick 码头 | 澳大利亚布里斯班 | 2014 | 全自动化 |
| 亚洲 | | | | |
| 18 | 川崎自动化码头 | 日本川崎 | 1996 | 半自动化 |
| 19 | 巴西班让码头 | 新加坡 | 1998 | 半自动化 |
| 20 | 香港国际货柜码头 | 中国香港 | 1999 | 半自动化 |
| 21 | TCB 码头 | 日本东京 | 2003 | 半自动化 |
| 22 | 万海码头 | 日本名古屋 | 2005 | 全自动化 |
| 23 | 长荣码头 | 中国台湾台北 | 2006 | 半自动化 |
| 24 | 韩进码头 | 韩国釜山 | 2008 | 半自动化 |
| 25 | 现代码头 | 韩国釜山 | 2009 | 半自动化 |
| 26 | PNC 码头 | 韩国釜山 | 2009 | 半自动化 |
| 27 | 台北货柜码头 | 中国台湾台北 | 2009 | 半自动化 |
| 28 | 高明码头 | 中国台湾高雄 | 2013 | 半自动化 |
| 29 | Khalifa 码头 | 阿联酋阿布扎比 | 2012 | 半自动化 |
| 30 | 釜山新集装箱码头 | 韩国釜山 | 2012 | 半自动化 |
| 31 | 远海码头 | 中国厦门 | 2014 | 全自动化 |
| 32 | 拉蒙湾码头 | 印尼 | 2016 | 半自动化 |
| 33 | 青岛港码头 | 中国青岛 | 2017 | 全自动化 |
| 34 | 洋山四期 | 中国上海 | 2017 | 全自动化 |

## 二、全球典型自动化集装箱码头介绍

### 1.英国伦敦门户码头

伦敦门户码头由迪拜环球港务集团投资开发，共有 6 个泊位，设计年集装箱吞吐量360

万 TEU。该码头建设共分五期工程项目,一期项目包括3个泊位,设计配置12台岸桥、28辆跨运车和40台自动化轨道吊。该码头1号泊位已于2013年11月开港作业第一艘集装箱船舶。

伦敦门户码头采用"双40英尺岸桥+跨运车+自动化轨道吊"作业工艺。双40英尺岸桥实施岸边船舶作业;海侧水平运输采用"堆一过二"跨运车;堆场垂直于岸线设计,最长箱区可设36个标准箱位,每块堆场配置2台自动化轨道吊,堆场陆侧采用集卡作业工艺。

2.荷兰鹿特丹港Euromax码头

Euromax码头是欧洲集装箱码头公司(Europe Container Terminals,ECT)旗下三个码头之一,隶属于和记黄埔港口集团,目前年集装箱吞吐量约180万TEU。该码头于2010年投产,共有岸桥16台(其中驳船岸桥4台)、自动化轨道吊58台和自动导引车96辆。

Euromax码头采用"双小车岸桥+自动导引车+自动化轨道吊"作业工艺。岸边船舶作业采用双小车岸桥,后侧外伸臂下设4条自动导引车作业车道;海侧水平运输采用自动导引车,单车可运输1个40英尺集装箱或2个20英尺集装箱;堆场垂直于岸线设计,每块堆场设2台自动化轨道吊,堆场陆侧采用集卡工艺方式。

Euromax码头集装箱业务以中转箱为主,中转箱量占总箱量的65%,其中15%~25%的中转箱由驳船转运至内河码头。随着生产作业系统的不断优化,Euromax码头作业效率逐年增高:目前岸桥平均作业效率达30自然箱/h,峰值达到33自然箱/h;平均船时效率达150~170自然箱/h,峰值达到221自然箱/h。

3.西班牙巴塞罗那港巴塞南欧码头

巴塞南欧码头是从和记黄埔港口集团旗下的加泰罗利亚码头(TERCAT)分出的,总占地面积132万㎡,设计年集装箱吞吐量445万TEU。码头一期工程包括5个泊位,占地面积100万㎡,设计年集装箱吞吐量315万TEU,配置18台岸桥、80台场桥和42辆跨运车,计划于2014年完工;码头二期工程项目包括2个泊位,占地面积32万㎡,设计年集装箱吞吐量130万TEU,配置6台岸桥、32台场桥和15辆跨运车,计划于2016年完工。

巴塞南欧码头采用"单40英尺岸桥+跨运车+自动化轨道吊"作业工艺。在巴塞南欧码头集装箱业务中,中转箱量所占比例较大,约为70%,本地箱量占30%。随着生产作业系统的不断优化,该码头作业效率逐年增高,目前岸桥平均作业效率稳定在34自然箱/h。

4.韩国釜山新集装箱码头

釜山新集装箱码头坐落于韩国釜山港新港港区,是亚洲第一个堆场垂直于岸线布置的自动化集装箱码头。该码头采用"单小车岸桥+跨运车+自动化轨道吊"作业工艺。岸桥和自动化轨道吊均由上海振华重工(集团)股份有限公司(以下简称振华重工)制造,跨运车由美国特雷克斯集团制造,堆垛能力为"堆一过二",码头操作系统由美国Navis公司提供,码头设备控制系统由瑞士ABB公司开发,先进的信息系统使码头生产作业更具柔性和高效性。据统计,釜山新集装箱码头岸桥平均作业效率为32~38自然箱/h,线时效率约为29自然箱/h。

5.美国弗吉尼亚集装箱码头

弗吉尼亚集装箱码头坐落于弗吉尼亚诺福克港,由马士基集团建设和运营。该码头堆场垂直于岸线布置,总投资4.5亿美元,于2007年建成投产,采用"单小车岸桥+跨运车+自动化轨道吊"作业工艺。岸桥和场桥均由振华重工制造,跨运车由卡尔玛公司制造,每台造价约 50 万美元。据统计,弗吉尼亚集装箱码头岸桥平均作业效率为 32~36 自然箱/h。中转箱量占码头集装箱业务总量的比例较小,进口箱量约占码头集装箱业务总量的 48%,出口箱量约占 52%。

弗吉尼亚集装箱码头陆侧布置 75 个集卡车位,由 4 个作业人员远程操控集卡装卸作业,3 个显示界面(包括码头操作系统、对锁眼和监控视频)便于作业人员与司机进行语音交流,以确保装卸作业安全。司机下车后进入本车位工作亭并进行自动及人工确认,亭内地毯设有压力传感器,便于系统确认司机是否已到安全区域;司机刷卡复核相关作业信息无误后,自动化轨道吊方可执行命令。码头陆侧在技术上可以实现全自动化作业,但出于安全考虑,仍采用半自动化操作方式。

6. 日本名古屋港 TCB 码头

由于日本为多地震国家,集装箱码头结构和设备均采用强化抗震设计工艺,以减小地震危害。TCB 码头是日本首个全自动化集装箱码头,也是目前公认的世界上最先进的自动化集装箱码头之一。该码头前两期工程项目分别于 2005 年 12 月和 2008 年 12 月建成投产,第三期工程项目建设已列入规划。TCB 码头堆场平行于岸线布置,采用"单小车岸桥+自动导引车+自动化轮胎吊"作业工艺。岸桥和自动化轮胎吊均由日本三菱公司制造,自动导引车由日本丰田公司制造。据统计,TCB 码头的岸桥平均作业效率为 33 自然箱/h。

上述 6 个自动化集装箱码头在装卸工艺、堆场布置等方面具有各自的特点。TCB 码头的特殊性明显,它是目前世界上唯一采用自动化轮胎吊作为堆场作业设备的自动化集装箱码头,与自动化轨道吊工艺方案相比,自动化轮胎吊工艺方案有利于节省码头投资成本和减小地震危害。

欧洲 3 个典型自动化集装箱码头的共同点是:码头均紧邻物流园区;码头后方均设计有铁路,可以通过铁路系统进行集装箱集疏运,并配备铁路轨道吊。

# Ⅲ 青岛港集装箱自动化码头实例

## 一、青岛港自动化集装箱码头简介

青岛港自动化码头位于前湾港区南岸,是当今世界上设计吞吐能力最大、最先进高效的自动化码头。岸线长 2088m,纵深 784m,前沿水深−20m,年通过能力 520 万 TEU,可停靠世界最大的 20000TEU 以上的集装箱船舶,首期 2 个泊位投入运营。

青岛港自动化集装箱码头采用"双小车桥吊+电动带举升自动导引车+全自动高速轨道吊"作业工艺(图 10-8~图 10-11)。双小车桥吊实施岸边船舶作业;海侧水平运输采用电动带举升自动导引车(AGV);堆场配置 38 台自动化轨道吊,堆场陆侧采用集卡作业工艺。

## 二、青岛港自动化集装箱码头信息系统

青岛港自动化集装箱码头充分吸取了当今世界自动化码头的经验和教训,综合采用了物联网感知、通信导航、模糊控制、信息网络、大数据云计算和安全防范等先进技术,深度融

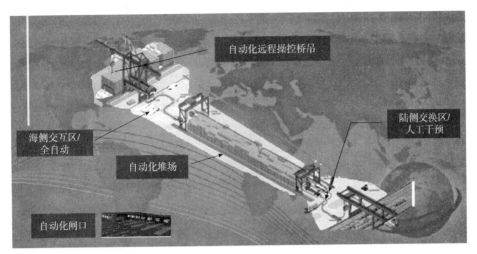

图 10-8  青岛港自动化集装箱码头装卸工艺

图 10-9  青岛港自动化桥吊

图 10-10  青岛港自动化轨道吊

图 10-11　青岛港 AGV

合了码头操作、设备控制、闸口控制、电子数据交换、网站预约查询等系统。无人化运行背后是有强大的计算机系统做支撑,包含几大功能:信息感知:对整个生产系统的作业环节实时感知、采集并反馈;作业自动化控制:现场所有的机械设备,都是无人操作;调度指挥智能化:采集码头整个作业信息,动态计算,优化配置岸桥、AGV、场桥资源。

自动化码头生产作业完全依靠信息系统指挥和控制,自动化设备根据系统指示执行每个动作。主要包括两大系统:

1. 码头操作系统(TOS)

TOS 是指挥中枢,负责整个码头的生产作业计划编排,并调度机械设备按计划完成作业。

(1)智能化堆场管理;

(2)自动配载;

(3)全场设备优化调度;

(4)掌控现场生产作业;

(5)计费及统计分析等。

2. 设备控制系统(ECS)

ECS 根据 TOS 指令自动规划机械设备的运行路线并控制设备运行,指挥设备完成作业。

(1)规划设备运行路线;

(2)控制设备交通,避免冲突;

(3)控制设备交互衔接;

(4)监控所有设备;

(5)给 TOS 实时反馈设备状态。

## 三、青岛港自动化集装箱码头作业流程

青岛港自动化码头是当今世界上智能程度最高、效率最快、最安全可靠、绿色环保的自动化码头。

相比传统码头,作业现场实现无人化,可节省操作人员 70%;提升作业效率 30%;单位耗

能最低,实现零排放;应急状态时,一键锚定指令可使桥吊、轨道吊在2分钟内自动完成防风锚定,大大提升了应对各种天气的能力,实现全天候作业。

船舶靠泊前,码头操作系统TOS依据船舶相关信息,自动生成了船舶作业计划。随着作业指令下达,设备控制系统对机械设备实施调度,各种设备迅速进入工作状态。

1.进口流程

自动化桥吊首先对船舶进行轮廓扫描,自动生成最佳运行路径。

装卸过程中,桥吊自动读取箱号、箱型、箱门朝向等数据并存储到码头数据库中。转运平台上的机器人完成拆锁操作。门架小车将集装箱卸到自动导引车上。

自动导引车按照码头操作系统的任务指令,自动行使到海侧交换区。采用世界最先进的钛锂电池驱动,电池使用寿命可超过10年。采用世界首创的循环充电技术,在每个作业循环中完成消耗电能补充,节省换电站建设成本过亿元,比同类设备重量减轻10t,是当今世界上最轻、唯一自动充电、续航时间无限制的自动导引车。

自动化高速轨道吊,根据设备控制系统下达的任务类型,对作业路径自动扫描,安全、精准、高效、协同完成集装箱堆码和发箱作业。

外来车辆提箱时,系统确认司机处于安全亭内,高速轨道吊自动完成装车任务。

自动化码头采用进出闸分离、多站式流程化布局,便捷安全高效。

车辆出港时,闸口"光学字符识别系统"自动获取相关数据,并对集装箱进行放射性检测;自动校验海关放行信息和码头业务信息,确认无误后放行。

2.出口流程

车辆到达闸口时,"光学字符识别系统"自动获取箱号、箱型、箱门朝向等数据。

系统自动完成对司机、车辆、集装箱信息的校验处理,根据堆场计划给出场位信息。

"射频识别系统"自动识别电子车牌信息,系统核对放行。

车辆到达陆侧交换区,系统校验信息,确保作业环境安全后,ASC吊箱至堆场。

系统自动进行船舶配载,调度高速轨道吊、自动导引车和桥吊协同完成装船作业。

## 参 考 文 献

[1] 曾凡华.集装箱运输业务[M].北京:机械工业出版社,2005.
[2] 杨茅甄.集装箱运输实务[M].北京:高等教育出版社,2007.
[3] 陈洋.集装箱码头操作[M].北京:高等教育出版社,2001.
[4] 武得春.集装箱运输实务[M].北京:机械工业出版社,2003.
[5] 田聿新.国际集装箱多式联运组织与管理[M].大连:大连海事大学出版社,2001.
[6] 王义源.远洋运输业务[M].北京:人民交通出版社,2001.
[7] 薛岱.集装箱业务[M].北京:北京大学出版社,2013.

凝聚隧道及地下工程领域的
先进理论方法、突破性科研成果、前沿关键技术，
记录中国隧道及地下工程修建技术的创新、进步和发展。